金融学教程

主　编　张桂芳　顾惠明

立信会计出版社

图书在版编目(CIP)数据

金融学教程/张桂芳,顾惠明主编. —上海:立信会计出版社,2009.12
ISBN 978-7-5429-2414-8

Ⅰ.①金… Ⅱ.①张… ②顾… Ⅲ.①金融学 Ⅳ.①F830

中国版本图书馆 CIP 数据核字(2009)第 236972 号

责任编辑　徐小霞
封面设计　周崇文

金融学教程

出版发行	立信会计出版社
地　　址	上海市中山西路 2230 号　　邮政编码　200235
电　　话	(021)64411389　　传　真　(021)64411325
网　　址	www.lixinaph.com　　电子邮箱　lxaph@sh163.net
网上书店	www.shlx.net　　电　话　(021)64411071
经　　销	各地新华书店
印　　刷	常熟市梅李印刷有限公司
开　　本	787 毫米×960 毫米　　1/16
印　　张	18.75　　插　页　1
字　　数	347 千字
版　　次	2009 年 12 月第 1 版
印　　次	2016 年 1 月第 2 次
印　　数	3 101—4 200
书　　号	ISBN 978-7-5429-2414-8/F·2112
定　　价	28.00 元

如有印订差错　请与本社联系调换

前　言

21世纪以来,国际和国内的金融形势都在不断发生变化,金融活动与金融实践不断推动金融学科的发展。金融学作为财经类专业的核心课程也在不断发展和演化,而金融学的内容也在不断扩展和深化。根据教学改革的需要,从理论与实践相结合的角度出发,本教材力图反映金融领域的新变化和金融学的最新进展。

在金融全球化的背景下,本教材以培养21世纪高素质、高技能、应用型人才为目标,紧扣时代脉搏,全面系统地阐述了金融学的相关知识与实践活动,对金融领域的前沿理论作了一定的探索。

本教材具有如下特点:

第一,完整性与逻辑性。金融学作为经济管理学专业的基础课,知识涵盖面很广。本教材共分四篇,第一篇为金融基础知识,第二篇为金融实务,第三篇为金融调控与风险管理,第四篇为国际金融。本教材全面系统地介绍了金融学的基本概念、基本原理和基本方法,体现了体系的完整性。本教材在理论框架方面循序渐进,由浅入深,体现了体系的逻辑性。

第二,内容全面而新颖。本教材基本涵盖了相关的金融理论与实务,共分十八章,分别介绍了金融学的理论与实践,具有较强的实用性。同时本教材增加了金融风险管理等新的内容,以全面反映金融领域的新进展和新成果,使读者了解金融业发展的新动向。

第三,本教材的语言简洁易懂。根据学生的实际情况,本教材对理论部分加以简化,相关的基础理论部分言简意赅,通俗易懂,展现了金融学的知识精髓。

本教材既可作为高职高专院校经济管理学专业的教科书,也可用作成人高等教育本科院校以及民办高校的经济管理学专业的教科书,还可作为经济管理人员学习的参考用书。

本教材编写分工如下:第一、第二、第三、第十三、第十四、第十五、第十六、第十七、第十八章由张桂芳编写,第四、第五、第六、第七、第八、第九、第十、第十一、第十二章由顾惠明编写。

本教材的出版得到了立信会计出版社戎其玉老师的大力支持和帮助,在此表示衷心的感谢!

此外,我们还参阅了大量近年出版的金融论著、教材、金融案例及其他文献,并从中吸取了许多有价值的材料和观点,在此,向有关编著者致谢。

由于编者水平有限和编写时间仓促,书中难免有错误或不当之处,敬请广大读者批评指正。

编 者

2009 年 12 月

目　录

第一篇　金融基础知识

第一章　货币与货币制度 ··· 3
　第一节　货币的产生与发展 ··· 3
　第二节　货币的本质与职能 ··· 6
　第三节　货币范围与货币层次划分 ····································· 11
　第四节　货币制度 ·· 12
　复习思考题 ·· 19

第二章　货币流通 ··· 21
　第一节　货币流通的内涵与渠道 ······································ 21
　第二节　货币流通规律 ··· 23
　第三节　货币流通管理 ··· 25
　复习思考题 ·· 27

第三章　货币供给与需求 ··· 29
　第一节　货币供给 ·· 29
　第二节　货币需求 ·· 34
　第三节　货币均衡 ·· 37
　复习思考题 ·· 39

第四章　信用与利率 ·· 42
　第一节　信用的作用与形式 ·· 42
　第二节　利息与利率 ·· 47
　复习思考题 ·· 54

第二篇 金融实务

第五章 商业银行 ·· 59
第一节 商业银行的产生与发展 ··· 59
第二节 商业银行的性质与职能 ··· 63
第三节 商业银行的业务 ·· 66
第四节 商业银行的经营管理 ·· 73
第五节 商业银行的存款货币创造 ·· 78
复习思考题 ··· 81

第六章 政策性银行 ··· 84
第一节 政策性银行的性质与职能 ·· 84
第二节 政策性银行的业务 ··· 87
第三节 政策性银行的类型 ··· 93
复习思考题 ··· 95

第七章 非银行金融机构 ··· 98
第一节 证券公司 ··· 98
第二节 保险公司 ·· 102
第三节 信托公司 ·· 109
第四节 财务公司 ·· 113
复习思考题 ·· 116

第八章 货币市场 ·· 118
第一节 同业拆借市场 ··· 118
第二节 票据与贴现市场 ·· 122
第三节 回购协议市场 ··· 127
复习思考题 ·· 130

第九章 资本市场 ·· 132
第一节 股票市场 ·· 132
第二节 债券市场 ·· 144
第三节 投资基金市场 ··· 152

复习思考题·················159

第十章　金融衍生市场·················161
第一节　金融期货市场·················161
第二节　金融期权市场·················164
第三节　金融互换市场·················168
复习思考题·················170

第三篇　金融调控与风险管理

第十一章　中央银行·················175
第一节　中央银行的产生与类型·················175
第二节　中央银行的性质与职能·················178
第三节　中央银行的业务·················181
第四节　中国的中央银行·················183
复习思考题·················185

第十二章　货币政策·················187
第一节　货币政策目标·················187
第二节　货币政策工具·················192
复习思考题·················195

第十三章　通货膨胀与通货紧缩·················197
第一节　通货膨胀的含义与度量·················197
第二节　通货膨胀的成因与类型·················198
第三节　通货膨胀的经济影响与治理·················202
第四节　通货紧缩的含义与度量·················204
第五节　通货紧缩的经济影响与治理·················206
复习思考题·················208

第十四章　金融风险及其管理·················211
第一节　金融风险与金融危机·················211
第二节　金融风险管理·················214
复习思考题·················216

第四篇 国际金融

第十五章 国际收支 ············ 221
- 第一节 国际收支的概念与内容 ············ 221
- 第二节 国际收支的平衡与失衡 ············ 225
- 第三节 国际收支失衡与调节 ············ 226
- 复习思考题 ············ 230

第十六章 国际储备与外债 ············ 234
- 第一节 国际储备概述 ············ 234
- 第二节 国际储备的管理 ············ 238
- 第三节 发展中国家的债务危机 ············ 241
- 第四节 我国国际储备管理 ············ 243
- 复习思考题 ············ 244

第十七章 外汇与汇率 ············ 247
- 第一节 外汇概述 ············ 247
- 第二节 外汇汇率 ············ 248
- 第三节 外汇市场 ············ 251
- 第四节 外汇交易 ············ 258
- 第五节 外汇风险及其管理 ············ 265
- 复习思考题 ············ 268

第十八章 国际信贷 ············ 271
- 第一节 国际金融机构及其贷款 ············ 271
- 第二节 政府贷款 ············ 277
- 第三节 国际商业银行贷款 ············ 279
- 第四节 出口信贷 ············ 281
- 第五节 国际租赁 ············ 282
- 复习思考题 ············ 287

参考文献 ············ 289

第一篇　金融基础知识

　　金融是当今经济社会中重要的组成部分。货币、信用、利率是金融活动的最基本要素,其中货币是最早产生的金融要素。货币就像人身体上的血液,货币流通构成了血液循环。货币流通规律制约和规范了经济主体的行为,对经济产生了重大的影响。货币均衡问题是宏观调控的主要内容,也是当前宏观经济政策的出发点。此外,在现代经济生活中,信用是金融活动的主要属性,各类经济行为主体都处于相互交织的信用关系网络之中。作为信用工具的利息和利率在现代经济中具有重要作用。

　　本篇第一章货币与货币制度,主要介绍货币的产生与发展、货币的本质与职能以及货币制度的演变;第二章货币流通,主要介绍货币流通规律以及货币流通下的各种现象;第三章货币供给与需求,主要介绍货币供给与货币需求,货币均衡与货币失衡;第四章信用与利率,主要介绍信用的作用与形式以及利息与利率。

第一章

货币与货币制度

第一节 货币的产生与发展

一、货币的起源

货币起源于商品,它的根源在于商品本身。货币的出现与商品交换的发展是密不可分的。货币是商品生产与商品交换发展到一定历史阶段的产物。

从交换的历史来看,货币经历了许多历史发展阶段,即先是物物交换,然后是商品,其后是纸币,再后是银行货币。商品交换的不同阶段也表明货币的起源与发展历程,并且是随着时间的推移而不断演化。

从社会的发展来看,商品交换的产生有一个前提,那就是存在剩余产品。在私有制产生以前,人们的劳动生产效率比较低,并且采取绝对平均分配的方式分配产品,这些产品仅够维持生存而没有多余,因此并不存在商品交换,也就没有货币。在私有制产生以后,有些人拥有较多的产品,有些人拥有较少的产品,由于产生了剩余产品和产品分配方式的改变,为劳动产品的交换提供了有利的条件,于是私人之间的劳动产品通过交换得到社会的承认,经过交换的劳动产品成为商品。

商品是用来交换的劳动产品,一方面,商品是劳动产品,即含有劳动价值的产品;另一方面,商品是为交换而产生的劳动产品,自产自用的产品不是商品。商品交换就是用一种劳动产品换取另一种劳动产品。

商品具有价值与使用价值两种属性。价值是商品的社会属性,没有具体的形态,看不见,摸不着,只能通过与其他商品的交换才能验证它的存在,并且相对地反映在其他商品上。使用价值是商品的自然属性,它的表现形式就是商品的自然形式。此外,商品交换有两个原则:其一,相互交换的两种商品应该具有相等的价值。其二,用来交换的产品必须有不同的使用价值。一种商品把自己的价值表现在另一种商品上,而另一种商品则为表现价值起着等价物的作用。这种商品已经具备了货币的基本特征。

商品如何成为货币?随着商品生产和商品交换的发展,商品价值的表现形式也经历了一个漫长的发展过程,经由简单价值形式、扩大价值形式、一般价值形式、最后发展到商品价值的完成形式——货币形式,这时出现了货币。

（一）简单价值形式

简单价值形式是指一种商品的价值只是简单地、偶然地表现在另一种商品上。如：

$$1\text{头牛}=2\text{只羊}$$

这一简单等式,反映以下内容:等式两边商品所处的地位、所起的作用不同。等式左边处于相对价值形式,等式右边处于等价形式。在等式中,使用价值成为价值的表现形式,具体劳动成为抽象劳动的表现形式,私人劳动成为社会劳动的表现形式。

这一等式反映了这两种商品的价值量的对比关系。但是这一等式也说明了一种商品只是简单地、偶然地与个别商品相交换,商品价值的表现无论从质上还是量上都是不充分的。

（二）扩大价值形式

扩大价值形式是指一种商品的价值可以分别由多种商品表现出来。

随着社会分工和私有制的出现,偶然的交换变成经常的交换。这时,一种物品不只是偶然地才与另外一种物品发生交换,而是经常与另外多种物品相交换,是简单价值形式的扩大或总和。

（三）一般价值形式

一般价值形式是指所有商品同时用一种商品表现自己的价值。

商品交换已经不是物物直接交换,而是通过一般等价物或者说是通过媒介所进行的间接交换。这时,作为一般等价物的商品,已经不是普通的商品,而是起着货币作用的商品,是货币的原始形态。在一般价值形式中,商品价值获得了充分的表现,大大地促进了商品交换的发展。但这时一般等价物还没有固定在一种商品上,因此,价值形式仍需进一步发展与完善。

（四）货币价值形式

货币价值形式是指在商品的价值关系中一般等价物较固定地由一种商品来充当。这时,一般等价物就转化为货币了。货币形式是价值形式发展的高级阶段,最终完成了商品向货币的转换,货币成为商品价值、抽象劳动、社会劳动的一般表现或等价物。

由此看来,货币是商品交换的产物,是商品交换双方同意与接受的交易媒介。它不是一夜之间产生的,而是经历了若干时期的累积与发展。

二、货币的形态

货币的具体形态随着社会生产力和商品经济的发展一直在不断的变化。不同的国家和地区、不同的文化与经济状况、不同的发展阶段和不同的需求产生不同的货币形态。在历史发展中,随着劳动生产力的不断提高,货币形态的演化也不断从低级逐步向高级演化。货币形态的发展大致分为如下几个阶段,即实物货币阶段、金属货币阶段、纸币阶段、存款货币阶段和电子货币阶段。

(一)实物货币阶段

实物货币是货币的雏形,也是人类历史上最古老的充当一般等价物交易媒介。实物货币的产生是商品交换的必然产物。这些实物货币承担两方面的作用:一方面,实物货币充当货币,起着交换媒介的作用;另一方面,实物货币本身就是商品,可以用来进行直接消费。因此,实物货币既是普通商品,又是货币商品。在不同的地域、不同的时代,所承担的实物货币的商品种类不尽相同,如贝壳、丝绸和农具等。由于实物货币大都具有不易分割、不易计量、不易携带、不易保存和易变质腐烂等特性,因此,随着经济的不断发展,金属货币逐渐取代了实物货币。这是历史发展的必然趋势。

(二)金属货币阶段

随着金属的开采冶炼技术的发展,金属产品的大量产生,金属成为货币已成必然之势。金属特别是贵重金属大都具有易分割、易计量、易携带、易保存和不易变质腐烂等特性。这些自然属性使得这些金属更容易成为交易的媒介,充当货币材料。在较长的历史阶段里,由于黄金与白银具有质量均匀、性能稳定、便于分割、易于携带与保管和体积小而价值大等特性,因此许多国家政府都把黄金与白银作为货币的币材,把黄金与白银定为唯一法定的流通手段。

(三)纸币阶段

纸币是以纸张作为币材的货币形态。纸币是纯粹的价值符号或货币符号。纸币本身没有价值,它是由国家或银行发行的、代替足值的金属货币执行货币职能的货币符号。国家赋予纸币强制流通的权力,并使它获得社会的认可。

纸币可以分为代用币、狭义货币和广义信用货币。代用币一般由银行发行,代替金属货币执行流通手段和具有支付手段职能的纸质货币。代用币可以自由兑换黄金。狭义货币是国家为了弥补财政赤字而强制发行并流通的纸质货币符号。狭义货币本身没有价值,是不兑现的纸币。广义信用货币是银行通过信用途径发行的代替足值货币执行货币职能的货币符号。广义信用货币是不兑现的纸币。

(四)存款货币阶段

存款货币是指可以用于转账结算的活期存款。存户在需要的时候,可以通过签发支票或其他支付方式指示银行进行转账结算。这种支付方式不需要兑换现金。活期存款通过银行在商品交换中担负着交易媒介的职能。活期存款在流通中起着支付手段与流通手段的作用。活期存款在此意义上就被称为存款货币。因为银行发行的兑换券和活期存款账户开出的票据等信用证券,是以银行及当事人的信用为基础,支票等票据要由发行者负责兑现或清偿,所以,存款货币也称信用货币。

存款货币与其他货币形态的不同之处在于:存款货币并不具有实体,它是一种虚拟货币,是银行账户上的数字。在流通过程中,存款货币的使用大大节约了流通费用与流通环节,加快了资金周转,适应了迅速发展商品经济的需要。

（五）电子货币阶段

电子货币是以计算机、现代通讯和金融现代流通系统等现代科技为基础,以各种金融交易卡为介质,通过电子信息转账系统储存和转移的货币资金。电子货币的使用需要有电子信息转账系统的支持。电子信息转账系统包括以下四个要素:① 输入指令和接受信息终端。② 运行程序的计算机。③ 连接终端和计算机通讯网络。④ 指挥系统运行的软件或程序。电子货币的出现使得大规模的商品交易趋于更简捷、更方便。

电子货币是现代商品经济高度发展的产物,也是现代银行转账技术不断完善的结果。电子货币是20世纪70年代后出现的新的货币形态,也是现代信用货币的发展方向。电子货币是无形货币,是当今世界金融创新的重要成就。电子货币的使用反映了货币支付手段的进化。

第二节 货币的本质与职能

一、货币的本质

马克思指出,代表一切商品的交换价值的最适当存在的特殊商品,或者说,作为一种分离出来的特殊商品的商品交换价值,就是货币。根据马克思对货币的分析与论述,可以作这样的概括:货币本质是固定充当一般等价物的特殊商品,它体现一定的社会生产关系,是核算社会劳动的工具。

（一）货币是固定充当一般等价物的特殊商品

1. 货币首先是商品

从货币的形成与发展可以看出,货币都具有价值与使用价值,它是从商品中分离出来的,与商品具有交换的价值。从货币的币材的发展来看,货币经历了实物货币、商品货币、纸币、存款货币和电子货币等阶段。因此,货币本身就是一种商品。

2. 货币其次是特殊的商品

货币不仅与普通商品具有共同的特性,还与普通商品有着本质上的不同。它们之间的本质区别在于:一方面,货币是表现一切商品价值的材料,即是固定充当一般等价物的商品；另一方面，货币对一切商品都具有直接交换的能力。由此可见，货币不单单是商品，而且是具有交换价值与度量价值的特殊商品。

由于所有普通商品均要把自己的价值表现在某种商品上，因而某种商品才成为表现一切商品的价值材料，某种商品也就成为货币，并具有反映价值和交换的能力。由此可见，货币是商品的一般等价物，具有直接地同一切商品相交换的能力，这是在不同社会形态下货币所共有的本质特征。

(二) 货币体现一定的社会生产关系

货币不是单纯的物，而是经济关系或生产关系的反映。货币作为一般等价物，反映了商品生产者之间的交换关系。货币使商品的不同所有者通过等价交换来体现社会生产关系。

商品生产者在互相交换商品的过程中，货币作为商品的一般等价物，能够使不同的商品生产者之间通过等价交换，实现他们之间的社会经济联系，这种联系就是人与人之间的一定的生产关系或经济关系。

货币在不同的社会，体现着不同的经济关系。在私有制为基础的社会中，货币反映着私有商品生产者之间的一种经济利益根本对立的关系；在奴隶社会的生产关系下，货币是奴隶交换的中间媒介，反映了奴隶主对奴隶的剥削关系。在封建社会的生产关系下，封建主通过货币形态的地租榨取农民的血汗，货币是农民的劳动被剥削的代价，反映了封建主对农民的剥削关系。在资本主义生产关系下，货币不仅可以购买普通商品，而且还可以购买特殊的商品——劳动力，这时的货币是资本存在的一种形态，是资本家剥削工人的工具。在公有制为基础的社会主义社会中，货币反映社会主义经济中不同经济成分共同发展、分工协作、既互相矛盾又互惠互利的关系。在社会主义生产关系下，劳动力已经不再是商品，货币也不再是资本的存在形态。货币是一种生产资金，体现了社会主义生产关系。

(三) 货币是核算社会劳动的工具

货币作为一般等价物，自发地起着核算商品生产者的社会劳动的作用。在商品货币的关系中，商品价值的实现是在市场竞争的条件下完成的。个别劳动、具体劳动向社会劳动、抽象劳动的转化，是以是否实现向货币的转化为标准。在价值规律的作用下，货币自发地调整生产结构，调节社会劳动分配的比例，促进了劳动生产率的提高。

二、货币的职能

货币的本质决定货币的职能，货币的职能是货币本质的具体表现。在商品交换中，货币的一般等价物的作用是通过货币的职能表现出来的。在发达的商品经济中，货币有如下几种职能。

(一)价值尺度

货币在衡量和表现其他一切商品价值时,执行着价值尺度的职能。这是货币首要的和基本的职能。

商品的价值不能直接用劳动时间来表现和衡量,但商品的交换需要有一定的衡量标准。普通商品不能成为衡量的尺度,因为普通商品具有使用价值,但不具有价值。本身没有价值的东西,是不能去衡量别的商品的价值的。货币之所以能衡量其他物品的价值,就在于它本身也是劳动产品,也具有价值。因此,货币作为特殊的商品既具有使用价值,又具有价值。货币是商品的内在价值的表现形式。在表现商品价值、衡量商品价值量的大小时,货币执行着价值尺度的职能。

货币在执行价值尺度的职能时,可以是一种抽象的或观念上的货币而并不需要现实的货币。商品的价值通过一定数量的货币表现出来,便是商品的价格;同时,价格的变化取决于商品价值和货币价值的变化。货币的价值尺度的职能非常重要。货币作为尺度,作为计算单位,减少了需要考虑的价格的数目,从而减少了经济中的交易成本。

首先,价格是价值的货币表现,或者说价格是对商品和劳务所应付出的货币金额。在纸质信用货币代替金属货币流通的条件下,流通使纸币有了价值,并代替金属货币发挥价值尺度职能。在当今世界各国的不兑现的信用货币制度下,各种商品的价值都用货币符号来表现。

其次,商品价格决定于商品价值与货币价值。社会上的平均价格水平发生变化了,就会引起货币价值的变动;而货币价值的变化,又会引起某一种具体商品价格的变化。概括而言,商品价格取决于货币价值、商品价值和供求状况三者的共同作用。

再次,价格标准和价值尺度虽然都是与货币相联系的两个概念,但它们是有明显区别的。所谓价格标准,简单地说,就是货币单位所包含的货币金属的重量,即币值。在金属货币流通中,一国的货币制度中最重要的内容之一就是确定货币单位的名称和货币单位的"值"。一国货币单位的名称往往就是该国货币的名称,而一国货币单位的"值"(或币值)就是指货币单位所包含的货币金属重量和成色。当黄金在世界范围内非货币化,各国普遍实行不兑现的信用货币制度下,价格标准可以理解为本国货币与外国货币的比价,即汇率。

(二)流通手段

货币在商品流通中充当交换的中介或媒介的作用。在商品交换过程中,货币发挥的是流通手段的职能。货币流通手段职能是货币的基本职能。

作为流通手段的货币与作为价值尺度的货币不同,必须是现实的货币,而不能是抽象的货币或者观念上的货币。观念上的货币是买不到任何商品的,因为货币作为交换媒介是通过自身的价值来实现商品的价值,这两者的实现有一个换位的过程。换位过程包括两个方面:① W-G:商品转化为货币的过程。② G-W:货币转化为商品的过程。整个换位过程为:W-G-W。由此可见,抽象的货币无法完成现实的交易。

货币执行流通手段职能时,货币就像润滑剂,提高了整个经济社会的效率。由于货币在这里起媒介作用,是一种转瞬即逝的因素,是手段而不是目的,因此,货币作为流通手段,可以是足值的货币,也可以是不足值的货币或完全没有价值的货币符号和纸币。

在货币发挥流通手段职能的条件下,买卖双方对使用价值的需求不发生直接的相互关系,买和卖在时间上可以不一致,而在空间上也可以不一致。

(三) 支付手段

当货币不是作为交换的媒介,而是作为价值的独立形态进行单方面转移时,它执行的是支付手段职能,包括货币用于偿还债务、支付税金、支付租金和支付工资等。

货币作为支付手段最初是在信用关系的基础上产生和发展的。随着商品经济的不断发展,商品交换与商品生产在交易过程中出现差异,使商品使用价值的让渡与商品价值的实现没有同步进行,便产生了信用买卖和延期支付,如赊销等方式。赊销方式在购买者在购买商品时,未能及时支付相应的货币,而需要在将来的某一天完成支付;而出售者在出售商品时,急于将货物出手,而不需要马上收取货币。货币在赊销交易中的作用包含了货币的两项职能:首先,货币在交易之初执行了货币价值尺度职能,作为商品交易的衡量标准;其次,货币在交易后期执行了支付手段职能,支付相应的货币,完成赊销交易。

当商品流通和商品信用关系发展到一定程度后,货币充当支付手段的职能就不仅仅指赊销买卖,而且还包括了支付地租、赋税、徭役、货币的借贷等各个领域。换句话说,凡是货币表现为价值单方面转移的地方,都是其发挥支付手段职能的体现。

货币执行支付手段职能,商品生产者之间的相互赊欠形成了借贷关系的链条。一旦某个赊销商品的债务人因商品不能及时转化为货币从而缺乏偿付债务能力,就会引起连锁反应,形成支付链条的中断,甚至在严重时还会出现信用危机,并爆发经济危机。在西方,金融危机主要是指支付危机,是经济危机爆发的前兆。在社会主义社会,虽然不会爆发像西方那样的周期性危机,但出现支付危机的可能性也是存在的。

(四) 贮藏手段

货币是固定充当一般等价物的商品,它具有购买普通商品的权利,拥有货币也就拥有相应的购买权利,货币是社会财富的代表。因此,货币被持有者当作独立的价值形态和社会财富的绝对化身而保存起来时,货币也就退出了流通领域。而退出流通领域的货币,执行了货币的贮藏手段的职能。

货币作为贮藏手段的实质就是价值形态的储存。货币执行贮藏手段不能是观念上的货币,也不能用货币符号来表示,而且必须是足值的金属货币。被贮藏的货币要有保值的特性,保持货币购买力的稳定是货币作为一个稳定的和完全令人满意的价值贮藏手段的前提条件。因此,不足值的纸币作为价值符号,如果没有价值,一般不能作为贮藏手段。

在金属货币流通条件下,货币的贮藏手段职能具有自发调节货币流通量的作用。当流通中的货币量过多时,多余的金属货币便会退出流通领域成为贮藏货币;反之,当流通中的货币量过少时,贮藏货币会重新进入流通领域,使流通中的货币适量并符合经济发展的要求,保证货币流通与商品流通的基本稳定。

货币作为贮藏手段具有重要的功能。货币作为贮藏手段是流通手段的蓄水池,具有调节货币流通量,从而促进市场供求平衡的作用。其基本原理是:流通中的货币数量过多,超过了货币必要量,货币就转为贮藏;反之,流通中的货币数量不足,贮藏的货币就相应地进入流通。而在现代的不兑现的信用货币制度下,货币的创造与消灭在一定程度上可以由货币当局来控制。因此,货币作为贮藏手段可以充分发挥其蓄水池的功能。

随着商品生产和商品交换的发展以及金融市场的出现,人们贮藏货币的动机也随着生产目的的变化而变化。货币的贮藏成为手段,即积累和储存价值。其目的主要有:作为流通手段的准备,作为支付手段的准备,作为投资需求的准备,作为世界货币的准备,以及作为社会剩余商品的一般保存形态。

(五) 世界货币

当商品流通超越国界、扩大到世界的范畴时,货币的流通也由国内市场扩大到国际市场。货币在国际市场上发挥一般等价物的作用,充当国际购买手段、支付手段的货币执行了世界货币的职能。马克思指出:"货币一越出国内流通领域,便失去了这一领域内获得的价格标准、铸币辅币和价值符号等地方形式,又恢复原来的贵金属块的形式。"[①] 执行世界货币职能的货币形态是贵金属。在金属货币流通的条件下,作为世界货币的货币要求是具有内在价值的货币商品。黄金作为世界货币具有三项职能:

(1) 作为各国间的一般支付手段,用来支付国际收支的差额。

(2) 作为各国间的一般购买手段,用来购买国外商品。

(3) 作为各国间财富转移的一般手段。

在世界各国普遍实行不兑现的信用货币制度的今天,黄金已经退出货币行列,

---

① 马克思、恩格斯:《马克思恩格斯全集》第23卷,人民出版社1972年版,第163页。

其作为世界货币职能已经退化了。在各国经济交往中，人们是通过国际汇兑这种方式在转移购买力的。可以自由兑换成任何国家的货币，并且被大多数国家所接受的货币，称为自由兑换货币或国际货币。这实际上是在发挥着或在一定范围内发挥着世界货币的职能。这些国际货币虽然为各国间的经济交往提供了方便，但也存在许多不稳定因素。当前，世界流通领域中有许多纸币，如美元、欧元、日元等在各国间执行着世界货币的职能，发挥着支付手段和购买手段的作用。这种新现象与新的改变是货币的世界货币职能在新的经济环境下的发展。

在我国，从1994年1月1日起，实行银行售汇制和其他汇率制度改革措施。我国于1996年允许人民币在经常项目下有条件可兑换，这为我国的人民币将来成为可兑换货币打下了基础。

上述货币的五项职能是一个货币形态的有机组合。五项职能共同反映货币的本质，相互联系又各具特色。价值尺度和流通手段是其最基本的职能。其他的职能以价值尺度和流通手段为基础逐步发展起来。

第三节 货币范围与货币层次划分

一、货币范围

货币范围是指在流通中执行流通手段职能和支付手段职能的货币类型。在简单商品经济条件下，货币是充当一般等价物的特殊商品。随着经济的不断发展，货币范围也不断扩展。货币形态的发展大致分为如下几个阶段：实物货币阶段、金属货币阶段、纸币阶段、存款货币阶段和电子货币阶段。在货币形态的发展阶段中，有的是具有内在价值的实物货币、金属货币和没有内在价值的纸币、存款货币、电子货币，其中没有内在价值的纸币、存款货币和电子货币是流通领域中被人们普遍接受的货币符号。这些货币符号的流通是货币范围的重要扩展。随着商品经济的逐步发展和完善，金融工具与金融资产的大量使用，货币在流通中因具有一定的流通性、变现性和货币性而被称为准货币。货币范围扩展为货币形式与货币替代物形式。

二、货币层次的划分

由于各种形态的货币流通速度不同，不同形态的货币流通对商品流通的影响也不同。为了正确掌握货币流通的情况和科学地测量货币需要量和货币供应量，需要按照货币活跃程度的差异将货币划分为若干层次。划分货币层次有利于货币当局的宏观调控。货币的流动性程度是货币层次划分的基本依据，与货币有较高的相关程度的经济变化程度、划分层次所需的统计资料和数据以及银行的调控能力都是货币层次划分所要考虑的因素。

由于各国的经济情况不同，货币当局对经济发展与货币流通的具体要求不同，因此对货币层次的划分也各有不同。

(1) 国际货币基金组织将货币划分为三个层次：

$M_0 =$ 流通于银行体系以外的现钞和铸币

$M_1 = M_0 +$ 商业银行的活期存款 + 邮政汇划系统或国库接受的私人活期存款

$M_2 = M_1 +$ 定期存款 + 储蓄存款 + 政府债券

(2) 美国联邦储备银行于1984年编制并公布的货币划分层次：

$M_1 =$ 通货 + 非银行发出的支票 + 商业银行的活期存款 + 在存款机构的支票存款

$M_2 = M_1 +$ 商业银行隔夜购回协议 + 美国居民在海外美国银行分支行所持有的隔夜欧洲美元 + 储蓄存款 + 在存款机构的货币市场存款 + 在存款机构的小额定期存款

$M_3 = M_2 +$ 在存款机构的大额定期存款 + 货币市场互助基金 + 存款机构定期购回协议 + 美国居民持有的定期欧洲美元

$L = M_3 +$ 银行承兑票据 + 商业票据 + 储蓄债券 + 短期国库券

(3) 中国人民银行于1990年编制并公布的货币划分层次：

$M_0 =$ 现金流通量

$M_1 = M_0 +$ 企业单位活期存款 + 农村存款 + 机关团体部队存款 + 个人持有的信用卡类存款

$M_2 = M_1 +$ 企业存款中具有定期性质存款 + 城乡居民储蓄存款 + 信托类存款 + 外币存款

$M_3 = M_2 +$ 金融债券 + 商业票据 + 大额可转让定期存单等

第四节　货币制度

一、货币制度的内容

货币制度又称货币本位制度。它是一个国家在历史上形成的并由国家以法律形式规定的货币流通的结构和组织形式。它包括货币金属、货币单位、本位币、辅币以及其他货币符号的流通和组织程序。

货币制度是随着资本主义经济制度的建立而逐步形成的。货币制度的基本构成要素：货币金属，货币单位，本位货币与辅助货币的铸造、发行与流通程序，信用货币和纸币的发行与流通程序，金准备制度。

(一) 货币金属

货币金属是指国家确定以何种金属作为货币材料，不同的货币金属构成不同的货币本位制度。货币金属是建立货币制度的首要条件,同时也是金属货币制度的基础。在货币的发展史上,不同的国家在不同的历史阶段所规定的币材也有所不同。而不同的金属货币类别,构成了不同的货币本位制度。

(二)货币单位

货币单位是国家法定的货币计量单位,由货币单位的名称和货币单位所包含的货币金属量构成。

一般来说,当几个国家同时用一个货币单位名称时,在货币单位名称前加上国名,如法郎有法国法郎、瑞士法郎等。货币单位名称与重量单位名称在历史上曾经一致,如英国的镑就是 1 镑白银。但随着社会的发展,货币单位名称与重量单位名称发生分离。例如,美国货币单位名称规定为美元。根据 1934 年 1 月的法令,美国规定了美元的含金量,即 1 美元=0.888 671 克纯黄金。

(三)本位货币与辅助货币的铸造、发行与流通程序

本位货币又称主币。它是按照国家法律规定的货币单位所铸造的货币,是一个国家货币制度中的基本通货。本位货币是一国计价、结算的唯一合法的货币单位。

在金本位制度下,本位货币具有如下特点:① 是足值的铸币,即铸币的面值与实际价值相一致。② 在铸币自由流通时,本位币可以自由铸造,即国家允许个人把货币金属送到国家造币厂,请求代铸本位货币,而且其数量不受限制。本位币的自由铸造使货币金属自发地发挥流通和支付手段职能。③ 具有无限法偿能力又称"无限的法定支付能力",即本位币在执行支付手段职能时,不论每次支付金额有多大,任何人都不得拒绝接受。

各国对于本位货币都规定铸造与磨损的"公差"。"公差"是指铸造误差与磨损的最大限度。因为铸币在铸造和使用过程中会出现误差和磨损而使重量减轻,因此,为了保持币值稳定,各国对于铸币都规定有铸造与磨损的"公差"。

辅助货币又称辅币。它是本位币单位以下的小额通货,供日常零星交易和找零用。

辅币具有以下特点:① 辅币是不足值货币,辅币名义价值高于币材的实际价值。② 辅币不能自由铸造,辅币的材料通常用铜、镍等贱金属铸造,只能由国家统一铸造,铸币收入归国家所有。③ 辅币具有有限法偿能力,即法律规定辅币只具有有限的法定支付能力。在支付行为中,一次使用辅币的数量有一定的限额,如果超过限额,人们可以拒绝接受。

(四)信用货币和纸币的发行与流通程序

随着经济的发展,流通中的金属铸币流通满足不了商品流通的需要,于是就出现了信用货币和纸币。信用货币和纸币,它们的共性都是真实货币的符号,执行货

币的职能。

信用货币是指作为金属货币符号在市场上充当流通手段和支付手段的信用证券。银行券是信用货币的典型代表。

银行券是银行发行的一种不定期的债务证券,有银行的信用保证和黄金保证,持有者可以随时兑换成金属货币。银行券的特点是:① 没有固定的支付期限,持有人可以随时向发券银行自由兑换金属货币。② 银行券产生于货币的支付手段职能,其基础是信用关系。③ 银行券是通过商业票据贴现等信用关系而发行的,能适应商品流通的需要。④ 银行券不会发生贬值,能够保持币值稳定。最早的银行券出现于17世纪,由商业银行根据自己的需要分散发行。但分散发行很难控制,易于引发挤兑风波。因此,国家规定,把银行券的发行权集中于国家银行或少数银行,最后又集中于中央银行。但是世界经济危机之后,银行券陆续停止兑换,其流通方式从依靠银行信用转为依靠国家政权的强制力量,从而使银行券纸币化了。

纸币又称流通券或钞票。它是由国家财政发行并依靠国家政治权力强制流通的货币符号。纸币本身没有价值,也不能兑换金属货币。纸币的特点是:① 纸币是为了满足国家职能的需要,产生货币的流通手段职能。② 纸币是为了弥补财政赤字,由国家强制发行与流通的。③ 纸币不能直接兑换金属货币。④ 纸币在流通过程中会发生贬值。

(五) 金准备制度

金准备制度又称黄金准备制度。它是指由国家集中储备货币金属,作为稳定货币和汇率的平准基金以及作为货币发行的准备金制度。金准备数量的多少,是一国经济实力状况的标志之一,是一国货币流通的基础,是货币制度的重要组成部分。为了稳定货币,各资本主义国家都建立了金准备制度。在金本位货币制度下,建立货币金属准备有三种用途:① 用于国际支付的准备金,也就是作为世界货币的准备金。② 用于调节国内货币流通,是为时而扩大时而收缩的国内金属货币流通的准备金。③ 用于支付存款和兑换银行券的准备金。

当前,上述货币金属准备的第②、第③种用途已经消失,准备金主要用于各国间的支付准备,黄金还是国际支付和清算的最后手段。此外,一些国家也可以用一些可兑换的外国货币,如美元、欧元等,将其视同金银作为准备金。

二、货币制度的类型

从存在和发展的历史来看,可以将货币制度分为金属货币制度和不兑现的信用货币制度两大类。金属货币制度是以贵金属作为货币的货币制度,经历了银本位制、金银复本位制、金本位制;不兑现的信用货币制度是以政府或中央银行所发行的纸币为本位货币,而这种货币的单位价值并不与一定量的任何金属保持等值关系的货币制度包括银行券和纸币。

(一) 银本位制

银本位制简称银本位。它是以白银为本位币的一种金属货币制度,是最早的货币制度之一。银本位制又分为银两本位和银币本位。银两本位是以白银的重量单位"两"作为价格标准,实行银块流通的货币制度。银币本位则是以一定重量和成色的白银,铸成一定形状的本位币,实行银币流通的货币制度。

银本位制的基本内容有:① 以白银作为本位币币材,银铸币为无限法偿货币。② 银铸币可以自由铸造、自由流通和自由熔化。③ 银行券可以自由兑换银铸币或等量白银。④ 白银和银铸币可以自由输出输入国境。

银本位制是最早的货币制度,从16世纪以后开始盛行。中国、日本、印度等先后实行过银本位制。我国汉代时期白银已经成为货币金属。在清朝末期宣统二年(1910)颁布《币制则例》,正式采用银本位制。1935年11月,国民党政府进行货币制度改革,推行"法币改革",建立法币制度,废除了银本位制。其他国家在19世纪末相继放弃了银本位制。

(二) 金银复本位制

金银复本位制是以金、银两种金属同时作为本位货币的一种金属货币制度。它的产生具有客观必然性。它在资本主义发展初期(16世纪至18世纪)流行过。金银复本位制的基本内容有:① 金、银同时被法律承认为货币金属和货币流通的基础。② 金、银两种本位货币都有无限的法定偿付能力。③ 金、银两种本位货币都可以自由铸造。④ 金、银都可以自由输出和输入。

在金银复本位制下,金、银铸币的流通要有一定的比价,有利于商品流通。根据国家对比价的不同划分方式,金银复本位制又分为三种类型:

(1) 平行本位制。它是指金币和银币之间不规定法定比价,各按其实际价值量流通,金币和银币之间的交换比率由金、银的市场价值决定的货币制度。在这种币制下,金、银比价变动频繁,很不稳定。

(2) 双本位制。它是指国家用法律形式规定金币和银币之间的比价,金、银按法定比价进行流通的货币制度。双本位制中的金、银具有固定的比率关系,如果在市场出现金、银比价大幅度波动时,国家未能及时调整金、银比价,将会出现金、银比价的背离。双本位制是复本位制的主要形式。

(3) 跛行本位制。19世纪70年代起,世界白银产量猛增,造成流通中银币充斥。为维持银币本位币的地位,就停止银币的自由铸造,造成金币发行增多。这类似跛行者的两足,先是银足长,后是金足长。

复本位制是一种不稳定的货币制度,虽然金、银之间规定了法定比价,但法定比价不断地与市场比价发生冲突,其根源在于金、银同时作为计价标准与价值尺度的排他性与独占性之间相互矛盾。在金银复本位制下,市场出现金、银比价大幅度波动时,国家未能及时调整金、银比价,将会引起金、银比价的背离,即名义价值与实际价值的背离,出现"劣币驱逐良币"现象,又称"格雷欣法则"。

16世纪,英国财政学家汤姆斯·格雷欣在给英国女王的有关改革铸币的建议中针对市场上出现的不同货币使用方式,提出"劣币驱逐良币"一词。所谓"劣币驱逐良币"现象,是指两种实际价值不同但面额价值相同的通货同时流通时,实际价值较高的通货称为良币,实际价值较低的通货称为劣币。在价值规律自发的作用下,实际价值较高的通货必然会被熔化、输出而退出流通领域,而实际价值较低的通货则充斥市场。

在金银复本位制下,由于两种货币的共同使用,以及"劣币驱逐良币"现象的影响,商品流通与货币流通容易出现混乱状态,越来越不适应经济发展的要求。

19世纪初,西方国家先后放弃金银复本位制。

(三) 金本位制

金本位制是以黄金为本位货币的一种货币制度。金本位制并不排斥流通中使用银币。金本位制又可分为三种不同形式:金币本位制、金块本位制、金汇兑本位制。

1. 金币本位制

金币本位制是指以金币作为本位货币流通的货币制度。它是最典型的金本位制。金币本位制是一种相对稳定的货币制度。金币本位制的主要内容有:① 金币可以自由铸造和自由熔化,这保证了黄金的主导地位,并保证有足够的黄金数量自发地满足流通的需要。② 价值符号(辅币)和银行券可以自由兑换金币。这将使各种货币符号能稳定地代表一定数量的黄金进行流通。③ 黄金可以自由地输出和输入国境,这为国际贸易的发展提供了前提条件。

金币本位制的如上三个特点,使其成为具有相对稳定的货币制度,从而促进经济发展与国际贸易的发展。但是,由于经济发展的不平衡加深了资本主义国家之间的矛盾,逐步削弱了金币流通的基础,金币自由铸造与自由流通的基础受到削弱。其主要原因在于:世界黄金存量分配不均衡。1914年年末,美、英、法、德、俄等五国占有世界黄金储存量的2/3,其他许多国家货币流通的黄金基础相对缩小,动摇了这些国家货币制度基础,削弱了价值符号对金币的自由兑换。帝国主义的战争中少数国家为了扩充军备,用黄金购买军火,导致黄金外流;同时,又发行大量纸币弥补财政赤字,限制了黄金在各国间的自由输出和输入。

第一次世界大战以后,资本主义世界爆发了经济危机,破坏货币制度的各种因素的作用日益加强,引起了金币本位制的崩溃。除美国以外,各国只能实行没有金币流通的变相的金本位制——金块本位制和金汇兑本位制。

2. 金块本位制

金块本位制又称生金本位制。它是指没有金币的铸造与流通，在国内只流通价值符号（中央银行发行以金块为准备的银行券或纸币等）的货币制度。金块本位制的内容有：① 黄金是本位货币流通的基础，不能自由铸造和使用金币。② 价值符号（银行券和纸币）规定含金量，并规定银行券在一定条件下才能兑换黄金。③ 国家按一定的价格收购黄金，黄金由国家集中储存。

实行金块本位制节省了黄金的使用，而维持该制度的条件是保持国际收支平衡和拥有大量平衡国际收支的黄金储备。但在流通领域中，只有少数富人才拥有大量的货币，才能用货币符号兑换黄金。因此，金块本位制又被人称为"富人本位制"。

3. 金汇兑本位制

金汇兑本位制又称虚金本位制。它是指没有金币的铸造与流通，国内流通银行券等价值符号，价值符号不能兑换金块，但可以兑换外汇的一种货币制度。金汇兑本位制的内容是：① 国内不铸造、使用金币，只流通银行券等价值符号。② 货币单位规定有含金量。③ 中央银行将黄金和外汇存放在另一个实行金币本位制或金块本位制的国家，并规定本国货币与该国货币的法定兑换比率。④ 居民可按规定比价用本国货币兑换该国货币，再向该国兑换黄金。第一次世界大战以后，德国、意大利等国家的货币与美元、英镑、法郎挂钩，保持固定兑换比例。

金汇兑本位制和金块本位制在流通过程中都具有不稳定性，主要表现在：① 黄金退出了流通领域，破坏了黄金自发调节货币流通量的机制。② 在金块本位制下，银行券的兑现能力受最低兑换量的限制，银行券兑现能力大为降低。由于限制铸造，银币的币值不再取决于金属本身的价值，而是取决于与金币的法定兑换比例，成为金币的符号。

（四）不兑现的信用货币制度

不兑现的信用货币制度又称自由本位制。它是一种以不能兑换黄金也不以黄金作保证的货币制度。当今世界，各国陆续放弃金本位制，采用了不兑换的信用货币制度。黄金的"非货币化"进程日益加快，黄金逐渐退出流通领域。不兑现的信用货币制度的内容有：

（1）不兑现的信用货币由国家法律规定强制流通，成为无限法偿货币。

（2）不兑现的信用货币通过信用渠道投入流通领域。银行通过存放款活动回笼和投放货币。

（3）黄金退出流通，切断了不兑现的信用货币与黄金的联系。不兑现的信用货币不能兑换黄金，也不规定含金量，不以黄金作保证。

(4) 转账结算成为货币流通的主体。

(5) 不兑现的信用货币不具有自我调节功能,国家对货币流通的调节日益重要。

不兑现的信用货币制度的优点有:

(1) 不兑现的信用货币弹性大,不受贵金属产量的限制。如果国家能够按照货币流通规律的客观要求办事,将货币发行数量限制在流通中货币必要量的范围内,就可以避免通货膨胀。

(2) 提供国家宏观经济调控条件和手段。有效调节不兑现的信用货币的发行量,可以起到调节市场的作用。

(五) 我国的货币制度

我国流通中的货币是由中国人民银行发行的人民币。人民币是纸质的信用货币,是货币的符号或代表,起一般等价物作用。1948年12月1日,在石家庄市,华北银行、北海银行和西北农民银行合并,组建了中国人民银行,并同时开始发行中国人民银行钞票——人民币,这是我国社会主义金融体系产生的标志。人民币自1948年12月1日开始发行,到目前为止,中国人民银行共发行了5套人民币。人民币的发行权集中于中央,国务院授权中国人民银行为全国发行货币的机关。中国人民银行的成立和人民币的发行,在中国金融史上具有重要地位。它标志着我国社会主义性质、分散经营的各革命根据地银行和货币,已经顺利地发展成为新中国的中央银行和新中国的本位货币。

我国货币制度的主要特点是:

(1) 我国的货币制度是以公有制为基础的货币制度。

(2) 人民币是新中国唯一的法定本位货币。人民币以元为单位,人民币的符号是"￥"。

(3) 人民币作为法定货币,具有无限法偿能力。

(4) 人民币没有规定含金量,切断了人民币与金银的直接联系。

(5) 人民币的发行权属于中央,货币的发行和调节由中国人民银行进行,国家以掌握的大量商品物资作为发行保证。

(6) 任何单位和个人不许发行或变相发行货币。

(7) 新中国的人民币对外汇率,是执行以市场供求为基础的、单一的、有管理的浮动汇率制。

(8) 我国实行有管理的货币制度。

人民币发行原则:

(1) 按照货币流通规律的要求掌握人民币发行。

(2) 坚持经济发行,防止财政发行。

(3) 把货币发行权真正集中于中央。

复习思考题

一、判断题

1. 货币是商品生产与商品交换发展到一定历史阶段的产物。　　（　　）
2. 货币是固定充当一般等价物的特殊商品。　　（　　）
3. 货币在执行价值尺度的职能时，必须是现实的货币。　　（　　）
4. 货币的流动性程度是货币层次划分的基本依据。　　（　　）
5. 本位货币是一国计价、结算的唯一合法的货币单位。　　（　　）
6. 辅币具有无限法偿能力，即法律规定辅币具有无限的法定支付能力。（　　）
7. 复本位制是一种不稳定的货币制度。　　（　　）
8. 货币体现一定的社会生产关系。　　（　　）
9. 作为流通手段的货币可以是非现实的货币。　　（　　）
10. 纸币在流通过程中会发生贬值。　　（　　）

二、简述题

1. 简述货币的本质。
2. 简述货币的职能。
3. 简述"劣币驱逐良币"现象。
4. 理解货币形态。
5. 理解货币制度发展。

三、案例与阅读

"劣币驱逐良币"现象

　　美国于1791年建立金银复本位制，以美元作为货币单位，并规定金币和银币的比价为1∶15。当时法国等几个实行复本位制的国家规定金、银的比价为1∶15.5。也就是说，在美国，金对银的法定比价低于国际市场的比价，于是黄金很快就消失了，金银复本位制实际上变成了银本位制。

　　1834年，美国重建金银复本位制，金、银的法定比价定为1∶16，而当时法国和其他实行金银复本位制的国家规定的金、银比价仍然是1∶15.5，这时就出现了相反的情况。由于美国金对银的法定比价定得比国际市场高，因此金币充斥美国市场,银币却被驱逐出流通领域,金银复本位制实际上变成了金本位制。

资料来源:曹龙骐:《金融学案例与分析》,高等教育出版社2005年版。

问题:

什么是"劣币驱逐良币"现象?

第二章

货币流通

第一节 货币流通的内涵与渠道

一、货币流通的内涵

(一)货币流通的概念

货币流通是在商品交换过程中,货币作为流通手段和支付手段所形成的连续不断的运动。

货币流通,从根本上说是由商品流通所引起的,并为商品流通服务的。在商品流通(W-G-W)中,货币是媒介。商品一经与货币交换,便退出流通领域,而货币却留在流通领域。

货币流通类型可分为:① 金属货币流通。② 货币符号流通。货币符号即根据能否兑换金属货币分为两类:一类是可以兑换金、银或金、银铸币的银行券;另一类是由政府强制发行流通,不能自由兑换金、银铸币的纸币。③ 不兑现纸币和信用货币,即流通不兑现纸币和信用货币流通。

(二)货币流通与商品流通的联系与区别

货币流通是货币作为流通手段和支付手段所形成的连续不断的运动。商品流通亦称商品流转。它是通过货币进行的商品交换,是商品交换过程连续进行的整体。这和直接的物物交换不同,商品所有者必须先把商品换成货币,然后再用货币购买其他商品。货币流通与商品流通既有联系,又有区别。

货币流通与商品流通的联系就是商品流通决定货币流通,主要表现在:首先,货币流通的实质表现为货币流通与商品流通的关系。货币流通由商品流通所引起,并由其决定。商品流通是货币流通的前提,商品流通规模决定货币流通规模,商品流通速度决定货币流通速度。货币流通不仅为商品流通服务,也为劳务流通服务。货币流通是由商品流通和劳务流通共同决定的。其次,货币流通本身具有相对独立运动,有着自身的运动规律,并影响商品流通。最后,货币流通为商品流通服务,货币流通对于商品流通也有积极的反作用。正常的货币流通可以提供稳定的价值尺度和适量的流通手段,这是保证商品生产和流通得以正常进行的必不可少的条件。

在流通过程中,货币流通又具有相对的独立性,其与商品流通的区别为:

(1) 流通形态不同。商品流通变换的是商品形态,而货币形态在流通中始终不变。

(2) 流通内容不同。商品流通是商品经过一次交换后基本上退出流通,而货币则继续留在流通中。

(3) 流通方向不同。商品流通与货币流通在方向上是相反的:购进商品,付出货币;卖出商品,收入货币。

(4) 货币流通可以越出直接商品流通的范围。如货币作为支付手段,用于支付工资、税金、租金和清偿债务等。这种情况下的货币流通并不伴随商品的流通;同时,决定商品流通和货币流通的具体因素或条件不完全相同。

二、货币流通的形式与渠道

(一) 货币流通的形式

货币流通的形式可以分为狭义与广义两种:狭义的货币流通形式是指金属货币和货币符号的流通。又称现金流通。广义的货币流通形式是指现金流通和非现金结算流通的统称。

在纸币流通制度下,现金结算一般是指用现款直接完成的货币支付行为;非现金结算流通一般是指通过银行转账结算所完成的货币支付。现金流通与非现金结算流通的联系:① 现金流通是整个货币流通的基础。② 现金流通与非现金结算流通之间经常互相转化。③ 非现金结算流通只是在银行信用的基础上用债权、债务关系的转移代替现金的流通。

(二) 货币流通渠道

货币流通渠道是指货币进入流通和退出流通的途径。它分为现金流通渠道和非现金结算流通渠道。

(1) 现金流通是指现金的投放与回笼,以及由此而决定的市场上的现金周转。

我国现金投放的主要渠道有:① 工资和对个人的其他支付。这类投放是现金投放的主要组成部分。② 采购支出。它包括采购农产品、手工业品和来自农村的矿产品的支付。③ 对农村的信贷、财政支出。它包括国家财政支援农村的投资和银行、信用社发放的农业贷款等。④ 行政管理费支出。它包括企事业单位和机关团体管理费用的支付,是社会集团购买力的组成部分。

我国现金回笼的主要渠道有:① 商品销售收入,也称商品回笼。它是现金回笼的主要渠道,约占银行现金收入总额的70%以上。② 服务事业收入。也称服务回笼。它主要是指交通运输、文教卫生等方面的现金收入。③ 税款收入。也称财政回笼。它主要是指国家税务部门向居民征收的各种税款。④ 信用收入。也称信用回笼。它是指银行、信用社及其他金融机构由于吸收储蓄存款、证券投资等而收入的现金。

（2）非现金结算流通渠道是指通过银行转账的各种货币收支转移的方向或者途径。

根据非现金结算的经济内容，非现金结算流通的渠道有：① 商品价款收付。这是各企业之间由于购买生产资料或消费资料而引起的货币收付，是非现金结算流通的重要渠道。② 劳务费用收付。这是各单位之间由于提供或获得劳务而引起的货币收付。③ 货币资金拨缴的收付。这是由于权利和义务关系而产生的货币资金转移。④ 信贷资金的发放和回收。这是由于信用关系货币资金单方面让渡而形成的。

应当指出的是，这里的非现金结算流通主要是指存款货币的流通。对于非现金结算流通的其他渠道有待于进一步拓展。

第二节　货币流通规律

一、货币流通规律的基本内容

流通中究竟需要多少货币，是受货币流通规律所支配的，不依人们的主观意志为转移。货币流通规律是指决定商品流通过程中所需要货币量的规律。也称货币必要量规律。这一规律表明，货币流通是为商品流通服务的，货币供应量必须满足商品流通的客观需求，这一规律是在商品生产和交换存在的条件下普遍适用的最重要的经济规律。

货币流通规律的基本内容是：流通中的货币数量与货币流通速度成反比例关系，与商品价格总额成正比例关系。货币流通规律的计算公式如下：

$$流通中货币必要量＝商品价格总额÷单位货币的流通速度$$

这表明，一定时期流通所需要的货币量取决于商品价格总额和单位货币的流通速度。当货币的流通速度不变时，流通中所需要的货币量与商品价格总额成正比例关系，即商品价格总额越大，所需要的货币量越多；反之，就越少。当商品价格总额不变时，流通中所需要的货币量与货币的流通速度成反比例关系，即货币的流通速度越快，所需要的货币量越少；反之，就越多。

随着商品经济的发展和信用关系的完善，出现了赊销或预付，即以信用方式进行的交易。由于债权、债务的抵消和延期支付等情况，引起了货币量的变化。货币必要量规律也因此需要进行相关的调整。综合信用支付以及货币执行支付手段职能的因素调整货币流通规律的公式,这时的货币必要量既包括作为流通手段的货币必要量,也包括作为货币支付手段的货币必要量。其计算公式如下:

$$\text{流通中货币必要量} = \frac{\text{商品价格总额} + \text{到期支付总额} - \text{本期赊销商品总额} - \text{互相抵消的支付总额}}{\text{单位货币作为流通手段和支付手段的平均流通速度}}$$

二、影响货币必要量的因素

流通中货币需要量由商品价格总额与货币流通速度两者对比关系来确定。货币流通速度与货币需要量成反比例关系。流通中所需要的货币量,与商品总价格成正比。一定时期流通中必要的货币量取决于四个因素:① 货币流通速度。② 市场上出售的商品数量。③ 商品的价格。④ 单位货币的价值。

(一)货币流通速度的分析

在现实经济中,货币作为交易媒介,会始终留在流通中,为多次商品流通服务,于是就有了货币流通速度的概念。货币流通速度是指货币在一定时期内可实现几次买或卖。影响货币流通速度的因素有:① 商品流通速度的快慢。包括商品组织和供应体制是否合理,流通渠道和流通环节多少及通畅与否。② 交通运输状况的发达程度。③ 信用经济发展程度。银行技术手段先进与否,服务质量的高低。④ 生产规模的大小、人口数量的多少等。

(二)商品价格总额的分析

货币作为一般等价物,是表现、衡量和实现商品价值的工具。货币在商品交换的过程中起着媒介的作用,即货币价值与商品价值等价交换。流通领域中的货币量应当与商品价格总额相适应。而商品价格总额的大小取决于待实现的商品数量和商品价格水平。商品数量的增减和商品价格的高低与商品价格总额发生同方向的变动;商品价格是商品价值的货币表现,因而商品价格水平的高低又取决于商品价值与货币价值的变化。商品价格与单位货币价值成反比例关系。因此,单位货币价值的升降,使商品价格总额发生反方向的变动。

三、纸币流通规律

纸币流通规律是指纸币发行量应当决定于流通中所必需的金属货币量的规律。即纸币的发行量限于它所代表的金(或银)的实际数量。其计算公式如下:

流通中全部纸币所代表的价值量＝流通重金属货币的必要量

或　单位纸币所代表的金属货币量＝流通中所必需的金属货币量÷流通中的纸币总量

上述公式表明,纸币流通规律的内容体现的是纸币和金属货币之间的关系。

纸币名义价值能否与它所代表的金属货币价值相符,取决于纸币的发行数量。在流通领域里的货币需要量已经确定的情况下,如果流通中的纸币量相当于流通领域所必需的金属货币量,单位纸币的名义价值与单位金属货币价值就会一致;如果纸币的发行量超过了它所代表的流通中所需要的金属货币,就意味着每单位纸币所代表的价值量减少了,纸币就会贬值。假设,流通领域的金属货币量为100,而流通领域的纸币总量达到200,则单位纸币所代表的金属货币量为0.5。即1元的纸币只能代表0.5元的金属货币来流通,纸币的实际价值贬低了50%。如果单位纸币所代表的价值量越少,纸币贬值程度越高,物价上涨率越高。纸币发行量的不断增加,导致过量发行,在纸币流通规律的作用下,必然会引起货币贬值和通货膨胀。

第三节 货币流通管理

一、人民币发行的管理

(一)人民币的发行原则

人民币发行的原则是:严格遵循货币流通规律,根据经济发展的需要,坚持经济发行,把货币发行权真正集中到中央。

1. 严格遵循货币流通规律

货币流通规律就是货币必要量规律。货币流通规律表明,流通领域的货币必要量是由流通领域的商品总量决定的,因此,人民币的发行必须符合流通领域中商品量的客观需要;否则,过多会引起货币贬值,过少会影响经济发展。

2. 坚持经济发行

人民币的经济发行,就是根据商品生产和商品流通的正常需要,通过信贷程序进行的货币发行。这种发行以商品物资为基础,可以保证币值稳定。与经济发行相对应的是非经济发行,也称财政发行,即为了弥补财政赤字的需要而增加的货币发行。非经济发行属于财政超前支出,商品物资基础较差,是一种非生产性的、不正常的发行。发行的货币在流通领域内的购买力没有相应的物资去平衡,会引起货币贬值和物价波动。因此,坚持经济发行原则,防止非经济发行,也就是坚持货币购买力与商品可供量基本保持一致或平衡的原则。

3. 货币发行权真正集中到中央原则

我国人民币的发行权集中于中央,并经过中央授权,由中国人民银行统一印制和发行货币,这就保证了人民币发行的高度集中统一。人民币发行之所以必须坚持集中统一的原则,是因为人民币的发行数量、时间、流向等,直接关系到生产、流通,关系到国家财力、物力的分配与再分配。坚持人民币的集中统一发行,中国人民银行可以根据经济发展的要求,适量地向商业银行提供基础货币,以达到控制商业银行货币创造能力的目的;同时,也为中国人民银行发挥其中央银行职能作用提供条件。

(二) 人民币的发行程序

人民币通过信贷收支发行。人民币发行的数额列入国家综合信贷计划,并作为国家信贷资金加以运用。中国人民银行根据商品生产和商品流通的发展情况,调整人民币的发行量,及时满足流通领域的货币需求。中央银行为了调节流通领域的货币量,必须保持一定数量的发行基金。所谓发行基金,就是尚未投放出去的发行准备金,保管货币发行基金的地方称为货币发行基金保管库,又称发行库。发行库是中国人民银行机构的组成部分,代表国家管理发行基金。人民币由发行库投放出去,即为货币发行。发行库的主要任务是:统一调度发行基金;办理货币发行工作;保管、调运发行基金,调剂市场各种票币的流通比例;反映市场货币投放和回笼的情况。

业务库是各商业银行对外营业的基层行处为办理日常现金收付而设立的金库。业务库的现金是日常支付的现金准备,属于流通领域货币的一部分,经常处于周转状态。业务库又有一定的限额规定,并分别规定主币、辅币的比例。这一比例根据商品交易和劳务支付额的大小以及市场变化情况加以调整。

为了保证现金流通的顺利进行,保证及时满足各地市场的需要,调节货币量,需要对分支库的发行基金进行调拨。发行基金的调拨,采取逐级负责的方法:总库负责分库之间的调拨,分库负责管辖范围内支库之间的调拨。发行基金的调拨,要编制调拨计划,根据上级调拨命令进行。没有上级签发的命令,任何人不得调动发行基金。人民币的发行程序如图 2-1 所示。

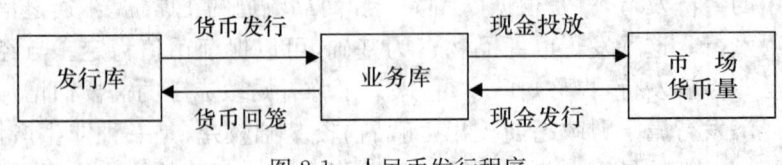

图 2-1 人民币发行程序

二、现金管理

现金管理是国家有计划管理货币流通的一项重要制度。国家规定,凡在银行和其他金融机构开设账户的机关、团体、部队、企业单位和其他单位,都要执行现金管理制度。

现金管理的主要内容包括:

(1) 由现金管理单位保存的现金,要核定一个库存现金的限额,超过限额的现金必须送存银行。

(2) 各单位经济往来,除了在一定限度内可以使用现金外,都必须通过银行进行转账结算,如有特殊需要,必须经银行审查批准。

(3) 各单位使用现金的范围,主要限于:① 职工工资、津贴。② 个人劳务报酬。③ 根据国家颁发给个人在科学技术、文化艺术、体育等项目上取得突出成绩的各种奖金。④ 各种劳保、福利费用以及国家规定的对个人的其他支出。⑤ 向个人收购农副产品和其他物资的价款。⑥ 出差人员必须随身携带的差旅费。⑦ 结算点以下的零星支出(结算点目前为1 000元)。⑧ 中国人民银行确定需要支付现金的其他支出。

(4) 各单位到外地采购,除特殊情况,经银行审查同意携带一定数额的现金外,都要通过银行办理转账结算。

(5) 机关、团队、部队、全民所有制和集体所有制企业单位购置国家的专项控制商品,必须采取转账结算的方式,不得使用现金。

(6) 严禁有现金收入的单位坐支现金。

(7) 违反现金管理规定的单位或个人,视情节轻重,要承担相应的法律责任。

复习思考题

一、判断题

1. 货币流通,从根本上说是由商品流通所引起的,并为商品流通服务。（ ）
2. 货币流通本身具有相对独立运动,有着自身的运动规律,并决定商品流通。
（ ）
3. 纸币流通规律是指纸币发行量应当决定于流通中所必需的金属货币量的规律。（ ）
4. 人民币的发行必须符合国家的客观需要。（ ）
5. 现金管理单位可以保存任何数量的现金。（ ）
6. 严禁有现金收入的单位坐支现金。（ ）
7. 货币流通为商品流通服务,货币流通对于商品流通也有积极的反作用。
（ ）
8. 货币形态在流通中是不断变化的。（ ）
9. 当商品价格总额不变时,流通中所需要的货币量与货币的流通速度成反比例关系。（ ）

10. 货币在商品交换的过程中起到的是支付作用。　　　　　　（　　）

二、简述题

1. 阐述货币流通规律的基本内容。
2. 简述纸币流通规律并分析在纸币流通规律的作用下,为何必然会引起货币贬值。
3. 简述货币流通与商品流通的联系与区别。
4. 简述人民币的发行原则。
5. 简述现金管理的主要内容。

三、案例与阅读

金币的响声

有一天,阿凡提来到一贪婪的财主家,刚好碰到财主正在炖鸡,香味扑鼻。"啊,亲爱的阿凡提,你来了。你闻到我家鸡的香味了吗?"财主问。"闻到了,哈哈,真香啊!"阿凡提说。"既然你闻到了,那么,请你付钱吧。"财主的一对眼珠在阿凡提腰间的钱袋上滴溜溜地乱转,伸出一只手来。"我可没欠你的钱啊。"阿凡提大声地说。"啊,是这样,你听我说,你闻到我家的鸡的香味,对吧?香味是从鸡身上发出来的,是鸡的一部分,对吧?没有鸡哪有香味呢?现在呢,你享用了鸡的一部分,为什么不付钱呢?"财主蛮有理地说。"啊,对。"阿凡提说。"我应该付钱,完全应该付钱。"阿凡提说着从腰间解下钱袋,拎到财主耳边,摇晃起来,于是袋里的金币发出一阵叮叮的碰撞声。"你听到金币的声音了吗?"阿凡提用同样的口气问财主。"听——听见了。"财主支棱着耳朵,咽了口唾沫,眼看着钱袋两只手直痒痒。阿凡提把钱袋重新掖进腰里,转身要走。财主一把拉住阿凡提,气呼呼地说:"你还没付钱呢!""怎么没付?"阿凡提说:"你不是听见声音了吗?声音是金币发出的,是金币的一部分,我已把这部分付给你了。"

资料来源:赵世杰编译:《阿凡提的故事》,中国少年儿童出版社1981年版。

问题:根据小故事分析货币职能。

第三章

货币供给与需求

第一节 货币供给

一、货币供给的含义

货币供给的含义可以从静态和动态两个方面来了解。静态的含义:货币供给量是指在特定时期内一国流通中的货币总量,包括现金和存款货币等在内。又称货币存量。动态的含义:货币供给是指银行体系通过其业务活动向生产和流通领域提供货币的整个过程。在流通领域中,货币供给又分为名义货币供给和实际货币供给。

名义货币供给是指一国的货币当局(即中央银行)根据货币政策所需提供的货币供给量。这个货币供给量既包括以真实商品和劳务表示的货币量,也包括由货币供给量引起价格变动的因素。名义货币供给的形成,是由中央银行通过向商业银行投放基础货币,通过商业银行的货币乘数效应,扩大整个社会的名义货币供给。

实际货币供给是指名义货币供给与一般物价指数平减后所得的货币供给,也就是剔除物价上涨因素后而表现出来的货币所能购买到的商品和劳务总额。其计算公式如下:

$$实际货币供给 = M_s \div P_0$$

其中:M_s 为名义货币供给,P_0 为一般物价指数。

由上式可见,一国在一定时期内的名义货币供给与一般物价指数直接影响实际货币供给。

另外,实物形态的国民收入决定了实际货币供给。为了保持实际货币供给与实际货币需求相适应或相平衡,实际货币供给必须与国民收入保持同步增长的比例关系。其计算公式如下:

$$实际货币供给 = K \times Y$$

其中:Y 为国民收入,K 为比例系数。

由上式可见，实际货币供给应该与用实物形态表示的国民收入 Y 成一定比例关系。

二、货币供给的机制

（一）货币供给来源

货币供给的真实源泉是一国的国民收入及其增量。国民收入经过分配和再分配，形成财政收入、企业收入和个人家庭货币收入。这些货币收入以现金和各项存款的形式被个人、单位和银行所持有。其中，现金货币成为中央银行的负债，存款货币构成商业银行的负债，构成了一定时期银行货币供给的来源。

流通中的货币是通过银行体系供给渠道和创造机制形成的。银行是全社会货币供给的总渠道与总闸门。商业银行货币供给的资金来源有：吸收各项存款，增加向其他金融机构的融资，减少自己在中央银行的超额准备金和发行金融债券增加资金等。中央银行货币供给的资金来源有：吸收金融机构和财政部门的存款，通过公开市场业务卖出有价证券扩大持有货币和扩大货币发行量。

（二）货币供给渠道

货币供给渠道是指货币流入流通领域的途径。可分为货币总供给渠道和货币结构供给渠道。

1. 货币总供给渠道

银行渠道是货币总供给渠道，银行在货币供给中处于决定性的地位。银行体系是货币供给的最初来源。流通领域的货币，都是由银行体系投放出去的。中央银行放出原始货币，经过商业银行的货币扩张作用，形成流通领域中的货币供应量。

银行体系作为货币的总供给渠道有对流通中货币总量进行有效调控的任务，要确保货币供应量满足经济周转对货币的需求。为了使货币供应量适应经济发展，银行体系还要对货币供给基本结构进行有效控制。即中央银行必须控制基础货币量与基础货币的扩张能力，同时，对货币基本结构和贷款数量进行分析，配合货币政策，合理安排中央银行的基础货币量。

财政体系也是现实货币的供给渠道之一。财政部门的货币支出对货币供给的结构和数量有着重要的影响。财政收支结构，影响流通中货币的供给结构。财政是货币资金集中再分配的部门，财政部门的货币收支直接影响货币在流通领域中的货币量。

2. 货币结构供给渠道

所谓货币结构供给渠道，是指在货币总量不变的条件下，货币购买力结构的变化。它反映了财政、银行、流通领域中货币流向的变化。

在货币供给总量不变的情况下,财政资金与银行资金的变化表现为彼此消长的关系。财政资金进入银行,银行作为资金发放单位,财政资金转化为银行贷款;反之,财政支出,银行回款,银行资金转化为财政资金。

在货币供给总量不变的情况下,企业货币供给结构的变化直接影响银行货币量。企业货币绝大部分表现为在银行的存款,构成不同层次的存款货币。企业货币供给与银行存款量可以相互转移,居民货币供给结构的变化也影响银行货币量。居民货币可以分为现金、活期存款、长期存款和债券。企业货币、银行货币和居民货币三者之间的相互转移引起居民货币量与银行货币量的转换。

(三) 货币创造机制

1. 基础货币

基础货币又称货币基数、高能货币或强力货币。它是指商业银行存入中央银行的准备金与社会公众所持有的现金之和。它是银行体系的存款扩张、货币供给的基础。

在现代信用货币制度下,流通中的货币是信用货币。一国的中央银行通过变动基础货币进行供应和调节社会货币供给量。当中央银行不增加基础货币的供给量,则商业银行就不能扩大创造的存款。当中央银行利用政策手段降低存款准备金率,扩大供应基础货币时,商业银行的货币创造能力就加强,通过货币创造作用,增加货币供应量。当中央银行提高存款准备金率,收缩基础货币供给时,商业银行的信用创造能力就减弱,货币供应量就会减少。

2. 货币供给创造的条件

货币供给创造是指存款货币的创造。所谓存款货币,是指存在商业银行、使用支票可以随时提取的活期存款。单个银行不可能创造信用货币,因为对于单个银行来讲,先有存款,后有贷款。单个银行只能依靠它们的存款来发放贷款,贷款等于存款,银行并不创造任何东西。整个银行体系却能够做单位银行所不能做到的事情,因为对于整个银行体系来讲,先有贷款,后有存款。整个银行体系能够把它的贷款和投资扩大至原来存款的许多倍。一定量的货币通过银行体系的转账结算能够变成数倍于自己的存款,这样,流通中的货币就被创造出来了。

存款货币创造的主要条件是发达的信用制度和非现金结算的普遍开展和票据的广泛使用。在发达的信用制度下,银行贷款以贷款的形式转入企业的存款账户,企业以票据进行支付,收款单位又存入银行,银行再用此笔贷款进行发放,形成贷款—存款—贷款的循环。在这种循环中,一笔货币被反复使用,银行存款就这样被不断地创造出来。为了防止银行货币创造的无限度进行,国家一般规定法定存款准备金率,即国家中央银行规定商业银行的存款中必须有一定比例上缴中央银行作为法定存款准备金比率。用作法定存款准备金的货币,商业银行不得动用。

3. 货币供给创造机制

货币创造又称货币乘数效应(货币供给的倍数效应)。它是指中央银行的基础货币提供量与社会货币最终形成量之间存在着数倍扩张(或收缩)效应。在实际经济生活中,银行通过贷款提供的货币并不是一笔贷款只增加一笔存款,而是通过存款、贷款和再存款、再贷款的活动,一笔贷款增加数倍存款。这种一笔贷款增加数倍存款的效应,就是货币供给创造机制。货币供给创造机制的实质,是要揭示基础货币与货币供给量之间的倍数扩张关系,即货币供应量取决于基础货币和货币乘数:

$$M_s = B \times K$$

其中:M_s 为货币供给量,B 为基础货币,K 为货币乘数。

货币乘数是指货币供给的扩张倍数,是由于基础货币变化而引起的货币供应量增减的幅度。货币乘数的确定可以采用两种方式:单项货币乘数模型和多项货币乘数模型。

单项货币乘数模型是指以一种因素影响货币乘数变动所建立的模型。如以存款准备金率这种因素影响货币乘数为例,其数值的大小是存款准备金率的倒数。其计算公式如下:

$$货币乘数 = 1 \div 存款准备金率$$

多项货币乘数模型是指以几种因素影响货币乘数变动所建立的模型。其数值大小由一定时期的现金漏损率、存款准备金率、超额准备金率等因素决定,它是超额储备金率之和的倒数。

三、货币供给的制约因素

货币供给首要的决定因素是货币需求。在货币供给的过程中,银行是货币供给的主体。货币的供给通过银行的业务运作可以实现。但是货币供给量的形成还有很多的限制因素。

(一)货币供给最终由流通领域中的货币需求决定

货币是由中央银行垄断发行的,货币发行数量最终取决于客观经济发展对货币的需求。一定时期的货币需求是通过货币供给得到满足的。货币需求量的增减受国民收入水平的变化、通货膨胀率的高低、信用制度、市场环境变化与完善程度等客观因素的影响。在经济的发展过程中,经济主体对货币的需求可分为两种情况:一种是经济发展增长对货币客观需求决定货币供给,另一种是经济主体对货币的超客观需求。

在流通领域中,企业的经济活动是货币需求与供给的基础和货币创造的源泉,企业行为对货币供给有着重要的作用,企业经营规模、经营效益、经营机制决定货币供给。生产规模扩大、经济增长速度加快,对信贷资金的需求将会增长;反之,在经济萧条时期,投资规模不断下降,对信贷资金的需求也会降低,货币供给也必然受阻。居民的收支行为对货币供给与需求的影响是一个重要因素,居民可支配收入行为对货币供给量有极重要的影响。货币供给量是可支配收入的正比例函数,现实流通的货币量是消费倾向的递增函数,是储蓄倾向的递减函数。储蓄同消费是消长关系。

(二)财政收支状况对货币供给的影响

财政收支状况对货币供给量的影响,主要表现在两个方面:正常调节市场供求而带来的货币供给量的变化;正常的财政收入无法满足支出的需要所出现的财政赤字而带来的货币供给量的变化。

财政收入的主要方式是税收,而税收是正常调节市场供求而带来的货币供给量的变化手段之一,其对货币供给的影响有两个方面:一方面,财政通过税收的收支投入到流通中,货币供给总量不变;另一方面,税收的收支,财政不再进入流通领域,则直接会扩张或压缩货币供给量。

当正常的财政收入无法满足支出的需要而出现财政赤字时,为了弥补财政赤字而向中央银行借款、出售债券和向银行贷款或透支,这些都会表现为中央银行对政府贷款的增加及财政金库存款的增加,财政使用其增加的存款或透支额而使货币供给量增加。但是,如果财政采用向商业银行出售政府债券的形式来弥补赤字,对货币供给量的影响就要具体分析。当财政向商业银行出售债券时,商业银行的资金向政府部门转移。在中央银行的资产负债表上表现为政府存款增加与商业银行存款准备金减少,如果这时商业银行不因为超额准备减少而向中央银行借款,货币供给量不会因此而增加;但如果商业银行因为借款给财政再从中央银行借款以增加超额准备,则会引起货币供给量的扩大。

四、货币供给量的测算

(一)运用乘数原理测算货币供给量

运用乘数原理计算货币供给量,主要计算货币乘数,或货币供给的倍增能力。这可以从中央银行资产负债表的负债方或资产方计算乘数,然后再计算货币供给量而获得。货币供给量等于货币乘数乘以基础货币。一般而言,存款准备金率或现金漏损率或存款提现率越高,货币乘数越小。

(二)系数控制法

系数控制法是根据历史数据求出经济增长与货币增长之间的比例系数,确定货币增长幅度,从而确定计划期的货币供给量的一种方法。经济增长与货币增长之间的比例系数是指社会总产值每增加1%,需要货币供给量增加百分之几。货币供给量增长率是经济增长率与经济增长和货币供给量增长的比例系数的乘积,即 $\Delta r = k \times \Delta p$。其中,$\Delta r$ 为货币供给量增长率,k 为经济增长和货币供给量增长的比例系数,Δp 为社会总产值增长率。

(三) 直接估算法

直接估算法是指根据经济发展计划、上年货币流通状况和国家宏观经济政策,然后根据银行可以聚集的货币和资金来源及经济增长对货币需求比例,推算出中央银行应发放的货币数量,除以货币乘数,纳入信贷计划,从而确定货币供给总量的一种方法。

第二节 货币需求

一、货币需求的含义

货币需求是指为了保证国民经济正常运转,流通中所需要的正常的货币数量。货币需求是一个存量概念,又称货币需求量。它是社会各部门在一定社会经济条件下,对货币需求的量的总和。

货币需求量是由货币流通规律决定的,具有客观性。它的客观性在于货币需求量是由经济过程的内在因素决定的。经济运行对货币的客观需求及需求量是指经济运行中按货币流通规律要求的货币和货币量。货币流通规律是指货币所代表的价值与商品价值对比前提下的量的比例关系。即商品流通与货币流通相互依存、相互制约间的比例关系。根据不同的划分方式,货币需求有不同的种类。

(一) 根据购买力情况货币需求又可分为名义货币需求与实际货币需求

名义货币需求是实际货币需求的对称。它是指在物价上涨的情况下,同一货币单位所能购买的商品和劳务的数量。它是按现行价格计算的,反映社会微观经济主体持有的货币单位数量。名义货币需求决定于货币供应量。用 M_d 表示。

$$M_d = PQ \div V$$

其中:M_d 为名义货币需求,P 为市场中商品和劳务价格的加权平均数,Q 为商品和劳务的数量,V 为一定时期的货币周转速度。

实际货币需求是指剔除物价变动的影响,以货币所实际对应的商品和劳务表示的货币需求。实际货币需求是根据不变价格计算的,反映一定数量的货币购买力,它等于名义货币需求量除以物价。名义货币需求与物价成正比例关系,而实际货币需求与物价无关,它随着实际收入的变化而变化。

$$实际货币需求 = M_d \div P = KQ$$

其中:M_d 为名义货币需求,P 为市场中商品和劳务价格的加权平均数,K 为国民所得以货币形式所拥有的份额,Q 为实际生产总值。

(二)根据使用方式货币需求又可分为交易性货币需求、储备性货币需求和投资性货币需求

交易性货币需求是指社会微观经济主体在收支活动和经营活动中的货币需求。它反映了一定时期内商品流通对货币的需求量。

储备性货币需求是指人们为了防止意外而储存的一部分货币的需求。它属于资产性的需求。

投资性货币需求是指人们为了求得资产的收益而对货币的需求。它属于资产性的需求。

(三)根据使用范围货币需求又可分为宏观货币需求和微观货币需求

宏观货币需求是指国民经济运行总体对货币的需求,也指国家在一定时期和一定的经济发展状况下国民生产总值的增长对货币的需求,以及一定时期物价总水平的变化引起的对货币需求的变化。

微观货币需求是个人、企业和政府所拥有的货币和货币量,是各个经济主体有支付能力的货币需求及需求的变化。全部的微观货币需求之和为宏观货币需求。

二、市场经济下的货币需求

市场经济是直接根据市场的需要进行生产,通过市场贸易进行交换的商品经济。供给和需求是市场体制的两大重要构成方面。供给是指商品、劳务等有形、无形物质和精神产品的供给。单个不同供给者的集合就是社会总供给。需求是指货币需求。单个货币需求的集合构成社会总需求。供给与需求平衡,是市场的客观要。货币需求的实质是市场需求。

货币需求受市场规律所制约与影响:① 货币需求受价值规律的制约。价值规律是价格决定的规律,价格是价值的货币表现,货币需求受价格高低的影响。② 货币需求受市场供求规律制约。市场机制作用的发挥也就是市场供求规律作用的发挥,市场机制作用配置资源,影响市场供给与需求,从而影响货币需求量的变化。③ 货币需求受按比例发展规律的制约。市场经济要按比例发展,要保持总量平衡,还要保持各个经济部门均衡发展。货币需求的变动是以经济协调发展为依据的。

三、货币需求量的测算方法

(一)经验数据法

经验数据法是指以商品零售额代表经济发展水平,用正常年份的社会商品零售额与市场现金流通量的比例关系(即货币流通次数)测算货币流通量(现金)的方法。货币流通次数的计算公式如下:

$$货币流通次数 = \frac{某年社会商品零售额}{某年流通中的平均现金量}$$

一般来说,我国把货币流通速度视作一个不变的常量,作为衡量货币流通正常的标志。"1∶8经验公式",即1元货币相当于8元商品的流转额。

1979年以前,这一经验数据一直是我国衡量货币流通是否正常的标志。20世纪80年代后,其运用条件发生了很大变化,该经验数据失去了准确性,但它在方法论上是可取的。

(二)基本公式法

基本公式法是以经济增长率、物价、货币流通速度三个因素来确定货币需求量增长率的方法。货币增长率的计算公式如下:

$$货币增长率 = \frac{(1+预期经济增长率)\times(1+预期调价幅度)}{1\pm货币流通速度变化率} - 1$$

根据微积分原理,当各种因素变化比率很小时,上述公式可以进一步简化为:

$$货币增长率 = 预期经济增长率 + 预期物价上涨率 \pm 货币流通速度变化$$

基本公式法从动态的角度分析了货币需求量,一方面,扩大了货币的范围;另一方面,不以某一年的数据为依据,而是直接计算货币总量,还可以分为不同货币层次进行测算:在计算M_0(现金)时,基本公式中的分子项应为社会商品零售总额增长率和消费物价变化幅度;在计算M_1(现金+货币存款)时,分子项为社会总产值增长率和预期价格变动幅度。

(三)回归分析法

回归分析法是运用数理统计原理和线性回归分析的方法确定经济增长与货币增长之间函数关系的一种方法。

在测算时,可用一元或多元回归方程。通常,经济增长用社会总产值、工农业总产值、国民收入或国民生产总值来代表,货币增长用现金加全部存款来计算。根据历史数据建立一元线性回归方程:

$$Y = A + BX$$

回归分析法的特点是：以经济增长为自变量，货币需求为因变量，体现经济发展对货币的需求；从一个或几个变量的取值预测或监督另一个变量的取值，并根据变量的多少设置回归方程；可以进行预测。

（四）比例法

比例法根据经济增长与货币增长之间的比例系数直接计算货币需求量。具体方法是根据历史数据求得经济总量每增长1％，货币需求增长百分之多少来计算。

比例法不仅可以测算货币总量，还可以分层次测算货币必要量。

第三节 货币均衡

一、货币均衡的含义

货币均衡是指在一定时期内，货币供给量与国民经济正常发展所需要的货币需求量的基本平衡。其计算公式如下：

$$M_d = M_s$$

其中：M_d 为货币需求量，M_s 为货币供给量。

当 $M_d > M_s$ 时，货币供给量不足，表现为经济停滞或者负增长，商品严重积压，失业不断上升；当 $M_d < M_s$ 时，货币供给量过多，表现为商品不足，物价上升，经济增长速度减慢。

货币均衡要求货币供给量与货币需求量相适应。货币需求量反映难以准确把握和测算的客观需求，它受各种因素的影响会随时发生变化。货币供给量可以通过中央银行运用各种机制和调控手段进行控制，但是也受各种因素影响，与当时的中央银行的货币政策的实施与调控效果产生误差。由此可见，在市场经济条件下，货币需求量通常不等于货币供给量，货币均衡只是一种暂时的现象，一种动态的平衡，这种平衡很快就会被打破，又需要再建立新的平衡关系。

二、货币均衡的标志

（一）商品市场物价稳定是判断货币供求均衡的重要标志

货币均衡的实质是商品市场上商品供给和用货币购买力表示的商品需求之间的均衡，即在形式上表现为货币供给量与货币需求量的平衡，在实质上是社会总供给与总需求平衡的一种反映。因此，货币均衡在商品市场中表现为货币流通与商品流通相适应，不存在由于购买手段不足而引起商品积压，也不存在由于购买手段过剩而引起商品供给的不足。由此可见，商品市场物价稳定是判断货币供求均衡的重要标志。

（二）物价指数是衡量货币均衡的手段之一

商品物价的稳定一般是通过综合物价指数来衡量的。物价指数与货币供给量超过货币需求量的程度有同方向和同比例的关系。用物价指数基本上可以衡量货币供给是否均衡。

（三）利率也是判断货币均衡的主要标志

货币均衡在金融市场上表现为资金供求平衡、利率的稳定。在金融市场上,利率是货币的价格,利率的确定原理与物价的确定原理相同。利率与货币需求量发生反方向变动,与货币供给发生同方向变动。当货币供给与货币需求平衡时,形成均衡利率。均衡利率是衡量货币均衡的重要标志：当市场利率高于均衡利率时,市场中的货币供给大于货币需求；反之,当市场利率低于均衡利率时,市场中的货币供给小于货币需求。

判断货币均衡的标志还有其他的因素,如货币流通速度的变动、市场商品供求状况等。

三、货币均衡实现的条件

在市场经济条件下,货币均衡主要通过货币供求的内在机制,即资金价格——利率的杠杆作用来实现。利率的升降变化会不断调节货币的供应量与需求量,两者之间趋于平衡。利率下降,银行信用扩张,商业银行的贷款量增加,货币供应量也随之扩大；反之,利率上升,银行信用紧缩,商业银行的贷款量减少,货币供应量也随之下降。要实现货币均衡,还必须依赖于客观的经济条件和调控手段。

（一）中央银行具有较强的货币供求的调控手段

控制货币供应量是实现货币均衡的重点,而中央银行是控制货币供给的主体。中央银行或货币当局能够有效地实施货币政策,调整货币供给,适应货币需求的变动。中央银行的调控手段有法定存款准备金率、再贴现率、公开市场业务等。

（二）发达的金融体系和种类繁多的金融工具

发达的金融市场中有可供投资者选择的金融工具,通过各种金融工具的交易使不同的货币形态可以顺利转化。不同的货币形态具有不同的流通性,转化为现实购买力的速度也不一样。中央银行可以通过公开市场业务调节货币供应量,促进货币均衡。

（三）保持基本平衡的财政收支体系

政府为了弥补财政赤字向中央银行借款或透支,迫使中央银行大量发行货币,都会引起货币供应量的增加,影响货币均衡。因此,保持国家财政收支基本平衡,避免财政向中央银行的借款和透支是实现货币均衡的条件之一。

（四）保持国际收支基本平衡

国际收支不平衡，出现大量的顺差或者逆差都会引起本币对外汇的升值或贬值，直接影响国内市场价格的稳定。保持国际收支基本平衡是实现货币均衡的重要手段之一。

四、货币容纳量的弹性

货币容纳量弹性是指在某个绝对值的上下一定幅度内供应货币，不会引起市场和物价波动。即货币需要量是一个区间值，在此区间内供给货币都是符合客观经济需要的。

货币供应量与货币需求量完全相同的情况很少，货币供应量可以少于或多于流通中的货币需要量，其多少的幅度取决于货币供给的多少。即金融当局可以适应经济发展需要而有伸缩地供应货币。在纸币与不兑现货币制度流通条件下，实际货币供给量和货币必要量之间存在着一个货币容纳量弹性。

货币容纳量弹性（Me）的计算公式如下：

$$Me = 经济增长率 \div 货币供应量增长率$$

当 $Me=1$ 时，表明货币供应量与国民经济同步增长；当 $Me<1$ 时，表明货币供应量增长率超过了经济增长率，即表示货币供应量的超前增长。一般来讲，货币供应量的超前增长都是一个带有稳定性的长期趋势。在货币供应量的超前增长的情况下，如果货币流通和市场物价仍然处于基本稳定状态，就表明市场货币容纳量具有一定的弹性，而 Me 的具体数字就是货币容纳量弹性值；当 $Me>1$ 时，表明货币供应量增长率低于经济增长率，即货币供应量不足。如果出现货币供给不足，可根据生产增长对货币需求量增加而扩大货币供给量，以使供求达到均衡；反之，除应严格控制货币供给外，还可以利用弹性机制来调节供求。

复习思考题

一、判断题

1. 一国在一定时期内的名义货币供给与一般物价指数直接影响实际货币供给。（　　）
2. 货币供给的真实源泉是一国的国民收入及其增量。（　　）
3. 银行体系是货币供给的最初来源。（　　）

4. 对于单个银行来讲,先有贷款,后有存款。（   ）
5. 货币均衡是指货币供给量等于货币需求量。（   ）
6. 货币容纳量弹性(Me)<1 时,表明货币供应量增长率超过了经济增长率。（   ）
7. 存款货币创造的主要条件是发达的信用制度和非现金结算的普遍开展和票据的广泛使用。（   ）
8. 名义货币供给是指实际货币供给与一般物价指数平减后所得的货币供给。（   ）
9. 银行渠道是货币总供给渠道,银行在货币供给中处于决定性的地位。（   ）
10. 在货币供给总量不变的情况下,财政资金与银行资金的变化表现为此消彼长的关系。（   ）

二、简述题

1. 简述货币供给机制。
2. 简述货币均衡的内涵与实现的条件。
3. 简述货币需求的含义与种类。
4. 理解货币创造机制。
5. 分析货币供给的制约因素。

三、案例与阅读

我国 1990—2007 年货币供给量统计情况,如表 3-1 所示。

表 3-1

我国 1990—2007 年货币供给量统计表

金额单位：百万元

年　份	货币和准货币（M_2）	货币（M_1）	流通中现金（M_0）
1990	15 293.4	6 950.7	2 644.4
1991	19 349.9	8 633.3	3 177.8
1992	25 402.2	11 731.5	4 336.0
1993	34 879.8	16 280.4	5 864.7
1994	46 923.5	20 540.7	7 288.6
1995	60 750.5	23 987.1	7 885.3
1996	76 094.9	28 514.8	8 802.0

(续表)

年　份	货币和准货币(M_2)	货币(M_1)	流通中现金(M_0)
1997	90 995.3	34 826.3	10 177.6
1998	104 498.5	38 953.7	11 204.2
1999	119 897.9	45 837.3	13 455.5
2000	134 610.4	53 147.2	14 652.7
2001	158 301.9	59 871.6	15 688.8
2002	185 007.0	70 881.8	17 278.0
2003	221 222.8	84 118.6	19 746.0
2004	254 107.0	95 969.7	21 468.3
2005	298 755.7	107 278.8	24 031.7
2006	345 603.6	126 035.1	27 072.6
2007	403 442.2	152 560.1	30 375.2

资料来源：国家统计局网站。

问题：

(1) 我国货币层次划分的依据是什么？

(2) 如何看待我国货币供应量？

第四章

信用与利率

第一节 信用的作用与形式

一、信用的特征

"信用"一词在日常生活中被广泛使用。它通常是指说到做到的一种承诺。经济学中所谓的信用是一种体现着特定经济关系的借贷行为,是价值运动的特殊形式。信用有两个基本特征:一是以偿还为条件,到期归还;二是偿还时带有一个增加额,即利息。

信用具有的到期归还和支付利息这两个特征,就使得信用这种价值运动的形式与一般商品交换有了区别,成了价值运动的特殊形式。一般商品是等价交换,商品的所有权通过交换而发生转移,买卖双方都保留价值,货币执行了流通手段的职能。而在信用活动中,贷出时价值作单方面转移,由贷出者让渡价值而保留所有权;归还时价值也作单方面转移,借者归还本金同时支付利息,货币执行了支付手段的职能。因此,信用是商品经济发展到一定阶段的产物。当商品交换出现延期支付、货币执行了支付手段职能时,信用就产生了。

二、信用的作用

信用是现代经济社会所不可缺少的基础,它对国民经济的主要作用,突出表现在以下几个方面。

(一) 资源配置的作用

信用是价值运动的特殊形式,利用这种方式,使货币所有权和使用权相分离,达到对资源的重新配置,满足不同的需要,以实现社会资源合理运用。

任何一个时期,社会经济单位都存在三种类型的企业:收支平衡的企业、收大于支的企业、收不抵支的企业。要充分利用资源,有效地提高资金分配的效率,只有通过信用,将盈余单位的资金转移给赤字单位使用,才能调剂货币余缺和重新分配资源。

信用的资源配置功能是由银行信用和金融市场完成的。通过银行信用,盈余单位将剩余资金存入银行,由银行进行再分配,以贷款的形式将资金贷给需要的单位,通过金融市场,采取发行股票、债券等形式,使资金短缺单位能够吸收到所需资金。这两种货币分配和调剂的形式是完成资源分配的过程。资源配置有利于产业结构和产品结构的优化。

(二)筹集资金作用

经济增长有赖于不断扩大再生产,而追加投资就是扩大再生产的起点。因此,最大限度地筹集资金是扩大再生产及其规模的前提条件。储蓄是筹资的主要途径。在储蓄转化为投资的过程中,信用成为促进经济发展、推动资金积累的有力杠杆。

如果每个企业的新增投资额仅限于它本身的储蓄,那么这些企业就不能获得大规模生产所带来的节约;相反,借助于信用关系,企业则可以实现资本的聚集,有利于提高生产效率,实现规模经济节约的原则。

各个企业在生产过程中,会由于种种因素,产生暂时闲置的资金,这些闲置资金的时间有长有短,其所有者自己一时难以运用,信用却可以把它们变成可以使用的资金。由于信用具有变短为长的作用,能够动员更多暂时闲置的资金形成现时的投资,从而可以迅速地扩大投资规模。

家庭的储蓄并非一定与现时的消费要求相交换;利用信用,可以把已经确定为消费资金的家庭储蓄转用于扩大再生产,从而扩大积累的规模。

(三)加速商品周转、节省流通费用的作用

由于信用制度的存在,商品可以赊购、赊销,可以加快商品的流通速度,缩短流通时间,降低商品储存以及与此有关的各种费用。信用制度的存在创造了许多信用工具,银行办理转账结算便利了商品流通,节省了现金保管、点数、运输等流通费用。

(四)调节国民经济的作用

在现代商品经济条件下,信用既可以调节国民经济的总量,又可以调节国民经济的结构,成为调节国民经济的杠杆。变动信用规模,调节货币供给量,使货币供给量与货币需求量趋于一致,确保社会总供求的平衡;变动利率和信贷投向,调节需求结构,以调整产品结构、产业结构和经济结构;变动汇率和国际信贷,以协调对外经济,达到调节国际贸易和国际收支的目的。

三、信用形式

信用形式是信用活动的具体表现形式。随着商品货币关系的发展,信用形式也不断发展和完善。按信用的主体划分,有商业信用、银行信用、国家信用、消费信用、民间信用、租赁信用、国际信用等具体形式。

（一）商业信用

商业信用是企业之间相互提供的与商品交易相联系的信用活动。其具体形式有赊购赊销、分期付款、预付货款等。

1. 商业信用的特点

（1）商业信用的借贷双方都是企业，反映的是不同的商品生产企业或商品流通企业之间因商品交易而引起的债权、债务关系。

（2）商业信用是以商品形态提供的信用，其资金来源是企业资金循环过程中的商品资金，是企业生产经营资金的一部分，而不是从生产过程中游离出来的暂时闲置的货币资金。

（3）商业信用的动态与产业资本的动态相一致。在繁荣时期，商业信用会随生产和流通的发展以及产业资本的扩大而扩张；在危机阶段，商业信用又会随着生产和流通的缩减以及产业资本的缩小而萎缩。

（4）商业信用是一种直接信用，资金供求双方直接达成协议，建立信用关系，无需信用中介机构的介入。

2. 商业信用的局限性

商业信用直接与商品生产和流通过程相联系，为商品买卖融通资金，它对于加速资本的循环和周转，保证再生产过程顺利进行发挥了积极的作用。但由于商业信用受其自身特点的影响，因而又具有一定的局限性：

（1）信用规模和数量上的局限性。商业信用的规模受到提供信用的企业所拥有的资金数额的限制，企业能赊销的商品只能是商品资金的一部分。

（2）信用方向上的局限性。商业信用受商品流向的限制，只能向需要该种商品的企业提供，也只能从拥有该种商品的厂商那里获得信用。

（3）信用范围上的局限性。商业信用是直接信用，借贷双方只有在相互了解对方的信誉和偿还能力的基础上才可能确立商业信用关系；相互不了解信用能力的企业，不易发生商业信用。

（4）信用期限上的局限性。商业信用所提供的是处于再生产过程中最后一个阶段的商品资本，是产业资本的一部分，这就决定了这部分资本只能用于短期性生产或流通，而不能用于长期性投资。

（二）银行信用

银行信用是银行及其他金融机构以货币形式提供的信用。它的基本形式是吸收存款和发放贷款。银行信用是在商业信用的基础上产生的一种信用形式，它克服了商业信用的局限性，具有以下特点。

1. 银行信用是一种间接信用

银行作为信用中介机构，在存款业务中是债务人，存户是债权人；在贷款业务中银行是债权人,借款方是债务人。

2. 银行信用是以货币形态提供的信用

一方面,银行以信用形式集中社会各方的闲置资金,形成巨额的借贷资本,从而克服了商业信用在规模数量上的局限性;另一方面,银行信用是以货币形态提供的,可以不受商品流转方向的限制,从而克服了商业信用方向上的局限性。

3. 银行信用期限灵活

银行吸收的各项存款由于存取时间不一致,存取交错在一起,形成银行账户上稳定的余额,为银行发放长期贷款提供了资金来源,因而银行既可以提供短期信用,也可以提供长期信用。

4. 银行信用作用范围不断扩大

由于银行实力强、信誉高、安全稳定,能与社会各方面发生比较广泛的信用关系,从而克服了商业信用在作用范围上的局限性。

(三) 国家信用

国家信用有广义与狭义之分。广义的国家信用泛指以国家为主体的借贷行为,它包括国家筹资信用和国家投资信用。前者的主要形式有发行政府债券(如国库券、公债券)、向银行借款或透支等,后者主要有财政基本建设投资的"拨改贷"、财政周转金、援外贷款等形式。狭义的国家信用仅指国家筹资信用,即国家以债务人身份向社会筹集资金。狭义的国家信用具有以下特点:

(1) 国家信用的债务人是国家,债权人是银行、企业事业单位或个人。

(2) 国家信用的安全性最高,政府债券备受投资者青睐。

(3) 国家信用的目的是为了弥补财政赤字和筹集重点建设项目的资金。

(4) 国家信用与银行信用具有相同的资金来源,两者在社会闲散资金总量一定的条件下存在此消彼长的关系。

(5) 国家信用是调节经济、实现宏观调控的重要杠杆。国家通过发行债券,可以广泛动员社会各方面的资金,引导社会资金的流向,促进国民经济结构更加合理化。此外,中央银行通过公开市场业务,买卖政府债券,从而可以调节金融市场的资金供求和货币流通。

(四) 消费信用

消费信用是企业、银行或其他金融机构以商品、货币或劳务的形式向消费者个人提供的信用。其主要形式有:

(1) 商品赊销。这主要用于日常零星购买,属于短期信用。一般采用允许有一个透支限额的消费信用卡方式进行。

(2) 分期付款。这主要用于购买耐用消费品,如汽车、房屋等,属中期信用。采用分期付款方式购买消费品的人,除第一次按规定的比例支付一定的现款外,其余货款按订好的合同分期(加息)偿还。

(3) 消费贷款。这是由银行或其他金融机构向购买耐用消费品的个人发放的贷款,分为信用贷款和抵押贷款两种。信用贷款仅凭借款人的信誉进行贷款,不必提供抵押品;抵押贷款则要求借款人以固定资产、金融资产或其他财产作贷款抵押。

(五) 民间信用

民间信用是民间个人之间的借贷活动。其存在的经济基础是个体经济和多种经营方式的存在。借贷形式有直接的货币借贷或实物借贷,也有通过自发组织的协会、互助储金会等进行的借贷,还有由中介人担保的借贷。借贷利率由双方议定,一般较高。

我国长期以来都存在民间信用。近年来,随着乡镇企业和个体经济的发展,民间信用也有较大的发展。民间信用方便灵活,对于搞活城乡经济、疏通资金渠道具有一定的作用,尤其是在弥补国家银行和合作银行信贷资金的不足、支持乡镇企业和私营经济的生产发展方面发挥了积极的作用。但是,民间信用具有自发性、盲目性的特点,一般利率高、风险大,容易发生违约纠纷,可能破坏国家的金融秩序和社会秩序,因此,需要国家银行加以业务引导和监管,趋利避害,防止出现高利贷。

(六) 租赁信用

租赁信用是以出租物品、收取租金的形式提供的信用。在租赁期间,物品的所有权仍属出租人,承租人只有使用权。租赁期满,承租人可归还所租物品,也可以作价承购,取得物品的所有权。租赁信用是第二次世界大战后在资本主义国家发展起来的行业,是一种融资与融物相结合的信用形式。对于出租人来说,以实物形式提供信用,有利于降低信贷风险;对于承租人来说,可以节省资金的投入,加速设备更新。租赁业在我国出现并得到发展是从20世纪80年代初开始的。目前,我国租赁机构迅速增加,成交额迅速增长,业务经营范围和对象也不断扩大,对经济发展发挥了积极的作用,特别是国际租赁的开展,有助于我国引进外资和先进技术设备。

(七) 国际信用

国际信用是不同国家或地区间发生的借贷关系。随着国际贸易和世界市场的发展,各国之间的经济交往日益频繁。国际信用是各国利用外资和国外的先进技术,加速本国经济、技术发展步伐的有效手段。国际信用的主要形式有出口信贷、银行信贷、补偿贸易、政府信贷、国际金融机构贷款等。我国自经济体制改革以来,充分利用国际信用,积极引进外资,国外先进的技术、设备和先进的管理方法,缓解了国内建设资金的不足,极大地促进了我国经济的发展。

第二节 利息与利率

一、对利息的认识

在现代经济生活中,人们对于利息的概念并不陌生。一个人把货币存入银行,到期后取出存款时,就会得到相应的利息。关于利息的本质问题曾被争论了几百年。

对于利息的来源与本质,古典经济学派从借贷关系与分配关系出发,分两个角度进行阐述。其中,威廉·配第、洛克、诺思等认为,利息是与借贷资本相联系的一个经济范畴,并且从借贷货币资本的表面运动来分析利息的来源与本质。而自马歇尔开始,对利息的研究则倾向于对利息来源的分析,认为利息是与分配理论相联系的一个范畴,利息是社会总收入的一部分,是资本所有者的报酬。与古典经济学派不同,近代西方经济学家主要从资本的范畴、人的主观意愿和心理活动等角度研究利息的来源与本质,由此提出了众多的学说,其中较有影响的有"资本生产率说"、"节欲论"、"流动性偏好论"等。

尽管西方经济学家对利息提出了种种理论,但都没有说明利息的本质,只有马克思才真正地揭示了利息的本质,指出利息不是产生于货币的自行增值,而是产生于它作为资本的使用。马克思针对资本主义经济中的利息指出,贷出者和借入者双方都是把同一货币额作为资本支出的,但它只有在后者手中才执行资本的职能。同一货币额作为资本对两个人来说取得了双重的存在,这并不会使利润增加1倍。它所以能对双方都作为资本执行职能,只是由于利润的分割。其中归贷出者的部分叫做利息。因此,利息实质上是利润的一部分,是剩余价值的特殊转化形式。

二、利率及其种类

利率是指一定时期内利息额同贷出资本额(本金)的比率。它是衡量利息高低的指标。利率是经济学中一个非常重要的经济变量。在实际生活中,利率的变动对国民经济和人们的行为都会产生很大影响。

利率是一个大系统。随着金融活动方式日益多样化,利率的种类也日益繁多。按不同的标准分,利率可划分出多种多样的利率。

(一)年利率、月利率、日利率

按计算利息的期限长短划分,可将利率分为年利率、月利率和日利率。年利率是以年为时间单位计算利息,通常以百分之几计算,如1%;月利率是以月为时间单位计算利息,通常以千分之几计算,如1‰;日利率是以天为时间单位计算利息,习惯称为"拆息",通常以万分之几计算。例如,对于同样一笔贷款,年利率为7.2%,也可以用月利率6‰或日利率0.2‰来表示。西方工业化国家习惯以年利率为主,中国习惯以月利率为主。

(二)固定利率与浮动利率

固定利率是指在整个借贷期限内,利率保持借贷双方事先约定的标准,不随资金供求状况而变动的利率。固定利率是传统采用的利率,适用于短期借贷或市场利率变化不大的情况。但当借贷期限较长、市场利率波动较大的时候,则不宜采用固定利率。浮动利率是指在借贷期限内随市场利率的变化而定期调整的利率。浮动利率能更加灵活地反映市场上资金的供求状况,从而更好地发挥利率的调节作用。浮动利率能减少借贷双方承担的利率变化风险,但由于手续繁杂,计算多样化,而使得费用成本增加。因此,它较适用于长期借贷或市场利率多变的借贷关系。

(三)实际利率和名义利率

在借贷过程中,债权人不仅要承担债务人到期无法偿还本息的信用风险,而且还要承担货币贬值的通货膨胀风险。实际利率与名义利率的划分正是从这个角度出发的。实际利率是指在一定时点上已剔除物价变动因素后的利率。名义利率是指在一定时点上未剔除物价变动因素的利率。在通货膨胀的条件下,市场上的各种利率都是名义利率。名义利率和实际利率之差就是通货膨胀率。设 r 为名义利率,i 为实际利率,p 为通货膨胀率,则有:

$$r = i + p$$

或

$$i = r - p$$

在经济生活中,正确区别名义利率和实际利率是很重要的。在进行经济决策时,重要的是对实际利率的预期和对通货膨胀率的预期。经济学家费雪指出:"名义利率等于实际利率和对通货膨胀的预期之和。"因此,在签订经济合同时,必须对通货膨胀有个正确的估计。

(四)市场利率和官定利率

市场利率是随市场上货币资金的供求关系而变动的利率。它是由借贷资本的供求关系直接决定的:当供大于求时,利率下降;当供不应求时,利率则上升,其变动频繁灵敏。官定利率又称法定利率。它是由政府金融管理部门或中央银行确定的利率。

(五)长期利率和短期利率

以信用行为期限长短为划分标准,可以将利率划分为长期利率和短期利率。借贷时间在1年以内的利率称为短期利率;借贷时间在1年以上的利率称为长期利率。利率的高低与期限长短、风险大小有直接的联系。一般来说,期限越长,投资风险越大,其利率也越高;期限越短,投资风险越小,其利率也越低。但在不同种类的信用行为之间,由于有各种不同的信用条件,所以不能简单地确定利率水平。

(六) 一般利率和优惠利率

这两种利率是以利率是否带有优惠性质为标准来划分的。一般利率是指商业银行等金融机构在经营存贷款业务过程中,对一般客户所采用的利率。其水平的高低由利率水平的一般因素决定,不附加特殊条件。优惠利率是指略低于一般贷款利率的利率。优惠利率一般提供给信誉好、经营业绩佳且有良好发展前景的借款人。优惠利率的授予也同国家的产业政策相联系。在国际金融领域,外汇贷款利率的优惠以伦敦同业拆借市场的利率为衡量标准;低于该利率的,可称为优惠利率。

三、利息的计算

利息的计算方法有两种:单利计息和复利计息。

单利是指在计算利息时,不论期限长短,只按本金计算利息,所生利息不再计入本金重复计算。其计算公式如下:

$$I = P \times R \times n$$

其中:I 为利息额,P 为本金,R 为利率,n 为时间。

例如,某居民将 1 000 元存入银行,期限为 2 年,利率为 10%,则有:

$$I = 10\,000 \times 10\% \times 2 = 2\,000(元)$$

单利计息通常用于短期借贷和储蓄存款。

复利计息就是将上期利息转为本金一并计息的方法。其计算公式如下:

$$S = P \times (1+R)^n, I = S - P$$

其中:S 为本息和,I、P、R 和 n 与上式相同。

仍然以上例,如果是以复利计息,每年复利一次,则本息和为:

$$S = P \times (1+R)^n = 10\,000 \times (1+10\%)^2 = 12\,100(元)$$
$$I = S - P = 12\,100 - 10\,000 = 2\,100(元)$$

复利计息显然比单利计息多出 100 元。

复利计息通常用于长期贷款。

四、决定和影响利率的因素

确定合理的利率水平是运用利率杠杆调节经济的关键环节。然而,利率水平的确定并不是人们的单纯主观行为,必须遵循客观经济规律的要求,综合考虑决定和影响利率水平的各种因素,并根据经济发展战略和资金供求状况作灵活调整。

决定和影响利率的因素非常复杂,制定和调整利率水平时主要应考虑以下几个因素。

(一) 资金供求

资金供求影响市场利率的形成。因为,利率是资金的"价格"。在有效的资本市场上,利率水平主要由资金的供求状况决定:当资金供不应求时,利率会上升;当资金供过于求时,利率就会下降。利率水平的高低反映资金供求关系,同时也调节着资金供求关系。

(二) 资本的边际生产效率

资本的边际生产效率通过货币需求变化影响利率的变动。在利率水平一定的情况下,资本的边际生产效率提高,投资的预期收益增加,投资需求就会增加。在投资需求增加的情况下,如果货币供给不变,或货币供给增加的幅度小于货币需求增加的幅度,市场利率就会上升。投资增加又会通过乘数效应增加国民收入,进而增加货币需求,在货币供给既定的情况下,利率就会上升;反之,利率就会下降。

(三) 物价水平

物价水平是制定利率时必须考虑的一个因素。物价上涨,货币就会贬值。如果存款利率低于物价的上涨幅度,就意味着客户存款的购买力减小了,这就会严重打击存款人的存款积极性,从而造成货币供给的增加。如果贷款利率低于通货膨胀率,则意味着银行贷款的实际收益减少了。通货膨胀实际上属于分配范畴,它对债权人来说是一种"无形税收",对债务人来说是一种"补贴"。所以,当物价上涨时,应适当提高名义利率,使实际利率水平不至于太低,更不能为负数。

(四) 国家经济政策

利率政策是国家整个经济政策的一个重要组成部分,应当与其他经济政策配合使用。制定利率必须以国家经济政策和经济发展战略为重要依据。国家在一定时期制定的经济发展战略、速度和方向,决定了资金的需求状况以及对资金流向的要求。

在影响利率的宏观政策中,尤以财政政策的影响较明显。财政政策对利率的影响主要是通过财政收支的变动来实现的。从支出方面看,当政府财政支出增加时,通常会影响借贷资金的需求,同时会引起投资需求和收入的增加,从而导致利率上升。从收入方面看,在既定的收入水平下,增加政府收入,就会直接降低家庭和企业部门的可支配收入水平,减少它们的储蓄和投资,同时货币需求会相应减少,在货币供给不变的情况下,利率水平会下降。

（五）国际利率水平

在经济全球化的条件下，资本自由流动，因而国际利率水平对国内利率的影响也是较大的。如果国内利率高于国际利率水平，那么资本将大量涌入，导致国内金融市场上资金供大于求，国内利率会下降；如果国内利率低于国际利率水平，则资本将流出，国内资金供不应求，国内利率将上升。

五、利率的作用

利率是一个重要的经济杠杆，对经济有着极其重要的调节作用。在现代市场经济中，利率对宏观经济运行和微观经济运行都发挥着重要的调节功能。利率的这种经济杠杆的作用，主要是通过利息的支付及调整所引起的经济利益关系的变化来实现的。

（一）积累资金的功能

在市场经济条件下，资本短缺往往成为制约一国或地区经济发展的瓶颈。这在发展中国家表现得尤为明显。但由于经济运行的周期性和资本运动的增值性，以及企业和个人的收入与支出的不完全一致性等原因，尽管一些企业和个人会出现资金不足的情况，但就整个社会而言，总会有一定数量的闲置资金的存在。只有有偿地利用这些闲置资金，才能避免双重的浪费。这种有偿的手段就是利率，即通过利率来吸引闲置资金，投入生产满足经济发展的需要。

利率在聚集资金方面的功能主要表现在：

（1）吸收城乡居民储蓄。利率是诱发和引导人们储蓄行为的重要因素。提高利率能刺激人们的储蓄行为，而降低利率则会抑制人们的储蓄愿望和热情。利率的升降对调节储蓄量有着重要的作用和影响。

（2）动员企业闲置资金。企业将暂时闲置的资金存入银行，从银行收取一定的利息。

（二）信号功能

金融市场上的利率变化是资金运动和国民经济发展的晴雨表。市场经济中的利率变化，能反映出资金供求状况和国家宏观经济政策的导向及意图，能反映出产业结构、企业结构和产品结构的协调程度及态势，还能反映出地区之间的资金布局及流向，甚至能通过国家之间的利率比较反映出国际经济的发展趋势和国内经济的发展状况及其差异。

利率的反映功能体现在资金供求和经济发展态势等方面。从宏观角度来看，利率是由投资、储蓄、货币需求与货币供给共同决定的，它与国民收入紧密相关。现代经济学中的 IS-LM 模型表明，利率的变化是商品市场和货币市场状况的综合表现，当前的经济形势和对未来的预期均可通过利率及时、全面、灵敏地反映出来。中央银行在实施货币政策时,可以根据利率进行操作。因为利率是资金供求状况的指示器,是衡量经济发展态势的最佳指标。在资金供求方面,当资金供过于求时,市场利率下降;当资金供不应求时,市场利率上升;当资金的供求处于基本平衡状态时,市场利率便处于使经济稳定发展的均衡状态。所以,利率的升降变化,实际上就是社会资金的余缺反馈的信号。这些信号传递给企业和居民后,必然会影响企业生产经营的方向和规模,影响居民的消费结构和倾向,进而影响资金和商品的总供求及其平衡状态。因此,利率作为资金供求状况和流向的信号功能,是衡量经济发展态势的一个最佳的综合性指标。

（三）调节国民经济的功能

利率对于国民经济结构的调节,主要通过差别利率和优惠利率来实现资源的倾斜配置。对于国家亟待发展的产业、企业或项目,采取低利率进行支持;对于国家限制的产业、企业或项目,则采取高利率加以限制。利率的调节功能表现在以下三个方面。

1. 调节微观经济活动

市场上的微观经济活动是人们经济活动的集合反映,利率是人们进行经济活动和经济决策的重要依据。利率上升导致投资效益下降、消费成本增加,人们便会减少投资和消费而增加储蓄,这样货币需求和信贷需求都会下降,使经济处于收缩状态;反之,则将导致货币需求和信贷需求增加,使经济处于扩张状态。

2. 调节生产结构,调节社会生产比例

利率引导资金流向的功能会使信贷资金从效益差的企业流向效益好的企业,从而优化生产结构。如果某些部门和项目的贷款利率高,其贷款额就会减少;反之,贷款额就会增加。利率引起的这种借贷资金在社会生产各部门之间的自由流动,很好地调节了社会生产比例。

3. 调节货币供求的均衡

中国的货币政策目标是稳定货币,并以此促进经济发展,而稳定货币的前提是货币供求的基本平衡。西方国家的中央银行在运用货币政策工具对信贷规模进行间接调控时,利率一直是政府货币政策的主要中间指标变量。调节利率成为货币政策对经济产生作用和影响的有效途径。

（四）引导资金流动的功能

利率的引导功能,主要体现在对资金流向上的引导和对人们选择金融资产上的引导两个方面。

1. 利率引导资金流向

利率对资金流向的引导,主要通过资金市场上货币资金的供求来调节产业结构。在现实经济生活中,货币资金受利率的调节,一般流向效益较高的部门。预期利润率高的产业部门对货币资金的需求大,预示着有较高的利率,促使货币资金较多地流向这些部门。有的生产部门预期收益低,利率也就低,流向这些部门的货币资金也就会较少。市场上的货币资金会从利率低的部门流向利率高的部门,这就是利率对资金流向的引导功能。

2. 利率引导金融资产的选择

在金融产品多样化的条件下,利率必然成为引导投资者选择金融资产的有效杠杆。投资者在对金融资产进行选择的过程中,通常是在安全的前提下考虑收益的高低。如果金融产品的安全性相同,那么利率对金融资产选择的引导作用就非常明显,因为利率与金融资产的收益性密切相关。如果某金融资产的安全性和流动性较差,那么资产的设计者可以通过增强该资产的收益性来补偿这一不足,即提高利率来吸引投资者。

(五) 分配功能

利率的分配功能主要表现在资金分配和收入分配两方面。

1. 利率对资金的分配功能

在商品经济条件下,资金是紧缺要素,尤其对发展中国家来说,更是如此。因此,资金资源的合理配置是一个非常重要的问题,而利率在资金配置上发挥着重要作用。资金既是生产资源的构成要素,又是生产资源的组合机制,生产资源在各个经济部门之间的转移首先是通过资金的转移表现出来的。在这一过程中,利率的变动必然会引起资金的相应变动,从而引起资源的再分配,最后导致产业结构和产品结构的调整。

2. 利率对收入的再分配功能

利率同价格、财政、税收和劳务收费一样,是国民收入再分配的杠杆。利率的变动,能够引起国民收入分配比例的改变,从而调节国家财政、企业、金融机构和居民的利益,调整中央财政和地方财政的分配关系。当一个国家形成了食利者阶层,利率上升,国民收入就会向这一阶层倾斜,反映出利率具有强化收入不均的特点。

(六) 纽带功能

利率的纽带功能也表现在两个方面。

1. 利率将社会各方面的经济关系连接了起来

利率的确定和利息的支付,将中央银行和商业银行、银行和企业、银行和居民、企业和居民连接了起来,将货币市场和资本市场连接了起来,将消费基金和投资基金联系了起来,将资金供给者和资金需求者连接了起来。总之,通过利率可以将所有的经济金融关系连接起来。

2. 利率还发挥着连接宏观经济和微观经济的作用

利率的宏观调节功能,主要是通过利率的变化来调节货币资金的供求,进而调节社会产品的总供给和总需求。在宏观经济调控活动中,中央银行往往通过增加货币供应量来降低利率,利率的降低又会刺激人们的投资和消费,投资效益的提高会进一步引起消费支出的扩大,这些微观经济活动的增加,会通过乘数效应作用于宏观经济总量。中央银行的宏观调控要对微观经济活动产生作用,必须把利率作为中介目标,利率既是纽带又是杠杆,成为连接宏观经济和微观经济的中心枢纽。

复习思考题

一、判断题

1. 一般来说,长期利率比短期利率高。（ ）
2. 浮动利率是指在借贷期内随市场利率的变化而自由变化的利率。（ ）
3. 利率对投资有重要的影响,利率越低越能够激发投资热情。（ ）
4. 信用的基本特征是以偿还为条件的价值单方面转移。（ ）
5. 市场经济国家的利率政策是完全自由化的。（ ）
6. 国家信用的主要形式是征税。（ ）
7. 个人购买国债和企业债券的活动,分别属于国家信用和企业信用。（ ）
8. 名义利率就是实际利率剔除通货膨胀因素以后的真实利率。（ ）
9. 利息是资金的价格。（ ）
10. 商业信用的具体形式有赊购赊销、分期付款和预付货款等。（ ）

二、简述题

1. 信用有什么作用?
2. 信用的主要形式有哪几种?
3. 简述商业信用的特点和局限性。
4. 试述决定和影响利率的因素。
5. 简述利率的作用。

三、案例与阅读

我国在 1996—2002 年为什么连续 8 次下调利率?

1993 年以来的经济过热和物价攀升,中国人民银行先后 4 次调高利率,但自 1995 年 10 月从开始,零售物价指数回落至低于 1 年期银行存款利率,为减息提供了空间。自 1996 年 4 月 1 日起停办保值储蓄以来,我国中央银行 8 次下调利率,以1年期存款利率为例,从过去的10.98%下降为2002年的1.98%,贷款利率从过去的12.28%下调为2002年的5.31%。

第一次降息:试探性微调。

1996年5月1日,存款利率平均降低0.98个百分点,贷款利率平均降低0.75个百分点,同时中国人民银行与金融机构的存贷款利率也相应下调。本次降息是中国人民银行及时运用货币政策工具进行的宏观调控,是对经济软着陆后的一次起跑推动。

第二次降息:方向性改变。

1996年8月23日,存款利率平均降低1.5%,贷款利率平均下调1.2%,这是8次降息中幅度最大的一次。本次降息是宏观调控进入一个新阶段的显著标志,是一个对适度从紧货币政策的方向性改变。

第三次降息:应对金融危机。

1997年10月23日,存款年利率平均下调1.1%,各项贷款利率平均下调1.5%。1997年,亚洲爆发了较大规模的金融危机,中央银行及时降息,拉动内需,减少企业成本,抑制本外币利差,成功地捍卫了人民币币值稳定和保证了高增长、低通胀的经济势头。

第四次降息:增加货币投放。

1998年3月25日,存款利率平均下调0.16%,贷款利率平均下调0.6%,利率下调幅度不大,但法定存款准备金率由13%下调至8%。本次降息同样是顺应物价的走势和宏观经济状况而作出的。1998年头2个月,社会商品零售物价指数比去年同期平均降低1.7%,消费需求有些不足,投资需求增幅不大。

第五次降息:刺激住房消费。

1998年7月1日,金融机构存款利率平均下调0.49%,贷款利率平均下调1.12%,中长期存、贷款利率下调幅度均大于短期存、贷款利率下调幅度,同时降低了法定存款准备金率和再贷款利率。本次降息是针对物价持续下跌、实际利率持续升高,有效扩大内需而作出的,尤其是中长期投资贷款利率的下调,对于加快基础设备建设、刺激居民住房消费是个积极利好。

第六次降息:拉动内需。

1998年12月7日,金融机构存、贷款利率平均下调均为0.5%。1998年,市场呈现疲软状态,许多商品出现买方市场迹象。当年前10个月商品零售物价同比下降2.5%,因此,实际存款利率偏高,国际投资资本存在非法套利空间,减息顺理成章。

第七次降息:配合财政政策。

1999年6月10日,存款利率平均降1%,贷款利率平均降0.75%。存款利率降幅大于贷款利率降幅,金融机构存贷款利差有所加大,同时法定存款准备金率、再贷款利率和再贴现利率同时调低。1999年4月,全国零售物价同比下降3.5%,内需仍然不强劲。因此,本次降息是对积极的财政政策的有利配合。

第八次降息:顺应新形势。

2002年2月12日,存款利率平均下调0.25%,贷款利率平均下调0.5%。国际经济增幅的放缓,实际物价水平仍在低位徘徊,为降息打开了空间。

资料来源:陈秀花主编:《金融概论》,立信会计出版社2007年版。

问题:

为什么我国在1996年4月至2002年2月连续8次下调利率?

第二篇 金融实务

金融实务包括金融机构与金融市场两方面的内容。

金融机构是指在贷款人与借款人之间从事资金融通的中介机构。在不兑现信用货币制度下，一些商品生产者积累了大量的货币资金，而另一些商品生产者又经常发生资金短缺。在资金借贷过程中，金融机构的产生给贷款人和借款人带来了便利，同时又能保证贷款人资金的安全性、流动性和盈利性。金融机构种类很多，有不同的分类方法，但总体上可分为银行金融机构和非银行金融机构，两者都起着金融中介的作用。其中商业银行是金融体系的主体机构，在市场经济中发挥着启动经济、促进经济增长的重要作用。

金融市场是指货币融通和金融资产交换的场所。金融市场通过广泛动员，大量聚集和分配社会闲散资金，解决各类长、短期资金的相互转让和融通问题，实现资源的优化配置，从而为经济发展提供有力的支撑。金融市场已成为现代经济发展的一个重要组成部分，并形成了内涵丰富的金融市场体系。

本篇第五章商业银行，主要介绍商业银行的产生与发展、商业银行的性质与职能以及商业银行的信用创造；第六章政策性银行，主要介绍政策性银行的性质与职能以及政策性银行的业务与类型；第七章非银行金融机构，主要介绍四种代表性的非银行金融机构：证券公司、保险公司、信托公司、财务公司；第八章货币市场，主要介绍同业拆借市场、票据与贴现市场、回购协议市场；第九章资本市场，主要介绍股票市场、债券市场、投资基金市场；第十章金融衍生市场，主要介绍金融期货市场、金融期权市场、金融互换市场。

第五章

商 业 银 行

第一节　商业银行的产生与发展

一、商业银行的含义

商业银行是以经营金融资产和负债为主要业务，以利润为主要经营目标的银行。商业银行的基本含义有如下几点：

(1) 商业银行是一个信用受授的中介机构。
(2) 商业银行是经营货币的企业。
(3) 商业银行是以获取利润为目的的金融企业。
(4) 商业银行是一种综合性、多功能的银行。

它与其他专业银行和金融机构的根本区别在于：只有它才能吸收支票存款，它是唯一能够创造和收缩交易媒介和支付手段的金融机构，故又称之为"存款货币银行"。

早期以英格兰银行为代表的商业银行专门融通短期性商业资金，所以称之为商业银行。随着商品经济的发展，现代商业银行的经营范围已远远超出了传统的范围，实际上已成为提供综合性金融服务的银行。

二、商业银行的产生

银行作为经营货币信用的中介机构，是商品经济发展的产物，并伴随着商品货币经济的发展而不断发展。

(一) 货币兑换业

从历史上看，现代银行的前身是货币兑换业。古代小国林立，各国的货币制度存在很大差异。当时由于各国、各地区铸币的材料、成色和重量各不相同，商人们为了完成支付行为，必须进行货币兑换。为了适应这种要求，逐渐从商人中分离出一部分人专门从事货币兑换业务，从而出现了货币兑换业。

为了避免长途携带货币和保管货币的风险，货币持有者就将货币委托给货币兑换商代为保管，并委托他们代理支付，从而货币兑换商就成为商人之间的支付中介。

（二）早期银行

随着货币保管业务和兑换业务的发展，货币兑换商手中聚集了大量的货币资金。在经营中他们发现，存款人不会同时提取他们所托管的货币，因此，他们可以只将所收的一部分货币留在手中以备日常提款所需，其余则成了他们放款的基础。当货币兑换商经营借贷业务时，货币兑换业就向存款业务转化，从而实现了向早期银行转化的过程。最早的银行产生于当时的世界商业中心意大利，以后传播到欧洲其他国家。如1580年成立的威尼斯银行、1595年成立的米兰银行、1609年成立的阿姆斯特丹银行和1629年成立的汉堡银行等都是早期著名的银行。

（三）现代银行

现代银行起始于文艺复兴时期的意大利。随着资本主义的发展，早期高利贷性质的银行业已不能适应其发展的需要，因为过高的利率会吞噬产业资本家的大部分利润，使新兴的资产阶级无利可图，所以客观上迫切要求建立资本主义银行。现代资本主义银行是通过两条途径产生的：一是根据资本主义原则组织起来的股份银行，二是早期高利贷性质的银行逐渐适应新条件而转变为资本主义银行。第一家股份银行，是1694年在英国创办的英格兰银行。英格兰银行的建立，标志着现代资本主义银行制度的确立。这种银行资本雄厚，规模大，发展快，从而成为资本主义银行的主要形式。股份银行的不断发展，迫使那些高利贷性质的银行降低利率，转变为资本主义银行。

三、商业银行的发展

从历史上看，商业银行主要是遵循两大主流传统发展的。

（一）英国式融通短期商业资金的传统

这一模式下的商业银行将融通短期商业资金作为自己的主要业务，如国际贸易中的进出口押汇和国内贸易中的票据贴现与产销贷款等。这类贷款偿还期限短，一般在1年以内，流动性高，对银行来说比较安全可靠。至于厂商的设备投资等中长期资金需求，则通过在证券市场上发行股票和债券来解决。这种经营模式在世界范围内具有广泛的影响。而且这种贷款可以根据贸易需要而自动伸缩，这样对于货币信用业可以产生一定的自动调节作用。

这一传统的形成既具有客观因素，又具有主观因素。英国的银行之所以以短期融资作为主要业务，是因为英国的工业革命较早，金融市场较发达，商业银行与证券市场形成了明确的分工。而这种金融制度以法律形式确定下来，则是在20世纪30年代的大危机之后。在大危机中，银行纷纷倒闭，造成了历史上最大的信用危机。不少西方经济学家将此归咎于银行的综合性业务经营,因而,一些国家以立法形式将商业银行与投资银行作了严格区分。以美国为例,它通过《1993年银行法》提出了禁止商业银行从事证券投资业务,从而在商业银行与投资银行之间设立了一道业务分离的"防火墙"。

(二)德国式综合银行的传统

这类银行不仅提供短期商业资金周转,而且融通长期固定资本,甚至还可以从事投资银行业务,如直接投资新兴企业、参与企业的经营管理决策、为企业的合并增资或技术革新提供融资便利和财务咨询、包销和担保企业证券等。德国这种全能商业银行的产生有其历史原因。20世纪80年代中后期,在国际金融改革与创新浪潮的推动下,英国于1986年实行了金融"大爆炸"改革,全面摧垮了其本土及英联邦国家金融分业经营的体制,促进了投资银行与股票经纪业的融合,以及商业银行与投资银行的结合。英国的清算银行纷纷收购和兼并证券经纪商,形成了没有业务界限、无所不容的金融控股集团公司。20世纪90年代后,随着金融自由化,美国也于1999年通过《金融服务现代化法》,废除了《1933年银行法》,使商业银行的经营范围不断扩大,两种经营模式的区别已日益淡化,银行业务综合化、全能化逐渐成为银行业发展的主流趋势。当然,德国式的全能银行由于业务范围过广,因而在资本的足够性、资产的流动性及其他管理方面都出现了一些问题,增加了银行风险。除德国之外,实行全能商业银行制度的还有瑞士、奥地利和荷兰等国。

四、现代商业银行的发展趋势

商业银行发展的历史至今已有400多年,现代商业银行的发展趋势已显现一些新的特点。

(一)银行经营智能化

银行经营智能化的基础是全面电子化,以电子化方式自动处理日常业务,包括电子计算机、数据库、网络通信、电子自动化金融工具和商业结算机具联网组成的电子银行业务处理系统。一切可程序化的业务都可以并不断以创新的形式纳入电子化处理和服务体系。

(二)经营方式网络化

网络银行利用国际互联网,一方面为客户提供开户、查询、支付、转账、索取对账单、订购和支付支票、个人理财、信用卡等业务,另一方面为自己发布消息、搜集信息、新产品创新提供便利。随着银行业务处理自动化、电子化、网络化,一大批电子化的金融服务机具逐渐取代人工,成为银行前台服务的主要形式。这就导致传统的银行网点朝两个方向发生变化:无人化和无形化。

（三）业务综合化和全能化

这主要是指商业银行在传统的存、放、汇业务方面实行了多样化经营。在金融电子化和金融产品创新的推动下,传统商业银行正迅速地向综合服务机构转变,业务服务范围扩展至社会生活的各个领域。在商业银行与其他金融机构进行合并、兼并或收购控股的条件下,商业银行逐渐发展成为集银行、证券、投资、保险等业务于一身的金融集团,真正成为无所不能的"金融百货公司"。

（四）金融活动全球化

它是经济全球化的组成部分,使资金在全球范围内流动,体现了金融机构的跨国经营、金融市场的全球联动、金融产品的全球运用和货币的全球一体化趋势。可以预见,在不久的将来,全球银行业可以通过互联网的公共商务系统实现联网,实现商业银行的全球化服务。

（五）组织体系集中化

这主要表现在:一是集中的速度越来越快;二是大银行之间强强联合、并购的规模越来越大;三是商业银行与其他金融服务机构跨行业并购盛行,双方实现优势互补;四是银行跨国界的并购活动不断增加,引起商业银行国际化、全球化趋势。

五、我国的商业银行

（一）四大商业银行

现阶段我国四大商业银行分别是中国工商银行、中国建设银行、中国银行、中国农业银行。它们由原来的国有专业银行转化而来,目前均全面经营银行业务,都是属于国家控股的经济实体。它们在国家规定的业务范围内,依照国家的经济和金融政策、法律、法规和计划,独立行使职权,自主经营业务,独立经济核算。四大商业银行都是全国性银行,总行均设在北京。除中国银行只在业务量较大的地区设立不同等级的分行外,另外3家商业银行均按行政区域在全国城乡普遍设立,从分行直到支行、分理处、储蓄所、营业所等分支机构与经营网点。

（二）其他商业银行

自20世纪80年代起,我国陆续组建了一批股份制的商业银行,包括交通银行、中信实业银行、光大银行、招商银行、兴业银行、华夏银行、民生银行等。其中,交通银行实力最为雄厚,该行是1986年改组恢复的一家股份制的综合性银行,总行设在上海,分支机构按经济区域设置,以经济区的中心城市为依托,开展跨地区、跨系统的融资活动。其他商业银行都是在1986年交通银行重组后陆续设立的,从地域上大致可分为全国性和区域性两类,其中全国性的有中信实业银行、光大银行、华夏银行、民生银行;其余均为区域性银行如招商银行、广东发展银行、兴业银行、深圳发展银行、浦东发展银行、烟台住房储蓄银行、蚌埠住房储蓄银行等。此外,1995年在原城市信用社的基础上,由城市企业、居民和地方财政投资入股组成的地方性股份制商业银行,最初称为城市合作社,1998年改用城市商业银行,2004年年初已成立112家。这类银行都实行一级法人,多级核算经营机制,主要是为地方经济服务、为中小企业服务。

第二节　商业银行的性质与职能

一、商业银行的性质

商业银行是以获取利润为经营目标,以吸收存款为主要资金来源,主要经营企业放款业务的综合性、多功能的银行。在不同的国家和地区,对商业银行有不同的称谓,英、美等国多称之为商业银行,西欧各国习惯上则称之为信贷银行,有的国家如日本称之为存款银行,货币基金组织则称之为存款货币银行。由于商业银行具有数量多、业务范围广、创造存款货币等特殊优势,所以在整个银行业中占据着基础性和主导性的地位。

商业银行的本质特征主要体现在以下三个方面。

(一)商业银行是一种企业

这是因为:首先,商业银行具有现代企业的基本特征,如自主经营、自负盈亏、自我约束,需达到管理部门规定的最低资本要求等。其次,商业银行同其他工商企业、服务性企业一样,其经营活动均以营利为目标。

(二)商业银行是一种金融企业

与一般企业相比,商业银行的特殊之处在于:其一,经营的对象是货币,更准确地说,是货币资本这种特殊的商品。其二,其经营方式亦非普通的商品买卖,而是货币资本的有条件的暂时让渡。普通商品销售以后,即发生所有权和使用权的同时转移,而银行贷出货币资本,并不改变资本所有权关系,只是暂时出让资本的使用权,并由此取得利息收入。

(三)商业银行是一种特殊的金融企业

商业银行与专业银行和其他非金融机构虽然都是金融企业,但在实际业务等方面存在许多差别:

(1)商业银行是唯一能经营活期存款的金融机构,通过放款和投资的形式创造活期存款货币的能力。

(2)商业银行职能全面,具有信用中介、支付中介、创造货币等多种职能。

(3)商业银行能为客户提供综合性服务。

商业银行是经营货币资本的企业,通过信用方式融通资金,能满足国民经济运行和发展的资金需要,因而它比其他企业具有更广泛的社会联系,在社会再生产中处于特殊地位,发挥着其他工商企业无法比拟的特殊作用。

二、商业银行的职能

商业银行的职能是由其性质决定的,主要有以下几个方面。

(一)信用中介

信用中介是指商业银行通过信用活动,充当借贷双方的中间人。这是商业银行最基本的职能。这一职能一方面表现为银行通过其负债业务把社会上闲置的资金集中起来,另一方面表现为将这些集中起来的货币资金贷放给货币资本短缺者使用,从而成为借贷双方的中介,发挥着信用中介的职能。

商业银行具有信用中介的职能是因为:首先,商业银行的中介职能克服了货币资本供求双方直接借贷时,在借贷的数量、时间和空间上不易取得一致等的局限,满足了借贷双方的需要。其次,商业银行通过其中介职能,将社会上的闲置资本充分动员起来,转化为现实的职能资本,使闲置的货币资本在社会总资本中占的份额大大减少,从而使社会资本得到最充分、最有效的运用,能加速社会资本的周转,促进生产和流通的发展。

(二)支付中介

这一职能是指商业银行接受企业或存户的委托,办理货币收付、结算、汇兑和保管等业务,从而成为委托人或存户的支付中介人。

商业银行作为支付中介,是建立在与客户广泛的信用联系基础之上的,是在信用中介职能推动下进行的。商业银行的支付手段职能在于:不仅通过广泛使用支票和先进的支付工具,大大减少了现金的使用,节约了流通费用,而且加速了商品价值的实现和资本的周转,促进了生产和流通顺利进行。

(三)将非资本的货币转化为货币资本

这一职能是指商业银行通过其业务活动,把社会各阶层的货币收入和货币储蓄转化为货币资本。社会各阶层的货币收入是供个人消费的,而储蓄亦是为了将来的消费,所以它们都不是资本,而是作为交换的媒介,或是作为流通手段和支付手段的准备金。如果没有银行的存在,这些暂时闲置的货币收入和储蓄只能成为闲散的货币储藏。而有了银行,这些闲散的货币就可以通过银行汇集起来,并贷放给工商企业使用,参加生产周转,或成为生息资本。这样,非资本的货币由此转化为货币资本。

商业银行把非资本的货币转化为货币资本,大大增加了社会资本总额,从而促进了社会再生产规模的扩大。

(四) 创造信用流通工具

这一职能是指商业银行发行银行券和支票等信用工具,代替货币流通,发挥流通手段和支付手段的职能。这一职能具体表现在两个方面:一是随着信用制度的发展,商业银行在信用职能的基础上创造了可以代替货币流通的信用工具,如银行券和支票,从而扩大了流通手段和支付手段。二是商业银行经营各种存款业务,尤其是经营能够签发支票的活期存款业务。凡在商业银行开立活期存款账户的客户,都可以在其存款金额内签发支票,指示银行按票面金额付款给指定收款人或持票人。目前,在西方国家,支票已成为存款人之间由于购买或支付行为而进行转账结算的主要工具,其流通量甚至超过纸币。

商业银行通过创造信用流通工具,不仅能超出自有资本和吸收资金的总额而扩大信用,满足社会再生产对流通手段及支付手段的需要,同时可节约现金的使用,节约社会流通费用。

在上述商业银行的四大职能中,信用中介是最基本的职能,这是因为它最能反映商业银行的性质及特征,支付中介职能是由货币兑换演变发展而来的,其余两个职能则由信用中介职能派生而成。这些职能显示了商业银行在国民经济中的重要作用,它是社会再生产中不可或缺的环节。

三、商业银行的组织制度

商业银行的组织形式是指商业银行在社会经济生活中的存在形式。一个国家商业银行的组织形态,受该国的社会经济环境和经济发展程度的影响。从历史上看,商业银行的组织体制主要有五种。

(一) 单元银行制

单元银行制又称单一银行制。其特点是银行业务完全由各自独立的商业银行经营,不设或者限设分支机构。这种银行制度在美国最为典型。美国是各州独立性比较强的联邦制国家,经济发展不平衡,为了适应各地的需要,特别是中小企业的需要,防止金融垄断和银行合并,各州都通过银行禁止或者限制银行开设分支机构。随着经济形势的发展,地区间的经济联系日益紧密,现在对开设分支机构的限制已经有所放松。单元银行制的优点在于:有利于更好地协调银行与本地政府之间的关系,从而更好地适应本地区经济发展的需要,集中全力为本地区服务;有利于维护公平竞争,限制银行业的垄断;各银行独立性和自主性很大,经营较为灵活;管理层较少,有利于中央银行管理和控制。其不利之处在于:商业银行不设分支机构,与现代经济横向与纵向联系的不断扩大存在着矛盾;在电子技术广泛发展面前,其业务发展与金融创新受到限制;银行业务多集中于某一地区、某一行业,容易受到经济波动的影响,风险也不易分散;银行规模小,经营成本相对较高,不易取得规模经济效益。

(二)分支行制

分支行制亦称总分行制。它是指在银行除总行外,还在国内外各地设立分支机构。总行一般设在各大中心城市,所有分支机构统一由总行领导指挥。目前,世界上大多数国家都采取这种银行组织制度,尤其以英国、日本、德国最具代表性,我国也主要采取分支行制度。分支行制的优点在于:分支机构多、分布广、业务分散,因而易于吸收存款以及合理调剂资金,能够更为有效地利用资本;由于放款分散,风险也就分散,容易提高银行的安全性;银行通过设立分支机构,规模增大,易于采取现代化的设备,提供多种便利的金融服务,取得规模经济效益。其缺点在于:容易造成大银行对小银行的吞并,使银行业过分集中,形成垄断,妨碍竞争;同时银行规模过大,内部层次多,机构复杂,管理较为困难。

(三)银行持股公司制

银行持股公司制一般是指由某一集团成立一个股份公司或者持股公司,再由该公司收购和控制两家以上的银行股票。在法律上,这些银行是独立的,但其业务和经营策略属于同一持股公司控制。这种商业银行的组织形式在美国最为流行。从形式上看,持股公司拥有银行,但是实际上持股公司往往是由银行建立并受其操纵,大银行通过持股公司将众多的小银行置于其控制之下。这种制度成为回避银行开设分支机构的一种策略。最早的银行持股公司制是商业银行为了规避银行法规中不能在州内或者跨州开设分支机构的地域限制而出现的。随着银行控股公司的发展,这种组织制度不仅突破了地域限制,也逐渐被用来突破业务的限制,成为银行介入其他金融行业如证券业和保险业等的桥梁。银行持股公司制的优势在于:通过对地域与行业限制的突破,扩大经营规模和业务领域,增强了自身的实力;同时在银行资金不足时,可以从多种渠道来筹集资金,扩大了资金来源。

(四)连锁银行制

连锁银行制又称联合银行制。其特点是由某个人或者某一集团购买若干独立银行的多数股票,这些银行在法律上是独立的。连锁银行从表面上看相互独立,但在业务上却相互配合、相互支持,其业务和经营政策均由一个人或一个决策集团控制。形成连锁银行的原因与银行持股公司制一样,都是为规避对设立分支机构的种种限制性规定而采取的办法。连锁银行制与银行持股公司制的区别在于不需要设立独立的控股公司来控制资本。

第三节 商业银行的业务

商业银行的业务大体可分为三类:负债业务、资产业务和其他业务。前两项称为信用业务；后一项称为中间业务，又称服务性业务。

一、负债业务

商业银行的负债业务是指形成其资金来源的业务。其全部资金来源包括自有资本和吸入资金两部分。

（一）自有资本

自有资本包括股本、储备资本和未分配利润。股本是在有价证券市场上用出售股票的方式筹集起来，或由一些大公司共同出资合股形成的，是银行最原始的资金来源，也是银行开业的前提条件之一。股本是银行自有资本的主要部分。储备资本是指在银行保留的收益中专门用于应付意外事件或预料中突发事件的准备金。未分配利润是指银行税后净利在分配给股东后的余额，它是银行增加自有资本的主要来源。在现代商业银行中，自有资本往往是其资金来源的一小部分，通常小于其负债业务总额的10%，但其作用巨大，它可以减少银行的经营风险，维持银行业务的正常经营和使银行保持适度的资产规模。因此，银行资本充足率备受各国金融管理当局的重视。1988年7月起实行的《巴塞尔协议》，就是各国银行实行资本管理的准则。

《巴塞尔协议》即《关于统一国际银行资本衡量和标准的协议》，于1988年7月由包括主要西方国家中央银行在内的巴塞尔委员会通过，并在世界各国实行。其内容包括：规定银行资本的组成内容及资本充足率、资产风险权数系统、目标标准比率、过渡期和实施安排。根据《巴塞尔协议》要求，各国银行的自有资本充足率的最低标准为8%。

（二）吸入资金

吸入资金包括存款、借入款以及结算中负债等。

1. 存款

存款是商业银行最主要的资金来源，存款业务也是商业银行最主要的负债业务。由于自有资本数额有限，吸收存款成为充实其营运资金、获取利润的重要手段。

存款分三类：活期存款、定期存款和储蓄存款。

活期存款是指无存款期限、可由存户随时存取和转让的存款。存款者可采用许多方式，如开支票、汇票、电话转账，使用ATM机或其他电传手段提取存款。其中最传统的是支票取款，故亦称支票存款。活期存款因经营成本高，一般只支付很少的利息，有的国家规定活期存款不支付利息。

定期存款是由客户和银行预先约定存款期限的存款。定期存款短则1个月，长则5年或10年，一般不能提前支取，因而具有较高的利率。定期存款是银行稳定的资金来源。除20世纪60年代创新的大额可转让存单外,定期存款不能像支票一样流通转让,因而远不如活期存款灵活。

储蓄存款即居民储蓄存款,是由银行发给存户存折,作为存款和取款的凭证。

2. 借入款

商业银行在自有资本和存款不能满足放款需求时,就通过借入款来解决。其借入资金的主要渠道有:

(1) 向中央银行借款。其借款的形式主要有两种:一是直接借款,即再贷款;另一种是间接借款,即再贴现。在市场经济发达国家,由于商业票据和贴现业务的广泛流行,再贴现成为商业银行借款的主要渠道。在商业票据信用不普及的国家,商业银行主要采取再贷款的形式。通常,商业银行的借款只能用于调剂头寸、补充储备不足等应急调整。中央银行可通过调节再贴现率影响商业银行的借款规模,进而影响货币量的投放。

(2) 同业拆借。同业拆借是指金融机构之间的短期资金融通,主要用于日常资金周转,是为解决短期资金余缺、调剂法定准备头寸而相互融通资金的重要方式。同业拆借一般是通过商业银行在中央银行的存款账户进行的。

(3) 欧洲货币市场借款。所谓欧洲货币,即境外货币,如欧洲美元,它是指存在于美国境外银行的美元存款。欧洲货币市场资金规模极其庞大,受政府管制少,调拨资金灵活,利差小,商业银行很愿意接受这种资金。

(4) 发行长期金融债券。以上的借款方式都是短期的,发行金融债券则属于长期借款。除要经金融管理当局批准外,其发行额也有一定限制。

此外,转贴现、回购协议、大面额存单等也是借款的渠道。

3. 结算中负债

银行之间、银行与企业之间在转账结算过程中会产生大规模的结算浮动资金和结算在途资金,为银行所暂时占用,它也构成了银行的短期负债。

二、资产业务

商业银行筹集资金的目的,主要是为了运用这些资金。商业银行的资产业务,就是银行资金的运用过程。它包括现金资产、贷款、票据贴现和投资,其中以贷款为主要业务。

(一) 现金资产

现金资产是商业银行所有资产中最具流动性的部分,是银行随时可用于支付客户提取现金的资产,也是银行满足客户意外贷款需求和支付各种营业费用的首要资金来源。银行现金资产由库存现金、法定存款准备金、在中央银行的存款、存入其他银行的存款、托收中的款项等组成。由于现金资产很少或不能为银行带来收益,因此,商业银行会尽可能将其规模控制在最低限度。通常,现金资产占总资产的比例为10%左右。尽管如此,现金资产主要为满足商业银行日常管理工作中客户提存、营业支出等需要,是商业银行经营中必不可少的资产组成部分。

库存现金一般是指银行保存在金柜中的通货(纸币和铸币)。为了适应日常营业的收付需要,银行需经常保持一定数额的库存现金,以供日常小额支付之用。因其不盈利,且所需保管费用较高,所以一般被控制在必要数额之内。

所有商业银行都必须按照法定比率向中央银行交纳法定存款准备金。法定存款准备金一般不能动用。银行能用于存款支付和新增贷款的只能是超过法定存款准备金的那部分存款,称为超额准备金。超额准备金直接影响商业银行的信用扩张能力。中央银行如果提高法定存款准备金比率,银行的超额准备金就会减少,信用扩张就受到限制;反之,法定存款准备金比率降低,超额准备金增加,银行信用扩张能力就随之增强。除法定存款准备金外,商业银行在中央银行还有一般性存款,用来满足转账结算的需要,也可以用来调剂库存现金的余缺。

商业银行在其他银行的存款,主要用于同业之间结算收付及开展代理业务。存放在其他银行的资金,称为存放同业;其他银行存放在本行的资金,称为同业存款。

商业银行对客户存入的支票,多数不是本行付款,而需向其他付款银行收取。这类需向其他银行收款的支票,称为托收中现金。托收中现金也属于非盈利性资产,因此银行会尽可能缩短收款时间,以提高资金的运用率。

(二) 贷款

贷款是商业银行最主要的资产,一般占银行总资产的50%~70%。自20世纪80年代后期以来,直接融资发展迅速,商业银行的传统贷款业务占总资产的比重有所下降。贷款按期限可分为短期(1年以内)、中期(1~10年)和长期(10年以上)。贷款按有无担保、抵押品可分为抵押贷款和信用贷款,按用途可分为工商业贷款、农业贷款、消费贷款和房地产贷款等。这里介绍一下抵押贷款和信用贷款。

抵押贷款是银行发放的以特定担保品作为抵押的贷款。担保品可以是商品或商品凭证(如提单、舱单、栈单等)、不动产,还有票据和证券等。票据是具有一定格式的信用凭证,它载明债务人按照规定期限及一定金额向债权人无条件支付款项的义务。随着信用制度的发展、票据的广泛应用,票据抵押贷款也迅速发展起来。证券(包括股票和债券)是证明持券人凭此取得一定收入的有价凭证。获得证券抵押贷款后,可再用于证券投资。对于所有的抵押贷款,如果借款人不能如期归还贷款,银行有权将其用作抵押的担保品。

信用贷款是银行完全凭借款人的信用发放的贷款。该类型贷款没有任何实物保证,风险很大,因此要求银行对客户非常熟悉,并确信借款人的信用和偿还能力都无问题。银行对信用贷款通常收取较高的利息,并附有一定条件。例如,要求借款人提供财务报表,说明经营情况和贷款用途等。银行以此加强对贷款的监督和管理,减少贷款不能收回的风险。

(三) 票据贴现

票据贴现是银行购买未到期的票据,在扣除从贴现日起至票据到期日止的利息以后,将余额以现款付给客户,或转入其活期账户的业务。银行此时向客户收取的利息称为贴息或折扣。贴息与票据面额之比为贴现率。贴现公式如下:

$$银行折扣额 = P \times r \times n \div 360$$
$$银行付给客户的金额 = P \times (1 - r \times n \div 360)$$

其中:P 为票据面额,r 为贴现率,n 为自贴现日至到期日的天数。票据贴现的实质是债权的转移,通过贴现间接地给票据承兑人发放了一笔贷款。

票据贴现和票据抵押贷款的区别在于:① 银行对票据的权利不同。在贴现业务中,银行需要购买贴现的票据;而在抵押贷款中,银行并不购买票据,票据所有权不变。② 贷款金额不同。票据贴现是扣除贴息后,将余款付给贴现者;而票据抵押贷款的金额通常是票面金额的 60%~80%。③ 支付利息的方式不同。票据贴现的贴现利息为事先扣除,票据抵押放款的利息为事后结算,在还款、赎回票据时才收取,因而票据贴现利息一般低于票据抵押贷款利息。

(四) 投资

商业银行的投资业务主要是指买卖证券的经营活动。由于许多国家的银行法都禁止商业银行投资于股票,因此,商业银行的证券投资对象主要是各类债券,亦可称为债券投资。其目的主要是获取收益、降低风险和补充流动性。以美国为例,联邦政府和各州政府禁止国民银行投资于企业股票(除极小比例的特殊股份,如地区联邦储备银行的股票、某些政府的全国性协会的股份等),投资证券必须是以公债、借据或公司信用债形式表示的契约,并将银行投资证券分为三大类:① 美国联邦政府和政府机构债券、各州政府和其政府机构的公债。② 联合国组织中各开发银行发行的债券、州政府所属的教育和住房建设机构及政府分支机构发行的债券。③ 公司债券、可转换为股票的公司债、外国公司和外国政府的债券等。对第①类证券的投资不受限制,对另两类投资的限制较多,规定银行持有的后两类投资的数额不得超过银行资本公积金总和的 10%。同时,银行还不得对第③类证券进行交易或包销,其原因在于后两类证券风险较大。因此,商业银行在经营证券的种类、到期日、分布地区、证券发行人等方面都避免过于集中,以分散风险,减少损失。在当前通信设备十分发达的条件下,银行在国际金融市场上买卖有价证券的活动越

三、中间业务

商业银行的中间业务是银行不需动用自己的资金,利用银行自身特殊的服务功能,代理客户承办收付和委托事项,收取手续费的业务。中间业务是商品经济发展和银行信用发展到一定阶段的产物,其与资产负债业务共同构成现代商业银行的三大支柱业务。最常见的中间业务是传统的汇兑、代理、代客买卖等。表外业务是指未列入银行资产负债表且不影响资产负债总额的业务。广义的表外业务既包括传统的中间业务(也称为无风险业务),如汇兑、代理等,也包括对银行有风险的业务,如票据承兑、信用证业务和贷款承诺等。中国所指的中间业务是广义的表外业务。这些业务主要包括以下五个方面。

(一)结算业务

结算业务是指银行代客户办理资金的结算业务。银行通过收取手续费获利。一般而言,银行从接受款项到支付款项之间存在时间差,对于银行来说相当于一笔免费的资金来源。

日常结算的工具有汇票、支票和本票。汇票是一方签发的无条件支付命令,要求第三方在某个特定的时间付款给持票人。实际上资金是从出票人流入第三方,再流入持票人的,第三方只是充当了付款中介的作用。本票和支票是特殊的汇票,本票没有第三方,出票人就是直接付款人,支票则专指以银行为第三方(即付款人)的汇票。

在国际经济往来中,资金的流动一般都通过银行系统进行。尤其对国际贸易而言,商业信用远不如银行信用,因此贷款支付通常都由银行结算。下面简单介绍一下国际结算中常见的支付方式:汇款、托收和信用证。

1. 汇款

汇款是最简便的支付方式,汇款人把款项交给本地银行,由本地银行向收款人所在地的指定银行划转资金,再由对方银行向收款人付款。汇款具体又有电汇、信汇和票汇几种做法。

在汇款方式中,银行只是充当付款代理,因此仍然是一种商业信用。由于无论是货到付款还是款到发货,都是交易的一方负担全部的资金占用和风险,因此汇款在国际结算中最少使用,除非业务双方相互了解信任。

2. 托收

卖方发货后,将运输单据交给本地银行申请托收;本地托收银行将单据发往付款方所在地的指定的代收银行;代收行提示买方付款并在收到款项后交单,付款人凭单提货。

相对汇款而言,托收的风险较小,然而这仍是一种商业信用。银行在此只是代理收款,不负担风险。卖方在发货之后还要经过一段时间才能收到货款,因此资金占用的压力较大。并且,仍然存在买方违约的可能,虽然货物可以运回或委托代收行就地处理,但也会造成卖方的损失。

3. 信用证

它是银行保证付款的业务,主要用于国际贸易。它通常是指银行应客户的要求,按其指定的条件开给卖方信用证,保证在信用证上载明的各项条款得到满足的情况下向卖方付款:卖方收到信用证后,根据购销合同及信用证所列条款发货,然后凭信用证及单据等到银行收款;银行在确定信用证所列条款均已得到满足的条件下向卖方付款,同时向买方收取所支付的款项。由于信用证是以银行信用代替商业信用,使买方的信用地位大大提高。因此,信用证在商业活动中,尤其是在国际贸易中被广泛使用。

(二) 代理融通业务

代理融通业务是指银行或专业代理融通公司代客户收取应收账款并向客户提供资金融通的一种业务。在赊销商业信用中,一方面由银行代理赊销企业收账,有利于应收账款按时收回;另一方面通过银行购买应收账款,向赊销企业提供资金融通。在典型的代理融通中,银行是以无追索权方式买进应收账款的。即如果应收账款的付款人到期不能履行付款义务,银行则不能再据以向应收账款的转让者追索,只能自己承担风险损失。因此,这项业务与贴现业务有根本的不同。

代理融通业务最早起源于英国,起初主要服务于国际贸易,20世纪60年代后开始在国内贸易中使用。目前,经营代理融通业务的是银行或银行附属的代理融通公司。

(三) 信托

信托是指接受他人的委托,代为管理、营运、处理有关钱财的业务活动。信托不同于代理,在信托关系中,受托管财产的财产权从委托人转移到受托人,而代理则不涉及财产权的转移。信托业务最初由个人和保险公司经营,后来随着业务范围的扩大,随着债权、债务关系的复杂化,出现了专门的信托公司。又由于商业银行资本雄厚,业务经验丰富,所以也开始经营这项业务。据统计,在美国,约有1/4的银行经营信托业务。

信托业务从不同的角度按不同的标准有不同的分类。如:根据委托人的不同,信托业务可分为个人信托和法人信托;按受益对象划分,信托业务可分为公益信托和私益信托;按成立信托关系的方式不同,信托业务可分为任意信托和特约信托;按信托的财产不同,信托业务可分为资产信托、动产信托和不动产信托。

银行经营信托业务不仅可以获得手续费收入,而且还可以把一部分可以经常占用的信托资金用于贷款和投资,从而扩大银行资产业务的规模。通过信托关系,银行还可以掌握大量的企业股票,增强其对企业的控制权。但商业银行从事信托业务是否合适,也是一个有争议的问题。目前,各国经营信托业务的银行,大多需经政府批准,要在有关的管理规定范围内活动,并且要求经营信托业务的银行必须将其信托部门与其他部门完全分开。

(四) 租赁

租赁是指由所有者(出租人)垫付资金购买设备租给使用者(承租人)使用,并按期以租金形式收回资金。设备租赁主要分为两大类:融资租赁和杠杆租赁。融资租赁是指先由承租人从制造厂商处选好所需的设备,并谈妥价格、规格和交货条件等,然后由出租人向选定的厂商购买,并签订租赁协议。杠杆租赁的主要特点是出租人用自有资金提供部分购买设备的价款(20%～40%),其余的价款则以设备为抵押品从银行获得贷款(60%～80%)。

近年来,随着科技的发展,机器设备的无形损耗越来越快,许多企业不愿意作大规模的投资。于是,银行就利用它们的资金购置那些价值昂贵的机器设备等,以租赁的方式提供给企业使用,通过收取租金来补偿设备的损失,并从中获利。这种业务通常不是商业银行直接办理的,而是通过其附设的租赁公司办理。由于租赁业务符合当前经济发展的需要,所以这一业务方式越来越受到欢迎。

(五) 信息咨询业务

金融经济信息是一种特殊的商品,是"无形的财富"。信息和资金已成为商业银行的两大主要商品。银行既是信用中介,又是信息中介。随着银行信息咨询服务的不断开拓,信息收入也将逐步超过利息收入,成为银行主要的收入来源。

总之,现代商业银行向社会提供的是全方位的金融服务,已成为名副其实的"金融百货公司"。

第四节 商业银行的经营管理

商业银行作为一种特殊的金融企业,为了实现利润最大化的目标,同时防止银行经营状况的恶化,形成了一套行之有效的经营原则,即通常人们所说的"三性"原则——安全性、流动性、盈利性。如何处理好安全性、流动性、盈利性三者的关系,是商业银行经营管理的永恒主题。

一、商业银行经营的特点

商业银行经营的突出特点是高负债率、高风险性和监督管制的严格性。

（一）高负债率

商业银行主要从事信用的授受，它一方面向公众和工商企业吸收存款，借入资金（商业银行的资金80%～90%来源于向客户的借款）；另一方面它又把借入资金的大部分贷给工商企业和社会公众，从而使自己成为全社会最大的债务人与最大的债权人。因此，高负债率成为商业银行的一个突出的经营特点。商业银行的高负债率是建立在社会公众对银行具有充分信心的基础上的。如果社会公众对银行的信心发生动摇，就可能发生挤兑存款现象，银行的生存与发展就出现危机。由此可见，高负债率经营使银行显得十分脆弱，因而，确立不同于一般企业的正确的银行经营原则就显得十分重要。

（二）高风险性

商业银行业是一个高风险的行业，除了前面所述的社会公众对银行信心的动摇而可能产生挤兑风险外，银行还面临着发放出去的贷款可能收不回来的信贷风险，由于市场利率、汇率变化所带来的市场风险以及由于银行从业人员业务水平不高、业务操作不当所带来的操作性风险等。上述风险的存在使得银行的经营管理比一般企业更为复杂，因而要求银行经营原则的确立也不同于一般企业，而必须兼顾更多方面的关系。

（三）监督管制的严格性

由于商业银行业是一个高负债、高风险的行业，商业银行的业务活动与社会公众的利益息息相关，以及商业银行在国民经济中占有举足轻重的地位，因而各国政府对商业银行业都实施十分严格的管制，包括规定银行的开业资格，限制银行的业务活动领域以及限制银行的利率等。虽然在过去的20多年里，英、美等发达国家对银行业进行了一系列自由化改革，逐步取消了一些限制条款，但这并不意味着这些国家放松了对商业银行业的管制，而是仅仅把对商业银行业监管的重点从一个方面转向另一个方面，商业银行业仍然是受政府管制最严厉的行业之一。

二、商业银行的经营原则

商业银行经营管理的高负债率、高风险性以及受到严格的监督管制的特点，决定了商业银行所确立的经营原则不能是单一的，而只能是几个方面的统一。根据商业银行长期经营管理的经验总结，世界上大多数国家的银行家普遍认为，商业银行的经营管理必须遵循安全性、流动性、盈利性三原则，亦即商业银行的经营原则是安全性、流动性、盈利性"三性"的统一。在我国，《中华人民共和国商业银行法》则将商业银行的经营原则概括为效益性、安全性、流动性三原则。

（一）效益性

效益性是指商业银行营运资金获取利润的能力。效益性原则要求商业银行尽可能地追求较高的利润，以增强商业银行竞争能力，满足商业银行生存与发展需要。

（1）较高的利润意味着较多的留存盈余，这是商业银行扩大规模、开拓业务的资金条件。

（2）较高的利润能给予股东的回报也较高，其股票市价也可能相应上升，从而有利于银行资金的筹集。

（3）较高的盈利水平还可带来银行声誉的提高、社会公众对银行信任的增强，从而有利于保持银行同社会各界的良好关系，降低银行业务营运的总成本。

（4）较高的盈利意味着可以支付员工较高的工资，从而有利于提高员工的积极性与工作效率，也有利于银行吸收更优秀的人才为银行的发展服务。因此，效益性是商业银行经营管理的基本动力。

（二）安全性

安全性是指商业银行应努力避免各种不确定因素对它的影响，保证商业银行的稳健经营和发展。商业银行之所以必须坚持安全性原则，是因为商业银行经营的特殊性。

（1）商业银行自有资本较少，经受不起较大的损失。商业银行是以货币为经营对象的信用中介机构，不直接从事物质产品和劳务的生产流通活动，不可能直接获得产业利润。银行的贷款和投资所取得的利息收入只是产业利润的一部分。如果商业银行不利用较多的负债来支持其资金运用，银行的资金利润率就会大大低于工商企业利润率。同时，作为一个专门从事信用活动的中介机构，商业银行比一般企业更容易取得社会信用，接受更多的负债。因此，在商业银行的经营中就有可能保持比一般企业更高的资本杠杆率，由此使得商业银行承受风险的能力要比一般企业小得多。可见，为了保证银行的正常经营，对资金业务的安全性给予充分的关注是极其必要的。

（2）商业银行经营条件的特殊性，尤其需要强调它的安全性。一方面，商业银行以货币为经营对象，它以负债的形式把居民手中的剩余货币集中起来，再分散投放出去，从中赚取利润。对于商业银行来说，对居民的负债是有硬性约束的，既有利息支出方面的约束，也有到期还本的约束。如果商业银行不能保证安全性经营，到期按时收回本息的可靠性非常低，则商业银行对居民负债的按期清偿也就没有了保证，这会大大损害商业银行的对外信誉，接受更多负债的可能性将失去；更有甚者，若居民大量挤提存款，可能导致商业银行倒闭。另一方面，在现代信用经济条件下，商业银行是参与货币创造过程的一个非常重要的媒介部门，如果由于商业银行失去安全性而使整个银行体系出现混乱，则会影响整个宏观经济的正常运转。

(3) 商业银行在经营过程中会面临各种风险,因此,要保证商业银行的安全性经营就必须控制风险。概括起来,商业银行面临的风险主要有:

(a) 国家风险:指由于债务国政治动乱或经济衰退而导致债务人无法清偿债务,使债权人蒙受损失的可能性。

(b) 信用风险:指借贷双方产生借贷行为后,借款方不能按时归还贷款方的本息而使贷款方遭受损失的可能性。信用风险的存在非常广泛,商业银行的所有业务都有可能面临信用风险,其中以信贷业务的信用风险最大。近年来世界性的银行呆账、坏账问题就反映出信用风险对商业银行影响的严重性。

(c) 利率风险:金融市场上利率的变动使经济主体在筹集或运用资金时可能遭受到的损失就是利率风险。利率风险主要表现为经济主体在筹集或运用资金时选择的时机或方式不当,从而不得不付出比一般水平更高的利息或收到比一般水平更低的收益。

(d) 汇率风险:由于汇率的波动而使经济主体所持有的资产和负债的实际价值发生变动从而带来的损失就是汇率风险。对于既有本币资产又有外币资产的商业银行来说,汇率风险是无处不在的。

(e) 流动性风险:指商业银行掌握的可用于即时支付的流动性资产不足以满足支付需要,从而使其丧失清偿能力的可能性。这是传统商业银行的主要风险之一。虽然流动性风险经常是商业银行破产倒闭的直接原因,但实际情况往往是由于其他种类的风险长时间隐藏、积累,最后以流动性风险的形式爆发出来,因此流动性风险的防范必须与其他风险的控制结合起来。

(f) 经营风险:指商业银行在日常经营中由各种自然灾害、意外事故等引起的风险。

(g) 竞争风险:这是金融业激烈的同业竞争造成商业银行客户流失、资产质量下降、银行利差缩小,从而增大银行经营的总风险。商业银行的经营特点决定了商业银行保持经营安全的重要性。

(三)流动性

流动性是指商业银行随时应付客户提存与满足必要的贷款支付的能力。包括资产的流动性与负债的流动性两重含义。资产的流动性是指银行的资产在不发生价值损失条件下迅速变现的能力。衡量银行资产流动性的标准有两个:

(1) 资产变现的成本:某项资产变现的成本越低,则该项资产的流动性就越强。

(2) 资产变现的速度:某项资产变现的速度越快,则该项资产的流动性就越强。

负债的流动性是指银行以适当的价格取得可用资金的能力。衡量银行负债流动性的标准也有两个：

（1）取得可用资金的价格：取得的可用资金价格越低，则该项负债的流动性就越强。

（2）取得可用资金的时效：取得可用资金越及时，则该项负债的流动性就越强。

商业银行的经营是典型的负债经营，资金来源的主体部分是客户的存款和借入款。存款是以能够按时提取和随时对客户开出支票支付为前提的；借入款是要按期归还或随时兑付的。资金来源流动性这一属性，决定了资金运用方即资产必须保持相应的流动性。

资金运用的不确定性也需要资产保持流动性。商业银行所发生的贷款和投资，会形成一定的占用余额，这个余额在不同的时点上是不同的。一方面，贷款逐步收回，投资到期收回；另一方面，在不同的时点上又会产生各种各样的贷款需求和投资需求。也就是说，商业银行要有一定的资金来源应付贷款发放和必要的投资。贷款和投资所形成的资金的收和付，在数量上不一定相等，时间上也不一定对应，即带有某种不确定性，这就决定了商业银行资产也应具有一定程度的流动性，以应付商业银行业务经营的需要。

商业银行资产的流动性各不相同，因而必须分层次搭配资产，形成多层次的流动性储备，以满足资产流动性的需求。流动资产是商业银行资产中最具有流动性的，它包括现金资产、存放中央银行的准备金存款和存放同业的款项。如何合理分配商业银行的资产结构，保持流动性、安全性和收益率的和谐统一，是现代银行理论的重要内容之一。

商业银行的盈利来源于业务收入与业务支出的差额。商业银行的业务收入主要包括贷款利息收入、投资收入与劳务收入等。商业银行的业务支出主要包括存款利息的支付、借入资金利息的支付、贷款与投资的损失以及工资、办公费、设备维修费、税金等的支付。商业银行业务收入与支出差额的扩大，只能通过扩大资金来源、提高资金使用效益、改善金融服务以及降低成本费用来实现。

商业银行通过吸收存款、发行债券等负债业务，把企事业单位和个人的闲置资金集中起来，然后再通过发放贷款、经营投资等资产业务，把集中起来的资金运用出去，弥补一部分企事业单位和个人的暂时资金不足。商业银行通过这种资金运动，把社会资金周转过程中暂时闲置的资金融通到资金暂时不足的地方去，解决了社会资金周转过程中资金闲置和不足并存的矛盾，使社会资金能够得到充分运用。这不仅对社会经济的发展起到有益的促进作用，而且商业银行从资金运用中得到利息收入和其他营业收入。这些收入扣除付给存款人的利息，再扣除支付给职工的工资及其他有关费用，余下的部分形成商业银行的利润。

商业银行盈利水平的提高,首先能够使投资者获得较高的收益,国家得到更多的税收收入;其次盈利的增加可以增强商业银行的自身积累能力和竞争能力,提高银行信誉,使商业银行对客户有更大的吸引力。此外,商业银行盈利水平的提高意味着增强了商业银行承担风险的能力,可以避免因资产损失而给商业银行带来的破产倒闭的风险。

第五节 商业银行的存款货币创造

一、派生存款与存款乘数

派生存款是相对于原始存款而言的。所谓原始存款即银行的最初存款。它是指商业银行接受客户的现金(包括从中央银行取得的贷款、再贴现款)而直接形成的存款。所谓派生存款,是指商业银行以原始存款为基础,通过资产业务诸如贷款、贴现和投资等派生出来的存款。又称衍生存款。简单地说,派生存款是由银行贷款而形成的存款。

那么,商业银行的贷款等信用活动是如何创造出新的存款来的呢?这就涉及存款货币创造的机制问题。

商业银行资金的主要来源是存款。为了应付客户随时提取存款,确保银行的信誉和稳定,银行不能把存款全部贷放出去,而必须保留一部分作为准备金。商业银行的存款准备金,由它的现金库存和在中央银行的存款两部分构成。为限制商业银行信用扩张和存款货币创造的能力,目前各国一般都以法律形式规定商业银行必须保留的最低数额的准备金,亦称法定准备金。法定准备金占商业银行吸收的全部存款的比例,称为法定准备金率。

由于实行存款准备金制度,商业银行吸收到的原始存款后,按规定提留一部分作为法定准备金外,其余部分就可以贷放给客户或作投资之用。在广泛使用非现金结算的条件下,客户取得借款以后,并不(或不全部)支取现金,往往通过签发支票形式转入另一企业的银行存款账户。接受该笔新存款的另一家银行,除了保留一部分作为法定准备金外,又可将超额准备金部分用于放款或投资,从而派生出又一笔存款来。这个过程如此这般继续下去,商业银行通过自己的贷款等资产业务,对原始存款不断地运用,形成存款、贷款循环增长,创造出数倍于原始存款的派生存款。

假定,法定准备金率为20%,原始存款为1亿元,那么可用表5-1来描述派生存款的创造过程。

表 5-1

银行体系的存款货币创造过程

金额单位：万元

银行名称	新增存款	法定准备金	新增贷款
A	10 000	2 000	8 000
B	8 000	1 600	6 400
C	6 400	1 280	5 120
D	5 120	1 024	4 096
E	4 096	819.2	3 276.8
⋮	⋮	⋮	⋮
合计	50 000	10 000	40 000

这一过程表明，在法定准备金率不变的条件下，这笔 1 亿元的原始存款，在银行体系内辗转贷放与转存，结果使银行系统新增贷款 4 亿元，存款总额增加到 5 亿元。经过派生的存款总额超过原始存款的那个部分，即 4 亿元，便是原始存款所派生的存款。

若以 R 表示原始存款，D 表示经过派生的存款总额，$r(0<r<1)$ 表示法定准备金率，则有以下公式：

$$D = R \div r$$

将以上数据代入公式，得：

$$D = 1 \div 20\% = 5(亿元)$$

$$派生存款额 = D - R = 5 - 1 = 4(亿元)$$

公式及计算表示，派生存款是原始存款的扩大，扩大的倍数与法定准备金率大小成反比，与原始存款成正比。在原始存款数额既定的条件下，法定准备金率的高低决定着商业银行创造存款货币的能力。法定准备金率越高，存款货币创造的数额则越小；反之，法定准备金率越低，存款货币创造的数额则越大。

在存款准备金制度下，因银行体系所具有的货币创造能力，使流通中的存款货币量成倍地扩大。在这里，经过派生的存款总额与原始存款之间的倍数关系，称为存款乘数；因改变法定准备金率使活期存款得以扩张或紧缩所产生的这种倍数效应，则称为乘数作用。

存款乘数的数值可以直接用法定准备金率(r)的倒数来表示。如果用 K 表示存款的存款乘数，则有：

$$K=1\div r$$

将本例数据代入上式,得:

$$K=1\div 20\%=5$$

若 r 降低为 10%,则存款可扩至 10 倍;若 r 升至 25%,则存款仅扩张 4 倍。可见,法定准备金率越低,存款扩张倍数越大;法定准备金率越高,则存款扩张倍数越小。

银行系统派生存款创造的机理在相反方向上也适用,即派生存款的收缩也呈倍数收缩过程。派生存款的计算公式也同样适用,只是计算结果带有负号而已。

需要说明的是,货币创造虽是整个银行体系活动的结果,但由于中央银行和商业银行这两类银行活动的内容不同,从而它们在货币创造过程中所起的作用也不相同。中央银行的现金发行和对商业银行的贷款,起着创造"基础货币"的作用。所谓基础货币,是一种"高能货币",它是银行体系存款扩张、货币创造的"原动力"和"不竭之源"。商业银行体系则根据基础货币,通过其内部多家机构之间反复的贷款和存款活动,成倍地创造派生存款。因此,原始存款和派生存款虽都是客户在商业银行的存款,但它们的来源不同:原始存款是中央银行创造的货币,派生存款则是商业银行创造的货币。现金转化为原始存款,只引起货币供应和具体形态的变化,不增加社会的货币供应量,而派生存款会增加社会的货币供应量。

二、存款货币创造的制约因素

存款乘数,实际上是整个银行体系创造派生存款的最大能力的数量表现,或者说是商业银行创造派生存款的一个理论极限。至于实际的创造能力,主要取决于客观经济过程对信贷资金需求的规模。此外,还受到现金漏损、超额准备金以及活期存款可能转化为定期存款等因素的制约。

(一)现金漏损

当一个企业取得贷款后,一般都将这部分货币资金存入银行系统中。但由于某种需要,企业往往要提取一部分现金,从而使一部分现金渗出银行系统,出现所谓的现金漏损。现金漏损与存款总额之比称为现金漏损率(h)。出现现金漏损,会使银行系统的存款准备金减少,派生存款的倍数也必然缩小,银行创造存款货币的能力下降。考虑此因素,存款乘数的计算公式可相应修正为:

$$K=1\div(r+h)$$

(二) 超额准备金

所谓超额准备金,是指商业银行的总准备金减去按货币当局规定必须保留的法定准备金后的那个剩余的部分。在前面的叙述中,曾假定银行将超额准备金全部贷出,而只保持法定准备金。但实际上,银行并非一定会将超额准备金全部贷出,为确保安全或应付意外之需,一般都保留一定数额的超额准备金。也就是说,银行实际保有的存款准备金一般总是高于法定准备金。显然,由于超额准备金的存在,商业银行的存款货币创造能力又进一步降低了。

银行超额准备金与存款总额之比,称为超额准备率(e)。在引入超额准备率这一因素后,存款乘数的计算公式又将作进一步修正,则有:

$$K=1\div(r+h+e)$$

(三) 活期存款转为定期存款

银行存款可以分为活期存款和定期存款两个部分。在存款货币创造过程中,其中有一部分活期存款可能转化为定期存款。对于这两种存款,通常分别规定不同的法定准备金率。但是,为定期存款保留的法定准备金是不能进入存款货币创造过程的。也就是说,这部分准备金不能作为存款货币创造的基础。据此,对存款乘数的计算公式必须作再一次的修正。具体为:

$$K=1\div(r+h+e+r_t\times t')$$

其中:t'为活期存款转化为定期存款的比例,r_t为定期存款的法定准备金率。

以上仅就某些可测量的技术性因素对存款乘数的影响做初步的分析。但实际上,客户对贷款的需求和银行投资的规模,要受当时的经济发展状况的制约。也就是说,并非任何时候银行总有机会将可能贷出的款项全部贷出去。在经济不景气的情况下,即使银行愿意多贷款、多投资,企业也未必能接受,从而按上述公式计算的存款扩张的倍数和派生存款的规模也将难以达到。

复习思考题

一、判断题

1. 信用创造是商业银行所特有的职能,也是其区别其他金融机构的重要特征。   (   )
2. 货币经营业一旦从事存款业务,便转化成为商业银行。   (   )
3. 商业银行的风险回避就是放弃做有风险的业务。   (   )

4. 根据《巴塞尔协议》要求,各国商业银行自有资本充足率的最低标准为8%。
（   ）
5. 商业银行资金的流动性具有刚性特征。（   ）
6. 我国商业银行最主要的组织形式是分支行制。（   ）
7. 1694年,威尼斯银行的建立标志着西方现代商业银行制度的建立。（   ）
8. 商业银行的资产业务是指银行资金的运用业务。（   ）
9. 存款在商业银行的全部资金来源中占最大比例。（   ）
10. 商业银行资产在无损状态下迅速变现的能力是指负债的流动性。（   ）

二、简述题

1. 简述商业银行的性质和职能。
2. 商业银行的组织制度包括哪些类型?
3. 试述商业银行的主要业务。
4. 商业银行的风险种类有哪些?
5. 商业银行存款货币创造的制约因素有哪些?

三、案例与阅读

海南发展银行倒闭案

1998年6月21日,中国人民银行发表公告,关闭刚刚诞生2年零10个月的海南发展银行。这是新中国金融史上第一次由于支付危机而关闭的一家银行。

海南发展银行成立于1995年8月,是海南省唯一一家具有独立法人地位的股份制商业银行,其总行设在海南省海口市,并在其他省市设有少量分支机构。它是在合并原海南省5家信托投资公司的基础上,吸收了40多家新股东后成立的。成立时的总股本为16.77亿元,海南省政府以出资3.2亿元成为其最大股东。关闭前有员工2800余人,资产规模达160多亿元。

海南发展银行建立之初就存在很多问题。1993年,海南的众多信托投资公司由于大量资金压在房地产上而出现了经营困难。在这个背景下,海南省决定成立海南发展银行,将5家已存在问题的信托投资公司合并为海南发展银行。据统计,合并时这5家机构的坏账损失总额已达26亿元。1997年年底,遵循同样的思路,有关部门又将海南省内28家有问题的信用社并入海南发展银行,从而进一步加大了其不良资产的比例。同时,合并后成立的海南发展银行,并没有按照规范的商业银行机制进行运作,而是大量进行违法违规的经营。其中最为严重的就是向股东发放大量无合法担保的贷款。股东贷款实际上成为股东抽逃资本金的重要手段。

有关资料显示,海南发展银行成立时的16.77亿元股本在建行之初,甚至在筹建阶段,就已经以股东贷款的名义流回股东手里。海南发展银行是在1994年12月8日经中国人民银行批准筹建,并于1995年8月18日正式开业的。但仅在1995年5～9月间,就已发放贷款10.60亿元,其中股东贷款9.20亿元,占贷款总额的86.71%。绝大部分股东贷款都属于无合法担保的贷款;许多贷款的用途根本不明确,实际上是用于归还用来入股的临时拆借资金。

由于上述原因,海南发展银行从开业之日起就步履维艰,不良资产比例大,资本金不足,支付困难,信誉差。在有关部门将28家有问题的信用社并入海南发展银行之后,公众逐渐意识到问题的严重性,出现了挤兑行为。持续几个月的挤兑耗尽了海南发展银行的准备金,而其贷款又无法收回。为保护海南发展银行,国家曾紧急调拨了34亿元人民币抵御这场危机,但只是杯水车薪。为控制局面,化解金融风险,国务院和中国人民银行当机立断,宣布1998年6月21日关闭海南发展银行。

资料来源:海南金融网,2007年8月29日。

问题:

请你谈谈商业银行经营管理应遵循的原则。

第六章 政策性银行

第一节 政策性银行的性质与职能

政策性银行是由政府组建、参股或保证,专门在某一领域从事政策性金融业务的国家银行。政策性银行构成一国的政策金融体系。政策性银行也称政府金融或公共金融。政策性银行的任务主要是执行国家产业政策,对某些行业和企业发放低息优惠贷款,支持重点产业部门、基础产业部门和支柱产业部门的发展。在我国,建立政策性银行,实行政策性业务和商业性业务分离,是金融体制改革的重要内容。政策性银行也是我国金融体系的重要组成部分。

一、建立政策性银行的必要性

政策性银行的产生和发展是在第二次世界大战以后。政策性银行在西方国家恢复经济过程中起过一定的作用。各国政府有意识地创办政府的金融机构,发展政府金融,运用政策性金融手段促进经济发展。至今,世界各国大多有政策性金融机构。

建立政策性银行,在一定程度上可以弥补市场调节机制的缺陷。实现资源的合理配置,应主要依靠市场调节机制,但无论从资源配置的过程,还是从资源配置的效果看,市场调节机制存在局限性。市场调节机制往往使资源过多地投入到微观经济效益较高的项目,而对具有较高社会经济效益的项目却可能不予投资或滞后投资,由此导致地区之间、行业之间、企业之间发展的不平衡,并会影响国家宏观经济发展战略目标顺利实现和产业政策的实施。因此,在市场机制调节的同时,政府的干预是非常必要的,而通过设立政策性银行实现政府对经济的干预,从其作用和产生的效果看都是较为理想的。因为它一方面可根据各个时期的经济发展的需要,推行政策性金融业务来实现较高的社会经济效益;另一方面可作为商业银行的补充,开展商业银行所不愿承担的金融业务,充分发挥金融在国民经济中的重要作用。

建立政策性金融与商业性金融分离的金融组织体系,是金融体制改革的重点。在我国建立政策性银行是十分必要的,具体体现在以下几个方面。

(一) 建立政策性银行是我国投资体制改革的需要

我国的投资体制基本形成了投资主体多元化、投资来源多渠道、投资方式多样化的格局。但是,投资的风险约束机制还未相继建立起来,对投资的管理还不够规范。投资行为的主体是政府或企业,银行没有自主权,也没有明确责任,容易导致投资规模膨胀、投资结构不合理、投资效益较差等后果。因此,把原来属于专业银行业务的政策性投资贷款分离出来,形成单独的政策性银行,专门从事我国国家中长期政策性投资任务并承担相应的风险和责任,是规范我国投资主体行为的有效途径,也是进一步改革我国投资体制的需要。

(二) 建立政策性银行是我国金融体制改革和社会主义市场经济发展的需要

深化金融体制改革要求强化中央职能,发展和健全金融市场,建立完善的宏观调控体系,这些都涉及政策性金融与商业性金融的分离。从实践来看,原有专业银行把商业性业务与政策性业务混合经营暴露出很多问题,如:国家专业银行承担的政策性贷款业务的负担加重与社会经济市场化的发展不相适应;各专业银行之间的政策性贷款业务负担不均衡,影响公平竞争;政策性贷款利率倒挂,影响专业银行的企业化经营和管理。这些问题造成专业银行政企不分,管理行政化,缺乏竞争,效率不高。而建立政策性银行,把原专业银行经办的政策性业务分离出来,有利于专业银行转变经营机制,解决其身兼二任的问题,使专业银行实现企业化经营,逐步向商业银行过渡,又可保证国家大量的政策性贷款任务得以完成。

(三) 建立政策性银行是调整产业结构、协调地区经济发展的需要

我国在发展经济中面临着严重的能源、交通、原材料、通讯等行业及高科技开发的资金不足问题,基础产业和高科技产业的滞后将是束缚我国经济发展的重要因素。另外,在区域经济发展上,东部较发达,西部较落后,南北差距也较大,地区经济不平衡也不利于国民经济的长远发展。这就要求发挥政府金融的作用。政策性银行既能及时贯彻政府宏观经济政策,又能充分发挥银行信贷的优势,可以根据不同行业、不同地区,适时调节资金的投量和投向,并最大限度地提高资金使用效率,还可为农业和农业经济的发展提供资金支持。

此外,建立政策性银行,也是适应金融国际化,符合国际惯例经营的需要。尤其在进出口领域,通过政策性银行提供买方信贷和卖方信贷,改善对外贸易环境,可促进我国改革开放的进一步发展。

二、政策性银行的性质和职能

(一) 政策性银行的性质

政策性银行从其性质来说,属于政府金融机构,它依据国家的经济政策和经济

计划，按照产业政策的要求安排贷款，具有一定的政府机关的性质；同时它又经营金融业务，以金融方式融通资金，具有金融企业的性质。总体来说，政策性银行属政府创办并领导的具有独立法人地位的经营实体。它既不同于一般的政府机关，又不同于中央银行、商业银行等金融机构。

首先，政策性银行不同于政府机关。政策性银行虽然是由政府设立的金融机构，按政府的意图行事，但它具有一般政府机关所不具备的资产、负债等金融业务，是以开展政策性金融业务为内容的经营实体，而绝非一般政府职能部门。

其次，政策性银行不同于中央银行。政策性银行行使政府对经济的调节职能，不以营利为目的，不经办普通商业性金融业务，不与商业银行争利。这些特征类似于中央银行。但中央银行是全国金融体系的领导和管理机构，是负责全国金融宏观调控的国家机关。而政策性银行是按政府意图对某一领域、某一行业实施扶持性融资调节的经营实体，绝非全国的金融宏观调控机构。

再次，政策性银行不同于商业银行。政策性银行不经营商业银行的一般性金融业务，不吸收企业和个人活期存款，不办理商业贷款，没有信用创造能力，而且与商业银行经营中的政策性要求也不一样。

综上所述，政策性银行是按政府意图经营政策性金融业务的特殊金融机构。

（二）政策性银行的职能

政策性银行的性质决定了它的职能。政策性银行具有一般金融机构的职能，即信用中介职能。政策性银行通过其负债业务吸收资金，再通过其资产业务把资金投入某一领域。从这一点来看，它与普通金融机构一样，作为货币的贷出者和借入者充当了信用中介，实现资金的融通。但政策性银行不具备商业银行的派生存款和信用创造职能。

政策性银行除上述一般职能外，还具有以下基本职能：

（1）补充职能。政策性银行是商业性金融机构的补充机构。在社会融资活动中，应以商业银行等金融机构的融资为主，政策性银行不能替代其业务，而是对其难以顾及的某些领域进行融资，以体现政府的宏观经济政策和产业政策。

（2）选择职能。政策性银行对其融资的领域或部门必须有所选择。对那些市场能够选择的、依靠市场机制作用能得到合理配置的领域或部门，政策性银行一般不加以选择；而那些市场不予选择的领域或部门则是政策性银行选择的融资领域。总之，政策性银行的选择职能表现在保证商业性金融机构不予或不愿选择的但又对国民经济关系重大的领域有充分的发展资金。

此外，政策性银行还有倡导或传导政策意图、提供某些特殊金融服务的职能。

第二节 政策性银行的业务

政策性银行作为政府的金融机构,其业务既有别于中央银行又有别于商业银行,其负债业务和资产业务具有特殊性。

一、政策性银行的负债业务

政策性银行的负债业务,作为政策性金融的一部分,具有低费用甚至无需偿还的特征,而且资金规模较大,期限较长。这种特征,决定了政策性银行资金来源的渠道和方式。

(一)政府供给资金

政策性银行是由政府建立的,因此,政府供给的资金是政策性银行的启动资金和重要资金来源,形成政策性银行的资本金。有的政策性银行的资本金是由政府全额拨付的,有的虽然是部分拨付,但也占相当比重。这些都充分显示了政府对政策性银行所具有的出资人的地位。

政府供给资金的方式主要有无偿拨付和有偿借入两种。此外,还包括一些专项资金划拨和对政策性经营亏损的补贴或贴息。

政府供给政策性银行的资金,来源于直接的财政预算或财政设立的各项资金,以及资金设立的特别基金等。政府对政策性银行提供资金的数量多少,主要取决于该国的市场经济发达程度和政府对经济、金融的干预程度。如果市场机制不健全,金融市场也不完善,则政府对经济、金融的干预程度较强,政府供给资金占政策性银行资金来源的比重就大些(一般可达10%左右);反之,如果市场经济发达,政府对经济、金融的干预程度则较弱,政府供给资金占政策性银行资金来源的比重就低,群众无偿性供给资金尤其少。

我国目前正处在经济体制改革期间,市场机制尚不健全,金融市场也不完善,在相当长的时期内需要政府参与社会经济的发展并实施调节,所以我国设立的政策性银行的资金来源中,政府供给资金应保持较大或相当的比重。

(二)向社会保障体系及邮政储蓄系统借款

社会保障体系及邮政储蓄系统借款主要是指向社会保障系统、养老基金或退休基金、医疗基金、就业基金、住房公积金借款,以及向邮政储蓄系统的借款。上述这类资金吸收费用较低,而且量大集中,非常适合作为政策性银行的资金来源。

中央银行借款是在稳定通货和保障商业性机构正常运行的基础上对政策性银行提供的贷款,可着重运用于农业部门的政策性银行。

社会保障系统、养老基金、退休基金、医疗基金、就业基金、住房公积金等大都是在政府倡导和推进下形成的,甚至带有政府或立法强制建立的成分,有的还具有政府资金的性质,所以这些资金在保证本身正常运用的前提下,其沉淀的余额部分最适合作为政策性银行的负债。

邮政储蓄营运费用较低,而且邮政部门原则上不是资金运用部门,本身不能发放贷款,所以邮政储蓄中长期稳定的余额,在收取吸储利息和核定的费用后,应交由政策性银行使用,作为其重要的资金来源之一。

政策性银行的资金来源中,除政府供给资金以外,应以社会保障体系及邮政储蓄系统借款为主。况且政府资金有限,不可能也不允许通过财政直接大规模地供应资金,所以在社会保障体系健全、有大量社会保障基金以及能够吸收较多的邮政储蓄的情况下,该项资金来源应成为政策性银行的主要负债。事实上也是如此,在有些国家,如日本的政策性金融机构中,该项负债达到整个资金来源的 70%~80%。

在我国,目前由于社会保障体系不发达,邮政储蓄一直作为中央银行的负债并加以运用,所以,政策性银行暂时并没有把向社会保障体系和邮政储蓄借款作为主要资金来源。但随着我国市场经济的不断发育和完善,各种社会保障机构及基金会也会相继发展和建立起来,这方面资金中可作为政策性银行资金来源的数量将会逐渐增加。

(三)金融市场融资

政策性银行在金融市场筹集资金,即向国内金融市场发行债券和向商业银行及非银行金融机构借款。

在国内金融市场发行债券,是政策性银行在金融市场筹资的主要方式。其方式除一般地向社会公众募集以外,还可以采取定向筹集的方式,即向商业银行和其他金融机构发行金融债券。我国目前即采取这种做法。这也是政策性银行向商业银行及其他融资机构借款的主要方式。

政策性银行向金融市场融资同样要按市场价格筹集资金,但不同之处在于政策性银行向金融市场筹资一般都取得了政府担保,甚至直接作为或视为政府借款或政府债券,因而信誉较高,风险较小,在取得借款和发行债券上有明显的优势。

金融市场融资与向社会保障体系及邮政储蓄借款相比,筹资成本较高,与政府供给资金则更无法相比,因此,这种融资原则上应在政策性银行负债中居于次要地位。但由于各国经济、金融体制的差异,市场发达程度不同,因而无法绝对地确定各项负债在总资产中的主次轻重。

(四)国际融资

国际融资也是政策性银行的负债之一。政策性银行从国际上融资包括在国际金融市场发行金融债券和从国际金融机构取得借款。国际金融机构借贷中既包括从全球性国际金融机构（如世界银行）借款，又包括从区域性国际金融机构（如亚洲开发银行等机构）借款，还可以向外国政府借款。

我国目前对外借款及发行国际债券的规模和数量还受到一定的限制，所以政策性银行应有选择地使用国际融资方式。此外，在一定范围内吸收存款，也是某些政策性银行的负债业务。

二、政策性银行的资产业务

政策性银行的资产业务主要有贷款业务、投资业务及担保业务等。

（一）贷款

贷款是政策性银行资产业务的主要形式。与一般商业银行贷款相比，它具有期限较长、风险较大、利率较低（或无息）、条件较严等特点。政策性银行的贷款同样要求按期偿还。

政策性银行贷款可以从不同角度划分其种类：第一，按其运用的过程不同，可分为直接贷款和间接贷款。直接贷款是政策性银行直接向政策性贷款的对象发放贷款。这种贷款方式一般多用于从事产业和地区振兴的开发银行，因为产业和地区振兴开发大都表现为一个一个项目。在为其贷款时应对贷款项目进行逐一选择，所以直接贷款形式较为适合。间接贷款一般是不直接对政策性贷款对象发放贷款，而是先将资金贷给其他金融机构，再由这些金融机构根据确立的贷款用途、对象和条件，向符合条件的对象发放贷款。对于这种贷款政策性银行不用逐一选择对象，同时对其他金融机构进行有条件的融资。第二，按其从事的专业领域不同，可分为出口信贷、进口信贷、产业开发贷款、高新技术贷款和农业贷款等。这些贷款分别由不同的政策性银行办理。第三，按其利息多少，可分为低息贷款、无息贷款和贴息贷款。此外，按贷款运用的方式，还可分为信用贷款、抵押贷款和贴现贷款等。

（二）投资

投资是政策性银行资产业务中的一种基本业务方式。具体包括股权投资和债券投资两种。股权投资是对贯彻政府社会经济发展意图而有必要进行控制的行业或企业进行直接投资，并拥有企业的控股权，对企业的决策及发展起一定的操纵作用。债券投资是政策性银行认购那些符合政府的产业和地区政策的企业所发行的中长期债券。债券投资的目的在于增加或实现所需创立和扶持企业的资金投放，而不是对其进行控制。

此外，政策性银行的投资业务根据出资额的多少，还可以采取独资或合资参股等形式。一般来说，能吸引更多社会资本投入的，尽量不采取独立投资的方式。在合资参股的投资形式中，如果政策性银行的出资比重越大，表示政府对该行业或项目的政策支持程度越高,因而通过控制出资比例,还可以调节那些需要政策支持的行业和项目的资金投入量。

政策性银行投资业务的目的是使某些需要有限和重点发展的行业和部门得到更多的发展资金。这些部门和行业如社会公益事业、基础产业、农业及高新技术产业开发等,它们与国民经济其他行业相比,无直接经济效益或低效益,或具有高风险,所需投入的资金规模大,因而难以得到较多的社会资金和其他金融机构的资金投入,如果政策性银行不投资,就难以使其得到相应发展。因而,政策性银行投资业务的对象,主要是鼓励和扩大进出口的投资、对基础产业及设施的投资,以及扶植农、林、牧、渔业发展的投资。

投资虽然是政策性银行的基本业务方式,但因经济体制及经济情况的背景不同,各国政策性银行中投资业务占整个资产业务的比重也有所不同。一般来说,重视市场机制作用的国家,政策性银行运用投资方式的较少;而重视政府对经济干预作用的国家,运用投资方式的较多。我国目前正处在向市场经济过渡的时期,更注意通过国家政府干预来实现社会资源的合理配置。因此除进出口方面以外,我国可能比其他国家更多地运用投资方式。

(三) 担保

担保是金融机构提供给客户的一种信用保证业务。政策性银行与其他金融机构相比,在担保业务上更具有其独特的优势,因为它是属于政府或政府支持的,几乎不存在信誉风险问题。它的一切债务都是由政府保证的,这种地位和优势决定了它更适合从事担保业务,而且它的担保业务也更容易被融资者接受,效益也更高。

政策性银行的担保业务可以从不同角度划分:从币种划分,可分为本币担保和外币担保;从境内外划分,可分为对内担保和对外担保;从担保事项划分,可分为筹资担保、对外工程担保、进出口方面的担保等。

1. 筹资担保

筹资担保是应政策性银行所支持领域的筹资人要求,向贷款人或出资人出具的书面保证,保证借款人在无力偿还贷款本息或其所发行的企业债券时,无条件履行付款责任。筹资担保实质上是为政策性银行所要支持的领域或部门提供了融资的便利条件。如果通过这种担保就能使这些部门获得资金支持,那将比向它们直接提供贷款更能收到事半功倍的效果。因为这样既节省了政策性银行的资金,又保证了它所要支持的部门的资金需要。

2. 对外工程担保

对外工程担保主要指政策性银行为对外工程的投标、履约及在外国银行账户透支等活动提供的担保。具体分为投标担保、承包工程担保和透支担保。投标担保是在对外构成投标或招商招标中,为招标人提供的防止投标人得标后不签合同或提出其他变更要求的担保。承包工程担保是对外工程承包中,应承包人的要求,为国外项目业主提供的承包人按质、按量履行合同规定的保证。透支担保是为对外工程承包公司和在外派出机构在当地开立银行透支账户而进行的担保。

3. 进出口担保

进出口担保是政策性银行为进出口领域的付款、延期付款、补偿贸易、加工装配等各种核定提供的担保。具体分为付款担保、延期付款担保、补偿贸易担保和加工装配进口担保。付款担保是应进口方要求,为外国出口方提供的在出口方按规定交运有关货物和技术资料后,保证进口方按规定履行部分或全部付款义务的担保。延期付款担保是在进出口贸易中采取分期付款时,为外商提供的进口方按合同规定履约支付的保证。补偿贸易担保是应设备或技术进口方的要求,为外商提供的为防止进口方不能按期保质保量返销产品的保证。加工装配进口担保是在进口来料加工再出口中,为外方提供的防止进口加工方不能按要求履约的保证。

此外,政策性银行的担保业务还有在进出口和对外承包工程中,为国外进口商或项目业主提供的在得到部分定金或预付款后按要求履行合同的预付款担保,以及在对外租赁中,应所支持领域的承租人的要求为出租人开出书面文件,保证承租人按规定支付租金的租赁担保等。

由于政策性银行在开展担保业务方面具有较大的优势,因而担保业务在政策性银行的资金营运中占一定比重。我国目前成立的政策性银行主要开展重点建设项目投资及进口信贷等方面的担保业务。

三、政策性银行的融资原则及经营方针

(一) 政策性银行的融资原则

政策性银行的特殊性质活动职能,决定了其融资活动的特殊原则。政策性银行融通资金应坚持弥补性和专业性的原则。

坚持弥补性原则是指政策性银行的融资是对市场融资活动的一种弥补,其中最主要的弥补是针对市场机制对社会资源配置不足的弥补。用市场机制分配社会资源从而实现合理配置是占第一位的,而政策性银行的融资调节是第二位的,即只要是市场可以选择的、有足够资金投入的领域,就应由商业性融资活动完成,政策性银行就不要参与这些融资活动;对那些依靠市场机制无法解决的资源配置,才应由政策性银行予以弥补。另一个就是市场机制对资源合理配置的调节不足而进行的弥补。在市场机制调节下,往往出现信号失真或调节机制不完善等问题,这时商

业银行和企业受其影响,往往出现资金的投资偏差,导致社会资源的配置出现不合理或偏差,这时政策性银行要纠正这种偏差,实行一定的倾斜和扶助,从而在较短时间内实现理想的调节目的。

坚持专业性原则是指政策性银行的融资活动不是综合性的,而是专门在某些市场机制作用不到的领域中进行。这些领域往往是进出口、基础产业及设施、农业及特殊地区等,因此要根据这些部门和地区的不同情况和需要分别设立多个政策性银行,每个政策性银行都是为某一个或某一类政策目标组织专门的资金供应,进行专门融资而设立的。

(二) 政策性银行的经营方针

政策性银行作为政府金融机构,其性质和职能决定了其经营方针是严格区别于其他金融机构的。总的来说,它是不以营利为目的,以显示国家的全局利益和长远利益为目标。具体来说,政策性银行的经营方针分为三种,即财政补贴经营、无利保本经营和保本微利经营。

1. 财政补贴经营

财政补贴经营是指可以适当使用国家财政补贴,允许计划亏损。实行这种经营方针的政策性银行所经办的都是具有较高社会效益的政策性金融业务。从性质上说,这类业务具有很强的财政性,因此,财政对这些领域的扶持表现为对这些领域的融资活动进行补贴。这也是财政资金使用的一种特殊方式。但从政策性银行的角度来说,并不等于完全依赖财政、无限量地使用补贴,能够列入这类政策性银行的支出项目仅是其行政费用、政策性融资的利率倒挂以及委托代办费用。

2. 无利保本经营

无利保本经营是指政策性银行所得收入能抵补利息和费用支出,即保本;同时,在收支可抵消的基础上不再谋取剩余,即无利。实行这种经营的政策性银行由于能够保本,不用财政补贴,比财政补贴经营型的政策性银行有较多的经营自主权。这类政策性银行经营的关键在于加强对管理费用的管理,降低费用开支以实现其保本经营。

3. 保本微利经营

保本微利经营是指在经营过程中不仅能保本,还能取得一定的微利。保本微利经营的政策性银行要弱于无利保本的政策性银行,更弱于财政补贴的政策性银行。因为这类银行要自担风险,不能依靠财政补偿呆账、坏账损失,所以其经营的关键在于加强对贷款的风险、质量管理,提高贷款质量以保其微利。

我国目前设立的政策性银行普遍坚持加强经营管理、自担风险、保本经营的经营方针。

第三节 政策性银行的类型

一、政策性银行概述

政策性银行是在某一领域按政府意图进行融资活动的,因此按照政策性领域或部门划分,政策性银行大致可分为以下几种类型,即开发性政策银行、农业政策性银行、进出口政策性银行、住房政策性银行、中小企业政策性银行和科技开发银行等。

（一）开发性政策银行

开发性政策银行是专门为政府经济开发和发展提供中长期投资贷款的政策性金融机构。开发性政策银行对于发展中国家来说,尤为重要。首先,开发性政策银行可以配合政府相关产业政策的实施,加快基础设施和重点项目的建设。基础产业的发展如能源、交通、原材料等部门所需的资金数量大,使用期限长,因此容易出现资金不足问题。在发展中国家,更容易出现基础产业和设施严重落后,以及相对于经济发展严重滞后的问题。为解决这种资金需要,除由商业银行提供一部分中长期信贷外,应主要由政府在这方面给予安排和弥补。开发性政策银行是为适应这种需要而建立的。其次,开发性政策银行可以扶持企业技术改造和科技开发项目,通过为其提供低息优惠贷款和投资支持科技开发,可以从长远的政策性的角度审查投资、贷款项目,从而进一步加强开发项目的社会效果。

（二）农业政策性银行

农业政策性银行是专门为政府发展农业和促进农业开发提供资金的政策性金融机构。农业是国民经济的基础,而农业本身积累资金的速度较慢,对外部资金的投入又缺乏有效的吸引力,因此,要发展农业就必须依靠政府增加对农业的资金投放量。农业政策性银行可以使财政支援农业的支出得到更好的利用,同时可较好地实现政府调节农业资金、促进农业发展的意图,还可以从其他渠道融通资金,补充政府对农业投入资金的不足。

（三）进出口政策性银行

进出口政策性银行是为支持进出口,尤其是支持本国商品出口的发展而承担风险大、期限长、金额大、条件优惠的进出口政策性信贷业务的金融机构。对外贸易是一国实现国际收支平衡、促进本国经济增长的重要因素。它一方面要求鼓励出口,另一方面也要求进口国内生产和流通所需的设备、技术等,从而带动国内经济的发展,促进经济的国际化。所以,各国都较为重视外贸经济的发展。而进出口信贷与普通信贷不同,需要予以优惠来增强本国商品的竞争力和及时进口所需的设备和技术,所以仅靠普通金融机构的融资支持是不够的,必须由政府加以干预。国外的进出口政策性银行大部分是政府全资或部分出资建立的,这些进出口政策性银行可以融通外贸资金,提供融资便利条件,以及提供咨询服务,还可经办对外援助,并为政府的其他对外政策服务。

(四)住房政策性银行

住房政策性银行是专门为住房的生产和消费等环节提供政策性融资的金融机构。

(五)中小企业政策性银行

中小企业政策性银行是为了提高中小企业竞争能力、开辟就业渠道而对中小企业提供发展资金的政策性金融机构。通过发展中小企业,不仅可开辟就业渠道,还可以推动技术创新与进步,增加社会产品,开发资源,以及提供社会所需的各种服务。

(六)科技开发银行

科技开发银行是为满足科技进步需要而对科技研究与开发以及科技成果商品化、产业化提供高风险投资的政策性金融机构。

政策性银行的类型是按政府意图因需要扶持的领域而划分的,因此除上述基本类型以外,还可根据需要设立其他类型的政策性金融机构,如教育落后的国家可设立教育银行、地区经济发展不平衡的国家可以设立区域发展性的政策银行。

二、我国的政策性银行

我国目前按照国民经济发展的实际需要,从国情出发,设立了三种类型的政策性银行,即国家开发银行、中国农业发展银行和中国进出口银行。

(一)国家开发银行

国家开发银行是国务院直属的政策性金融机构,是一个具有独立法人地位的经济实体。国家开发银行的主要任务首先是集中资金支持政策性重点建设项目,按国家产业政策的要求集中和引导必要的社会资金,支持政策性重点建设项目,按国家产业政策的要求集中和引导必要的社会资金,保证有足够的、稳定的资金投入重点建设上,从而实现调整和优化社会资金结构,支持国民经济的持续、快速发展。其次国家开发银行要协助政府加强对投资总量和投资结构的调节能力。国家开发银行可通过对大中型建设项目和限额以上的建设项目的资金配置,确保重点建设资金的需求,做到从资金的源头加强投资的宏观调控能力。另外,国家开发银行还要建立投资风险责任制和项目自我建设约束机制,保证按照国家产业政策和生产力布局的需要，根据国家计划选择贷款项目。在选择项目时，做到既注重社会效益，又讲求投资效益。

按照上述任务要求，国家开发银行的资金投向是国家支持的基础设施、基础产业的政策性基本建设和技术改造项目，以及达不到平均利润的其他政策性项目和国务院决策的重大建设项目。其业务范围主要是管理和运用经营性建设基金、政策性信贷资金、国外贷款资金和发行债券筹集的资金，发放贷款及开展投资业务，办理建设项目有关的评估、咨询和担保业务。

国家开发银行只设总部，暂不设分支机构，具体业务由中国建设银行代办。

（二）中国农业发展银行

中国农业发展银行是国务院直属的政策性金融机构，是具有独立法人地位的经济实体，在规定的职责范围内实行独立核算、自主经营。

中国农业发展银行的任务主要是多方筹集支持农业生产和农村市场积极发展的资金，主要承担国家粮、棉、油等重要农产品的储备，农副产品的合同收购，农业经济开发以及扶持贫困地区等农业政策性贷款，同时管理财政部门提供的支农资金，具体体现国家支持农业发展的经济政策，为农业和农村经济发展服务。

中国农业发展银行具体业务可由中国农业银行代办，也可由其他商业银行和农村合作银行代办。由于农业政策性业务的特殊性，中国农业发展银行可在若干农业比重大的省、自治区设派出机构和县级营业机构。

（三）中国进出口银行

中国进出口银行是国务院直属政策性金融机构，是独立法人。

中国进出口银行的主要任务是为大型成套设备进出口提供买方信贷和卖方信贷。为中国银行的成套机电产品出口信贷贴息及提供出口信用担保。

中国进出口银行只设总行，不设营业性分支机构，具体业务由中国银行或其他商业银行代理，但可在少数大中城市设派出机构，负责调查统计、监督代理业务等事宜。

复习思考题

一、判断题

1. 政策性银行也经营商业银行的一般性金融业务，吸收企业和个人活期存款。（　　）
2. 政策性银行的资金来源主要靠吸收存款和发行金融债券。（　　）

3. 贷款是政策性银行的资产业务的主要形式,与一般商业银行贷款相比,它具有期限较长、风险较大、利率较低、条件较严等特点。（   ）

4. 国家开发银行是国务院直属的政策性金融机构,具有独立法人地位。（   ）

5. 在国内金融市场发行债券,是政策性银行在金融市场筹资的主要方式。

（   ）

6. 政策性银行融通资金应坚持弥补性和专业性的原则。（   ）

7. 中国进出口银行的主要任务是为大型成套设备进出口提供买方信贷和卖方信贷。（   ）

8. 政策性银行从其性质来说,属于政府金融机构,同时又经营金融业务,具有金融企业的性质。（   ）

9. 政策性银行的负债业务,具有低费用甚至无需偿还的特点,资金规模较小,期限较短。（   ）

10. 政策性银行的资产业务主要有贷款业务、投资业务及担保业务等。（   ）

二、简述题

1. 什么是政策性银行?
2. 建立政策性银行有哪些必要性?
3. 简述政策性银行的性质。
4. 政策性银行的负债、资产业务分别包括哪些内容?
5. 目前我国设立了哪些政策性银行?

三、案例与阅读

我国的政策性银行

国家开发银行于1994年3月17日成立,总行设在北京,注册资本500亿元人民币,全部由财政部拨给。截至2008年8月,国家开发银行在全国设有34家分行和3家代表处。

中国进出口银行成立于1994年7月1日,是直属国务院领导的、政府全资拥有的国家政策性银行,其国际信用评级与国家主权评级一致。截至2008年8月,中国进出口银行在国内设有10家营业性分支机构和4个代表处,在境外设有东南亚代表处、巴黎代表处和圣彼得堡代表处等3个代表处,与300多家银行建立了代理关系。

中国农业发展银行成立于1994年4月19日,直属国务院领导,总行设在北京。截至2007年年底,中国农业发展银行除总行和总行营业部外,还设立了省级分行 30 个,地级分行 300 个,县级分行 1 601 个以及县级办事处 3 个。长期以来,中国农业发展银行的营运资金来源主要靠中国人民银行的再贷款。

资料来源:沈文全主编:《金融基础知识》,机械工业出版社 2009 年版。

问题:

我国三大政策性银行的主要业务有何不同?

第七章

非银行金融机构

第一节 证券公司

一、证券公司的性质与职能

证券公司是专门从事各种有价证券经营及其相关业务的金融企业。作为盈利性的法人企业,证券公司是证券市场的重要参加者和中介机构,它具有以下主要职能。

(一)充当证券市场中介人

证券公司在金融市场上的业务内容十分广泛,其中有相当一部分为中介业务。在初级市场上,证券公司首先是作为证券发行的中介,通过承购包销或代销有价证券,保证发行者顺利出售和方便投资者购买证券,促进发行市场高效运行。这一职能在有些国家(如日本)为证券公司所独有,在另一些国家,则主要由投资银行承担。

在次级市场上,证券公司也是证券交易的媒介。证券公司作为证券交易所的会员,通过派驻代表代理或自营买卖有价证券,或者是作为柜台交易的组织者,直接同买卖双方进行交易,实现各类证券在投资者之间的转移,实现投资双方利用买卖有价证券融通资金的目的。

(二)充当证券市场重要的投资人

证券公司不仅充当证券投资的中介,还是证券市场主要的投资商。它通过大量的自营业务,实质上成为证券市场上的投资者之一。

在证券市场上,证券经纪人、证券承销人(如投资银行)和证券商都是不可缺少的参加者,但相互之间有所区别。证券承销人同证券经纪人和证券商的区别主要在于活动领域的不同:证券承销人主要活动在初级市场,证券经纪人和证券商则涉足次级市场,经营已经发行过的旧证券。

证券经纪人同证券商之间的区别主要在于:经纪人并不为他们自己的利益从事买卖,或者说主要目的不是为自己买卖,而是充当较为纯粹的媒介,把买卖双方拉在一起,从中收取佣金。证券商则不然,他虽然有时也从事一些承销人和经纪人的业务,但重要的是,他还在证券交易中占有一席之地,即为自己的利益买卖证券。证券商购买证券,是希望以更高的价格把证券再卖出去,从中获得投资收益;假如他们的判断失误,证券价格在其脱手前跌落下来,风险自然要由自己承担。

在一些国家,管理者对这三者的身份有严格规定,但在更多的国家,一些机构可以同时以这三种人身份经营。美国著名的梅里尔·林奇公司就是一身三任的典型代表,它有时候是证券经纪人,有时又是投资银行或证券商。日本的证券公司中如野村证券股份公司、日兴证券股份公司以及大和证券公司,也都是这方面的代表。

(三)提高证券市场运行效率的职能

证券公司的根本职能还在于提高证券市场的运行效率。一方面,证券公司通过它的咨询业务向客户提供投资咨询和投资分析,引导资金有效地分配到经济效益好、收益率较高的部门和企业,使投资的社会效益和经济效益增强;另一方面,通过充当证券承销人、证券经纪人和证券商,使证券市场的交易活动处于一种有条不紊的有序运行状态,从而克服证券买卖过程中的各种时空限制,提高证券市场的效率。

二、证券公司的主要业务

证券公司的业务内容十分广泛,其主要业务可分为四类,即承销业务、代理买卖业务、自营买卖业务和投资咨询业务。

(一)承销业务

承销业务又称代理证券发行业务。即证券公司承销证券发行人的有价证券。至于承销是采取包销方式还是代销方式,或者介于两者之间,需根据承销证券的风险、责任、收益、市场行情等多种因素而定。

证券公司从事承销业务,最重要的是对每一位客户的委托,都必须进行可行性研究,在此基础上,作出合理而可行的决策,以决定是否接受发行单位的委托,以什么方式和什么条件接受委托,以及如何具体履行委托责任。决策的正确与否,不仅关系证券公司业务经营的成败,也关系证券市场能否健康运行,因而具有关键性的意义。至于承销的具体操作,一般都有规范可循。

(二)代理买卖业务

代理买卖业务是指证券公司作为客户的代理人,或受客户的委托,代行买卖有价证券的业务。这是证券公司最重要的日常业务之一。证券公司代理客户买卖证券通常有两条途径:一是通过证券交易所进行交易,二是通过证券公司自身的柜台完成交易。

证券公司通过证券交易所代理买卖证券,必须是证券交易所的会员,才能取得进入交易所从事交易的资格。资力雄厚的证券公司可以在交易所取得多个席位。但不管证券公司拥有多少交易席位,由于代理买卖业务和自营业务经常要混合进行,因而必须遵守既定的规则,即必须优先办理代理买卖业务,然后才能从事自营业务。证券公司在交易所交易要负担一定的稳定市场的责任。

证券公司通过证券交易所从事代理买卖业务一般要经过如下程序:

(1) 办理开户手续。公司在接受客户委托买卖之前,应要求客户在证券交易所办理开户手续。例如,有的国家规定会员如果要进行交易,那么委托人必须先入会。又如,我国证券交易所实行无票的股票交易,买卖股票的客户必须事先在交易所开立股票账户。对于已经入会和已经开立股票账户的客户,证券公司要为其开立资金账户。

(2) 办理委托手续。证券公司一旦决定接受客户委托,即让其填写固定格式的代买或代卖委托书,就要求客户同时提供资金账户和证券账户。委托书的内容一般包括证券的名称、数量、买卖的价格指令,即是市价委托还是限价委托,以及委托的有效期限等。

(3) 发送、处理指令并促成交易达成。证券公司将委托内容迅速通知驻证券交易所的交易员(如我国证券交易所内的红马甲),由交易员撮合成交。

(4) 通知成交结果,办理清算交割过户手续。

证券公司代理买卖业务也可通过柜台交易直接进行。柜台交易虽不像在交易所那样受到种种约束,但交易的品种多为那些尚不允许在交易所挂牌上市的证券,业务做成也要经过如下程序:

(1) 办理委托买卖手续。

(2) 公开挂牌。即将委托买卖的证券品种、价格等在柜台或营业厅挂牌,物色交易对象,促使买卖成交。

(3) 办理成交手续。

(4) 过户。

(三) 自营买卖业务

自营买卖业务是指为了谋取利润,证券公司作为投资者自己买卖有价证券、并自担风险的业务。

对证券公司来说,自营买卖业务与委托买卖业务有很大不同。自营买卖要运用自己的资金买卖证券,期望通过低进高出赚取证券买卖差额。如果市场价格的变化与其预期的方向相反,自营买卖很可能因此而蒙受损失。委托买卖业务则不然,尽管价格波动同样会给交易者带来盈利或损失,但均与证券公司无关,证券公司只是按约定的比率收取佣金。这种差别实质上是作为证券商与作为证券经纪人的差别。

证券公司自营买卖的证券,就市场属性而言,有的是已经在交易所公开挂牌上市的,有的则并未在交易所挂牌。然而不管属于哪一类证券,赚取差价才是其共同目的。证券公司有时还买卖尚未进入流通的证券,如按国家规定认购的长期债券、购买一些特殊的股票等。在这种情况下,多是因为证券公司认为长期投资的回报更高,不过就数量而言,这类投资的数量并不大。

自营买卖业务作为一种投资活动,必须对收益、风险及流动性通盘考虑,以便作出最佳选择。追求高收益,通常伴随有高风险。为了降低风险性,收益就可能相应低一些,同时还要时时考虑流动性,以便遇到风险时能尽快处置证券资产。

(四)投资咨询业务

投资咨询业务是指充当客户的投资顾问,并向客户提供各种证券交易的情况、市场信息以及其他有关资料等方面的服务,对客户提出具体的投资建议。

三、证券公司设立的条件及管理规则

各国对证券公司的设立、审批和营业范围的规定均有不同且各有特点,最具代表性的则是美国的登记制、日本的特许制和欧洲的混合制。

(一)美国的登记制

历史上,美国一直采取自由登记制度,即证券经营机构只要在管理部门登记注册即可,并未对经营历史和开业资本作出限定。1964年,美国修改证券法以后,才增加了关于证券经营者资历和资本金额的要求,但只要符合条件,一般都能获得联邦证券管理委员会的准允。

(二)日本的特许制

日本对证券公司一直采取特许制,即证券公司开业除要符合法律规定外,还必须得到大藏省的业务特许。这使日本的证券公司同其他国家证券公司相比,具有两个特点:其一,银行业务同证券业务在法律上作了分离。1948年制定的《证券交易法》,对银行业务和证券业务的分离作了规定,明确了证券公司的职能。从世界范围看,分离或兼营因国与国的不同而有种种差异。一般来说,在欧洲大陆,银行业务和证券业务是不分离的,德国是典型的例子。英、美两国则是分离的,但其分离的方式不同,美国从法律上作了分离,英国则是作了传统的分离。其二,日本证券公司的职能较多。日本证券公司的特征是结合业务进行多种综合经营,即同时可以充当经纪人、承销人和证券商人,这同一些国家的职能分化不同。职能分化要求投资银行充当承销人,但不能兼营经纪人及证券商的业务;同时,经纪人业务也出现分化,如英国的股票经纪人、美国的场内经纪人等。这种专业化经营的最大好处在于提高了证券流动性,并由此形成了公正的价格。

然而,近年来这种情况发生了很大变化。例如,美国从前充当经纪人的大证券

公司,开始涉足证券经营业务;原来主要经营证券承销业务的投资银行也时不时充当经纪人,结果是原本业务差距很大的 5 家证券公司和经纪公司,现在都共同经营两种业务。在英国,1986 年也废除了证券经纪人同证券商之间的界限。发生这些变化的原因主要是证券市场上机构投资者的增加和证券市场的国际化趋势。因此,如何维护证券的流动性及公正的价格,保护投资者,已成为重大的理论和实践问题。

(三) 欧洲的混合制

欧洲许多国家对证券经营机构采取混合制,原因固然是复杂的、因国而异的,但一般来说,不外乎以下几个原因:一是欧洲的银行业比较发达,通常能为企业提供相当数量的长期贷款,并经常成为企业股票及债券的投资者;二是储蓄业较为发达、利率较高,导致家庭等部门的资金多转向储蓄,使资本市场不甚发达;三是由欧洲国家经济和政治制度以及财政状况所决定,政府出售长期债券的数量有限。以上原因,使证券公司不能大量地产生,混合制便成为其重要特点。

(四) 我国证券公司设立的条件及审批制度

我国证券公司的设立和审批制度,同日本的特许制有相似之处。首先,证券公司的设立必须符合社会主义市场经济发展的需要。也就是说,中国证监会作为全国证券业监管部门,在审批设立证券公司时必须依据经济发展和金融市场尤其是证券市场的发展要求,对证券公司的数量、布局等进行全盘考虑,统一规划。其次,坚持分业经营的原则,但又不很严格。证券公司只能经营证券业务,但兼营证券业务的不仅有信托投资公司,还有财政部设立专营国库券业务的机构等。证券公司在这些机构中占有主导地位。最后,证券公司及其他兼营机构在业务上必须接受中国证监会的领导、管理、监督和协调。

第二节 保 险 公 司

一、保险公司的产生

(一) 古代的保险思想

国际上,保险思想最早产生于古巴比伦和古希腊。据说在 3000 年前的幼发拉底河沿岸有人从事过类似现代海上保险业的事业。在巴比伦王汉莫拉比的法典中,就有关于类似货物运输保险和火灾保险的规定。在公元前 4 世纪的古埃及,石匠中流传一种互助基金的组织,其宗旨是共同应付丧葬费用,这是类似人寿保险和意外伤害保险的办法。在古希腊,持有相同观点的政治、哲学或宗教信仰的人或同一行业的工匠组织成一种团体,每月交纳会费,当其中有人遭遇不幸时,由该团体给予救济。在古罗马的历史上也出现过丧葬互助会的组织。根据中外历史记载，在古代就有了保险的思想。在古巴伦有财产保险的雏形，在古埃及、古希腊和古罗马则有人身保险的雏形。

（二）现代保险公司的发展

现代保险公司是指收取保费并承担风险补偿责任、拥有专业化风险管理技术的机构组织。投保人对风险进行转移和管理的客观需求是保险公司发展的最基本条件。保险公司在运作中首先要对承保过程中所面临的风险进行概率估算，以确定保单的价格和赔付计划。实质上是保险公司将个体的风险集中，再运用自己特有的风险管理技术进行分散和转移，将少数人的风险损失由具有同种可能风险的一大群人共同承担。

保险公司为承担一定的保险责任要向投保人收取一定数额的费用，这就是保险费。保险费也是投保人为获得赔付的权利所付出的代价，通常根据保险标的危险程度、损失概率、保险期限、经营费用等因素来确定。保险费、保险公司的资本以及保险盈余共同构成了保险公司的保险基金，它是补偿投保人损失及赔付要求的后备基金。

二、保险公司在经济运行中的作用

保险公司在经济运行中发挥着重要的作用，可以概括出如下三个方面：

（1）积聚风险、分散风险、降低个体损失。这是保险公司在经济运行中的基本作用。保险公司作为风险的管理者，可将众多个体投保人的风险集中，然后运用特有的风险管理技术将其分散和转移，并给予在约定范围内出险的投保人进行一定的经济补偿，这就降低了个体投保人在经济运行中所承担的风险和损失。

（2）融通长期资金、促进资本形成、重新配置资源。这是在保险公司基本作用基础上衍生出来的。保险公司的资金运作与信贷资金、资本市场融资之间保持密切联系，特别是保险公司在资本市场上的证券投资运作，使其成为金融市场中重要的机构投资者，对资本市场融资及社会资源的优化配置发挥了重要影响。

（3）提供经济保障、稳定社会生活。从经济运行来看，保险公司为社会再生产的各个环节（生产、交换、分配、消费）提供了经济保障，充当了社会经济与个人生活的稳定器。其作用具体体现在为企业、居民家庭和个人提供预期的生产和生活保障，解决企业、居民家庭后顾之忧，促进国民经济平稳有序地发展。

保险公司在经济运行中具有非常重要的作用，其业务运作的好坏直接关系到保险市场以及宏观经济运行的稳定。因此，各国政府都对保险公司进行严格的管理，均成立专门的监管机构，出台本国的《保险法》，依法加强监管。在我国，1998年以前，中国人民银行负责我国的保险公司及保险业务的监管和有关法规的制定。

1998年11月8日,中国保险监督管理委员会成立,它成为我国商业保险的主管部门和监管机构,中国人民银行不再监管保险公司。中国保险监督委员会的主要职责是根据国务院授权履行行政管理职能,依照法规统一监管保险市场。

三、保险公司的种类

保险公司主要有以下三种类型:人寿保险公司、财产保险公司、再保险公司。

（一）人寿保险公司

人寿保险公司的保险产品主要是对受保人寿命或健康状况预期而提供的健康保险、伤残保险、年金、养老基金、退休金等保险产品。当被保险人遭受人身伤亡、疾病或生存到保险期满时,由保险人向被保险人或收益人给付约定的保险金额,以解决病、残、老、死所造成的经济困难。

（二）财产保险公司

财产保险公司主要针对一定范围的财产损失提供的保险。狭义的财产保险是以有形的财产以及与之有关的利益为保险标的一种保险。财产保险产品分为个人部分和商业部分,个人部分包括家庭财产保险和汽车保险等,商业部分有产品责任保险、商业财产保险和内部玩忽职守损失保险等。

（三）再保险公司

再保险是保险公司对承担的来自于投保人风险进行再次分散的一种方式。在再保险中,保险公司通过购买再保险可以把部分或全部的偿还责任转移给再保险公司,而再保险公司为保险公司的保险人提供再保险协议中所包括的赔偿支付项目进行偿付。该方式可以使行业损失在一组公司内吸收和分布,因而不会使一家单个公司在为投保人提供偿付时承受过重的财务负担。大灾难、无法预见的赔偿责任和一系列大的损失可以通过再保险来处理。没有再保险,多数保险公司将只能做较安全的保险业务,对于许多有风险但有价值的商业机会无法承受。

四、保险公司业务

（一）保险公司的业务结构

保险公司的业务结构一般有财产保险、责任保险、信用保证保险和人身保险等分类形式。

1. 财产保险

财产保险有许多分类,在此着重介绍火灾保险、汽车保险和海上保险。

（1）火灾保险。火灾保险是财产保险中最基本且业务量最大的保险险种之一。国外的火灾保险相当发达,虽然各国对火灾保险的定义、保障范围以及具体做法存在差异,但基本内容是相同的。尤其以美国的纽约标准火灾保险单在国际保险市场上影响较大。

（2）汽车保险。汽车保险是财产保险的主要险种。在经济发达国家，汽车保险的市场占有率很高，往往居非寿险业务的第一位。汽车保险高度发展的原因有两个：一是汽车工业的飞速发展，使汽车数量大为增加，众多的汽车车主和驾驶人面临着车损和车辆失窃等风险，有很大的汽车保险需求；二是汽车的增加使车祸频繁发生，造成严重的经济损失。为了使车祸中的受害人得到经济赔偿，各国不仅颁布了法律明确侵权赔偿责任，还颁布了法律强制车主和驾驶人投保汽车责任保险，或提供经济担保，以确保责任人履行赔偿义务。

（3）海上保险。海上保险是为国际贸易通过海上运输提供经济补偿服务的，而海上运输是现代国际贸易的主要途径，大约80%的国际贸易是通过海上运输实现的。按主要承保的标的，海上保险又具体分为海上运输货物保险、船舶保险、运费保险、保赔保险和海洋石油开发保险等险种。其中以海上运输货物保险的业务量最大，且与国际贸易风险最为相关。

2. 责任保险

责任保险的历史不长，从20世纪50年代起才迅速发展起来，成为保险公司经营的主要险种。责任保险主要分为四类：公众责任保险、雇主责任保险、产品责任保险和职业责任保险。

（1）公众责任保险。公众责任保险也称普通责任保险。它是对个人和企业因过失造成公众的人身伤害和财产损失应承担的损害赔偿责任提供经济补偿。

（2）雇主责任保险。雇主责任保险承保被保险人所雇佣的员工在保险期内从事与被保险人业务有关的工作时，因意外和患有与业务有关的职业性疾病而伤残或死亡时，被保险人应负的经济赔偿责任。

（3）产品责任保险。产品责任保险承保被保险人所生产、出售或分配的产品或商品发生事故，造成使用、消费或操作该产品或商品的人或其他任何人的人身伤害、疾病、死亡或财产损失时，依法由被保险人所负的经济赔偿责任。

（4）职业责任保险。职业责任保险承保被保险人（指各种专业技术人员）因工作上的疏忽或过失造成合同对方或其他人的人身伤害或财产损失，依法由被保险人所负的经济赔偿责任。

3. 信用保证保险

信用保证保险主要分为两类：信用保险和保证保险。

（1）信用保险。信用保险主要包括出口信用保险、投资保险和国内商业信用保险。

出口信用保险承保出口商因买方不履行贸易合同而造成出口商的经济损失，其承保的风险既有商业风险又有政治风险。

投资保险又称政治风险保险。它主要承保外国投资者的投资项目由于投资所在国发生战争或类似战争行为、政府当局的征用或没收以及政府有关部门的汇兑限制而遭受的损失。主要包括外汇风险、征用风险和战争风险。

国内商业信用保险是以国内贸易中赊购方的买方信用、接受预付款的卖方信用、借贷活动中的借方信用等为保险标的的信用保险。

(2) 保证保险。保证保险主要有合同保证保险、产品保证保险和诚实保证保险等业务。

合同保证保险又称履约保险。它是承保债务人不履行合同规定的义务而给债权人造成经济损失的保险。

产品保证保险承保产品生产者和销售商制造或销售的产品质量有缺陷而给用户造成的经济损失。它包括产品本身的损失以及引起的间接损失和费用。

诚实保证保险承保被保证人的不诚实行为致使被保险人遭受的经济损失。

4. 人身保险

人身保险的种类很多。按照保障范围分类,人身保险可以分为人寿保险、意外伤害保险和健康保险。

(1) 人寿保险。传统的人寿保险有三种基本形式:① 定期寿险或称定期死亡保险。它是在保险合同中订立一定时期为保险有效期,若被保险人在保险有效期内死亡,保险人向受益人给付保险金。② 终身寿险。提供终身保障的长期性保险,一般到 100 岁为止。③ 两全保险又称储蓄保险、养老保险。若被保险人在保险期内死亡,保险人向受益人给付保险金;若被保险人在保险期满后仍然生存,保险人向被保险人给付保险金。

(2) 意外伤害保险。意外伤害保险是指被保险人在保险有效期间,因遭遇非本意的、外来的、突然的意外事故,致使其身体蒙受伤害而残疾或死亡时,保险人依照合同规定给付保险金的保险。意外伤害保险只承担意外伤害责任,不承担因病死亡等其他保险事故的给付义务。与人寿保险不同,人身意外伤害保险一般不需要考虑被保险人的年龄、性别等因素。但是对于患有某些疾病的人,如全部丧失劳动能力、精神病等,因其比健康人更易受到伤害,所以不能投保人身意外险。

(3) 健康保险。健康保险是为被保险人因疾病不能从事工作以及因病而致残时,由保险人给付保险金的保险。健康保险的期限一般较短,通常为 1 年左右的时间。虽然在费率计算时,对被保险人的职业、性别、年龄和保额都进行考察,但职业是最主要的因素。健康保险的保单没有现金价值,如果被保险人在保单期满前退保,保险人退还已交纳的保险费。另外,保险人对保险金的给付有一定的控制。也就是说,被保险人患病之后,必须等待一段与保险人事先在合同中商定的时间(短则几天,长则几十天),才能获取保险金。其目的是防止被保险人刚有轻微疾病就想获取保险金,同时也使保险人有时间调查被保险人的患病情况。

健康保险一般包括疾病给付、生育或分娩给付、医药给付、残疾或死亡给付等。

(二)保险业务的运作

保险公司在经营过程中,主要通过市场营销、承保、理赔、风险管理、投资和再保险等几个环节,将保险商品卖给投保人或被保险人,为他们提供保险服务,并从中获取利润。

1. 保险营销

保险营销是保险业务的第一个环节,它不仅关系到保险公司的业务发展、利润的多少,更是经营保险这一特殊商品的内在需求。保险营销的最终目的是要达到保险公司的发展,获取最大的利润。因此,保险营销不仅仅是促销活动,还是对保险市场的充分研究和统筹决策。它包括对宏观环境(整个国家或地区的整体情况)、微观环境(如投保人、竞争对手、市场营销渠道、社会公众等因素)以及投保人行为(包括其经济动机和心理动机)进行分析和预测。

保险推销也称保险展业。它是指保险公司的营业人员争取保户、推销保险单的一种手段。最普遍、最有效的推销手段,是保险宣传和为树立良好形象的保险公关。保险公司主要通过直接推销、保险代理人和保险经纪人等渠道完成保险的营销活动。

2. 保险承保

保险承保是接受投保人的投保申请并与投保人签订保险合同的全过程。承保水平的高低决定了承保业务质量的好坏,关系到保险公司的经营稳定和经济效益。承保的关键是核保,即保险人对投保人的投保申请进行审核,对投保风险进行评估,以决定是否接受投保和投保的保险条件。在核保过程中,保险公司将对保险标的、被保险人的资格和信誉、保险金额、适用的费率等进行细致的审查,同时还要剔除由于被保险人的故意行为导致社会财富损失和人身安全威胁的道德风险以及由于被保险人的疏忽大意或不负责任而导致风险发生的心理风险。核保工作的具体内容包括承保选择和承保控制。

3. 保险理赔

保险理赔是保险人处理被保险人索赔案件的全过程。即从收到被保险人的损失通知、接受索赔,到损失确定、责任审定、赔款计算,最后向被保险人支付赔款。保险理赔不仅关系保险双方的切身利益,而且好的理赔工作还有助于提高保险公司的工作质量和公司信誉。保险人在理赔工作中必须遵守重合同守信用原则、实事求是原则,准确合理原则,以保证理赔的公平、合理,提高保险公司在社会公众中的信誉和形象。

保险理赔的程序是:

(1) 保险索赔。保险索赔是保险理赔的基础和依据,在被保险人获悉或发现保险标的遭受损失后,应马上通知保险公司,表示索赔的开始。同时,被保险人应向保险人提供索赔所必需的各种单证。

(2) 现场勘查。保险公司接到被保险人的损失通知后,应对案情作初步审核,包括核对保险单、审查申请索赔人的索赔资格、确认损失是否属于保险责任等,以决定是否有必要去现场勘查。如果有必要,理赔人员或检验代理人、理赔代理人应赶赴现场。他们不仅要作现场取证和责任鉴定工作,还要积极采取措施,防止损失进一步扩大。

(3) 责任审定。保险人在取得证据的基础上,对发生的损失作详细分析,确认损失责任应当属于何方。若索赔请求属于保险责任,则要确定保险人的赔偿责任和赔偿范围。

(4) 损失赔偿计算和赔付。保险人在责任审定后,根据合同条款决定赔偿方式。通常的方式有:第一危险赔偿方式、比例赔偿方式、定值保险赔偿方式、限额责任赔偿方式等。然而,不同的赔偿方式有不同的计算方法。保险人在计算保险赔款后,就赔偿金额与被保险人或受益人进行协商,达成协议后及时赔款或付保险金。

(5) 追偿与诉讼。保险人在支付保险赔款后,如果保险标的的损失涉及第三者责任方时,就可以向第三者责任方进行追偿。必要时可申请仲裁或向法院提起诉讼。

(6) 损余处理。保险人要及时采取措施防止损失扩大;合理定损,交由被保险人处理;将处理所得款项在支付赔款中扣除。

4. 风险管理

风险管理是指保险人为预防保险事故的发生和减少保险事故造成的损失所采取的各种组织措施和技术措施。一方面,保险人应配合社会防灾防损部门开展经常性的社会防灾防损活动,如积极宣传防灾防损的重要性和基础知识,会同公安消防、交通管理、防洪、防震等部门进行联合检查,剔除隐患,加强防灾防损的能力;另一方面,保险人应把风险管理工作落实到保险业务活动中去,即保险人在合同条款设计、费率厘定、承保、理赔等具体业务中,贯彻保险与风险管理相结合的原则,以减少或避免保险标的的损失,减少赔款支出,改善保险经营成果,增加利润。

5. 保险投资

保险投资是保险业务中非常重要的一环,保险公司通常视其为与保险承保业务具有同等重要地位的一项业务。保险公司,尤其是人寿保险公司,能够获得的保费收入经常远远超过它的保费支出,因而聚集起大量的长期资金。这些资金往往比银行存款更为稳定,是西方国家金融体系长期资金的重要来源。

保险投资主要是指保险公司运用其资本金、各种准备金和承保盈余进行的投资活动。保险公司投资的目的在于:实现保险资金的保值增值;加快保险基金的积累,以应付巨大灾难事故;增加保险公司的收益和利润;降低保险费率,增强自身竞争力。保险公司在作保险投资时,关键是把握投资的安全性,使保险投资的最终目的体现在保险公司履行保险经济补偿的能力上。

保险资金的投资形式主要有以下四种:银行存款、有价证券、保险单抵押贷款和其他保险投资形式。

6. 再保险

再保险是保险公司将其承担的保险责任,通过签订合约的方式再转让给其他保险公司,它是保险的保险。

保险公司的承保能力受其资本额大小的制约,资本额越大,承受风险的能力也就越大,因此可以接受较多的保险业务。保险公司的原则是:有多少资金,承担多少保险风险。但是,大多数保险公司都在努力拓展业务,摆脱自身资金的局限;同时,随着科技的发展,保险标的越来越大,如卫星、核电站、海上钻井平台等保险标的的保险金额时常达几亿元或几十亿元,远远超出保险公司的承保能力。再保险业务可以帮助保险公司解决这一矛盾。保险公司在承保的同时,将超过自身财力部分的业务分出去,这样既增加了业务量,接受了高额保险标的的业务,又不违反保险法中对保险公司偿付能力的要求。另外,对于一些风险大、质量差的保险业务,保险公司可以通过再保险将所担风险分散给其他保险公司,以使自身的风险控制在合理的范围内,达到稳健经营的目的。

第三节 信托公司

信托公司也称投资托拉斯、投资公司或信托公司、信托投资公司。它主要经营信托业务。在投资业务方面,信托公司的突出特点是发行股票和债券来筹集本公司的资本,并用于购入其他公司的股票、债券,然后再以购入这种证券作担保,增发新的信托证券。

一、信托业务的产生和发展

信托是委托人为了自己或第三者的利益,将自己的财产或有关事务委托给所信任的人或组织代为管理、经营的经济活动。信托可分为民事信托和信托投资两类。从民事信托到信托投资,是商品经济逐步发展的结果。比较完全意义上的信托行为和信托制度,是中世纪英国的"尤斯"制度。尤斯(USE)意为"代之"或"为之",其原意是"对委托他人管理的不动产的收益权"或"为第三者领有财产权"。1886年,第一家专门办理信托业务的机构——"伦敦信托安全保险有限公司"创立。英国的信托业务由于传统习惯等因素的制约,一直停留在民事信托阶段。信托业务从民事信托发展到信托投资,则是在美国完成的。

信托投资是与金融市场密切相连的一种直接信用方式。股票、债券和其他金融商品以及金融商品流通的金融市场和大量广泛的直接信用活动,是信托投资产生的基础。18世纪末至19世纪初,美国从英国引入了民事信托,随着产业证券买卖代理、股票转换等要求的提出,以1822年纽约农业火险及放款公司(1936年更名为纽约农业放款信托公司)的成立,特别是1853年以美国信托公司的创立为标志,信托投资逐渐发展起来。到1924年,全美信托公司达2 562家,存款总额接近133亿美元,占全美银行存款总额的72.4%。随后,商业银行也开始兼营信托投资。1970年,美国的信托财产总计2 885亿美元,占全部商业银行总资产5 049亿美元的57.1%。如今在全球范围内,信托与银行、保险已成为金融体系的三大支柱。

二、信托公司的资金来源和运用

(一)资金来源

1. 信托和委托存款

信托存款是企业、事业单位或个人将自己有权自主支配的资金委托信托机构代为管理和运行而办理的存款。它与银行存款的最大区别在于这种存款所体现的关系不同,银行存款是一种双边关系,而它是一种多边关系。此外,其收益和收益的支出也不相同。

2. 发行金融工具

发行股票或债券以吸收企业、其他机构和个人的资金,构成了投资信托机构原始资金来源的主体部分。

3. 同业资金拆借

同业资金拆借是金融机构之间相互融通短期资金的主要方式,也是投资信托机构资金来源的一个方面。一般来说,同业拆借资金主要用于弥补存款准备不足、票据清算的差额和解决临时周转资金的需要。尽管投资信托机构不是同业拆借市场的主体,但却是最活跃的部门。

此外,由于各个国家的金融政策不一样,有些国家的投资信托机构可以从中央银行获得信贷资金,或者从地方政府或主管部门获得财政性资金。

(二)资金运用

信托公司的资金运用可以分成两个部分:一是以其公司的股票、债券为经营对象，通过证券买卖和股利、债息等获得收益；二是以投资者身份直接参与对企业的投资，有信托投资和委托投资两种形式。信托投资是指以自有资金、组织的信托存款以及发行公司股票、债券筹资，直接向生产、经营企业或工程项目投资。委托投资是指接受部门或企事业单位的资金委托，向其指定的单位或项目进行投资，并按委托要求，对项目资金的使用负责监督检查、办理项目的收益处理等。

三、信托公司的业务

我国信托公司业务，可分为国际信托业务和国内信托业务两种。按业务性质分类，信托业务又可分为委托、代理、租赁、咨询等四类。

（一）委托业务

委托业务是接受客户委托，按照委托人指定的目的或为指定人的利益，代为管理和处理财产的业务。目前开办的委托业务主要有：

（1）信托存款：指信托机构受客户的委托，代为管理或运用，但不指定对象和用途的存款业务。信托存款的资金主要来自六个方面：① 财政部门委托投资或贷款的信托资金。② 企业主管部门委托投资或贷款的信托资金。③ 劳动保险机构的劳保基金。④ 科研单位的科研基金。⑤ 各种学会、基金会的基金。⑥ 居民个人有特定的要求并委托信托机构管理的货币资金。

（2）信托贷款：指信托机构运用所吸收的各种资金发放的贷款。它主要用于解决各单位生产经营中，有正当合理用途但目前银行信贷又一时不办或不便办理贷款的某些资金需要。贷款可以是短期融通资金，也可以是长期性投资贷款，如用于联营投资、地区之间补偿贸易、兴建住房等的贷款。

（3）信托投资：指信托企业以投资者身份，把自有资金或吸收的信托资金，直接投资于某一建设项目或某一企业。一般有两种方式：一种是参与经营方式，称为"股权式投资"；另一种是合作方式，仅在资金上给予支持，称为"契约式投资"。

（4）财产信托亦称动产或不动产信托：指信托机构接受供货单位委托，将其准备出售或出租的财产提供给指定的需要单位，并监督按期交付价款或租金的一种信托业务。信托财产包括机器、设备、材料和其他物资以及厂房、仓库等各种动产或不动产。

（5）委托贷款：指根据委托单位的要求，向其指定的对象和用途发放的贷款。贷款的利率由委托单位与接受单位双方自行商定，信托机构负责办理贷款的审查和发放、监督使用、到期收回和计收利息等事项，并收取一定的手续费。

（6）委托投资：指根据委托人的要求，将其交存的款项向其所指定的项目进行投资。信托机构按照协议,负责监督由它投资的工商企业的经营管理和利润分配,并从中收取一定的手续费。

(二) 代理业务

代理业务是服务与监督相结合的信托业务。信托部门以代理人的身份代为办理某些指定的经济事务,只办理有关手续,不负责处理经济纠纷,也不予垫款。委托人一般不向信托部门转移财产所有权,信托部门主要是发挥财务管理的职能。目前开办的代理业务主要有:

(1) 代理发行债券或股票:指信托部门接受有关单位委托,代为办理债券或股票的发行、还本、付息和支付红利等事项,同时它又作为购买债券或认股的单位(或个人)的代理人,参与对发行单位投资项目的审查和监督。

(2) 代理收付款项:指信托部门接受单位或个人的委托,代理收付指定的款项。其代理收付的范围较广,有代收捐赠款、管理费、养路费、环保费等,代付货款、租金、运费等。

(3) 代理催收欠款:指协助企业解决相互间的拖欠,清理债权、债务。

(4) 代理信用签证:指信托部门应工商企业的要求,向需要取信的其他单位所作的见证和信用担保,包括贸易担保、租赁担保、进口担保和信用签证。

(5) 代理会计事务:指信托企业为工商企业或事业单位办理会计业务,其中包括:为新建企业建立会计制度和账户;受托办理查账、清账事项,如为关停企业清理账目;受托代为培训会计人员;办理会计咨询辅导,等等。

(6) 代理执行遗嘱:指信托部门根据信托人的生前委托代为处理其遗产。由立遗嘱人生前办妥委托手续,待他身后即遗嘱生效时,由信托部门按遗嘱意旨,代为清理和分割其遗产,并向指定继承人交付。

(7) 代理保管:指信托企业受托替个人或单位保管重要物品。保管的贵重物品有有价证券、合同、印章、图纸、文件、金银、珍贵饰物、艺术品及古玩文物等。保管方式除有密封保管、原封保管外,还有保管箱保管(即出租保管箱),以供客户保管贵重物品。

此外,还有代理保险、代购代销、代理监督等代理业务。

(三) 租赁业务

信托公司办理的租赁,是融物与融资相结合的一种信托业务,主要用于解决需要添置设备但又无力购买的企业在资金上的困难。

(四) 咨询业务

咨询业务是信托部门利用金融机构网点多、联系面广、信息反馈及时等优势,接受单位和客户委托,提供国内外企业资信、商品行情以及金融动态等。具体业务有资信调查、商情咨询、投资咨询、金融咨询和介绍客户等。

第四节 财务公司

财务公司或财务有限公司，是面向个人或厂商，专门办理耐用消费品、机器、设备等贷款或分期付款销货业务的公司。财务公司的英文为 finance company，在许多国家又被译为金融公司，也有称作融资公司的，在中国香港译为财务公司。财务公司不以投资本身为目的，其作用是直接对个人或企业供应资金。

一、财务公司的产生和发展

1716年，法国创设的通用银行可以算是最早的财务公司。19世纪以后，英、美等西方国家也相继设立财务公司。近年来，财务公司在我国也有了发展。各国财务公司的出现，原因各不相同，但有一点是肯定的，即财务公司是商业银行的有力补充。在历史上的某些阶段，财务公司（如20世纪八九十年代美国的金融公司）还挤占过商业银行不少的市场份额。但是，如今许多财务公司都为大银行所控制，成为它们的附属机构。

下面介绍一下美国金融公司产生和发展的情况。

美国金融公司出现于美国独立战争结束之后。当时美国工业发达，工人增多，需要购买许多消费品，这时许多小的贷款公司相继出现，从事分期付款的消费信贷。销售金融公司是在第一次世界大战后出现的，它随着汽车工业的发展而逐渐发展起来。销售金融公司由耐用消费品零售商买进分期付款合同，为零售商提供金融资助。第二次世界大战后，许多州通过小额贷款与高利贷者作斗争，消费型金融公司有了空前的发展。它们主要贷款给个人，用于购买家庭用具、汽车，还可为教育、度假、娱乐等贷款，并以分期付款的办法归还本利。

20世纪70年代初的金融公司还十分专业化，可分为消费金融公司、销售金融公司和商业金融公司。其主要任务是为消费者和企业提供中短期贷款。金融公司的资金来源有商业票据、长短期债券、银行借款等。一般而言，大公司如汽车公司附设的金融公司因信誉卓著，多半以发行商业票据筹款。企业金融公司主要靠发行长短期债券筹款。

自1980年放松管制以来，大金融公司可以从事多种业务，如信用卡、储蓄账户、抵押贷款、金融计划等，而且设有跨州分号，其业务越来越接近商业银行。同时，由于经营成本上升，竞争激烈，利润受挤，许多中小金融公司或者破产，或者被兼并。1960年，全美有6 000家金融公司，到1989年只剩下3 000家。虽然金融公司数目下降了，但其资产却上升了，因为经过兼并，许多金融公司提高了效率，扩大了规模，取得了规模效益。

二、财务公司简介

（一）资金来源

财务公司的短期资金来源有银行借款、卖出公开市场票据等。长期资金来源有推销企业股票、债券，发行公司本身证券（如定期大额存款证），接受定期存款等。

由于各国的法律规定不同以及各自金融市场的发达程度不一，每家财务公司资金来源中各项目所占比例很不一样。例如，英国财务公司的资金来源主要是存款和借入资金。其吸收的存款大约有40%来自银行和金融机构，其余存款从货币市场以外获得，如工业部门、商业部门以及个人。借入资金主要来自其他金融机构。相比之下，美国的金融公司没有存款这一项。1990年，美国金融公司的银行借款只占其负债的3.7%，商业票据占29%。1987年，美国金融公司的长短期债券占其负债的比例高达46%。

（二）资金运用

财务公司的资金主要运用于消费信贷和企业信贷。任何愿意购买耐用消费品、机器、设备等的个人或厂商都可以获得财务公司的服务。例如，小汽车零售商从财务公司获得贷款以保持较大库存量，然后财务公司又为消费者提供分期付款的消费信贷，以促使汽车零售商售卖。

为了适应生存和发展的需要，现代西方财务公司的业务范围日趋扩大，已经进入外汇、联合贷款、包销证券、不动产抵押、财务及投资咨询服务等领域，而且这些业务量越来越大。发达国家很多大型的财务公司几乎与投资银行无异。

三、财务公司分类简介

财务公司种类多种多样，就所有制而言可以是合伙制、个体所有制和公司制，有些可以注册为产业银行。一般来说，财务公司可分为消费型财务公司、销售财务公司和商业财务公司三种。

（一）消费型财务公司

消费型财务公司主要经营个人或家庭小额贷款，贷款以分期付款方式偿还，期限由几个月到一两年不等，用途主要是购买耐用消费品。一般来说，对个人或家庭的贷款，风险比较高。据不完全统计，美国的消费型金融公司贷款损失率约为商业银行的3倍、信用社的6倍。所以，财务公司分期付款、贷款的利率也较高。

由于美国许多州的立法对贷款利率和贷款金额有上限规定，致使金融公司同商业银行和信用社的竞争越发激烈，利润受挤。银行持股公司看中了金融公司可以跨州建立分支号的优势，近十几年来大量兼并金融公司。据1987年统计，美国100家大金融公司中有1/4已为银行和储蓄机构的持股公司收购。另外，消费型金融公司垄断集中程度大。20世纪80年代中期,有5%的金融公司,其资产超过5亿美元,它们控制全行业资产的88%,而74%的消费型金融公司的资产不足500万美元。

美国的消费型金融公司一般凭个人签字贷款,不需担保品,所以坏账风险较大。它们的利率相当高,特别对于小额签字贷款,有时利率高达36%。不过多数人一般对每月付多少款考虑的比利率更多。

(二) 销售财务公司

销售财务公司是以收购消费者欠零售商的分期付款合约来间接对消费者融资的财务公司;同时,财务公司也为零售商购入存货提供贷款。一些出售耐用消费品的零售商向消费者提供分期付款的便利,再将分期付款合约卖给财务公司。由于零售商和财务公司的关系密切,所以有时连分期付款的合约格式都是由财务公司拟好交给零售商使用,合约条款都是根据财务公司的需要而规定的。

美国许多大公司都设有此类金融公司,以便推销商品。著名的如通用汽车公司设立的通用汽车承兑公司,为购买汽车的顾客和通用汽车的零售商购入存货提供贷款。销售金融公司的贷款基本上分为批发贷款和租赁业务两大类。就贷款而言,它基本上贷给销售商,为他们的交易垫款。零售商付给金融公司期票,以货栈存货或托管财产收据作担保;同时,还要求保险公司对火险、偷盗及其他意外事故保险。近年来,大的销售金融公司已快速进入租赁行业,购买设备机器后以指定的租赁费、租赁年限贷给客户,目前多半涉足铁路和飞机客运行业。

美国的销售金融公司在贷款业务方面与商业银行和信用社竞争。它同时也以银行信用卡在购买小件物品方面开展竞争。不过它的大部分贷款比商业银行和信用社的成本低、效率高。

(三) 商业财务公司

商业财务公司是对需要流动资本或长期资本的企业提供融资的财务公司。流动资本一般用于购买商业中的存货、工业或制造业原材料;同时,工商业也经常需要长期资本以添置机器、厂房、运输工具及办公设备。财务公司的融资方式有:

(1) 以资产作抵押的融资。如以所购商品和固定资产作抵押。

(2) 应收账款融资。企业以应收赊销账款作抵押,向财务公司申请短期流动资金贷款。

(3) 代理融通。债权人将应收账款售予财务公司,收不到的呆账与原债权人无关。财务公司除对零售商的信用关系、资金实力应有了解外,还应调查欠账人的资信;否则,不予代理。

(4) 租赁融通。应承租人请求,财务公司买下承租人所定的设备,出租给承租人使用,在租期内通过租金形式继续收回所投入的资金。

（5）短期信用贷款。无抵押贷款，债务人一定要是信誉良好的，且贷款只作短期周转用。

以上是对西方财务公司的一般介绍。需要指出的是，我国也有称为"企业集团财务公司"的金融机构，但其性质与西方财务公司差别较大。企业集团财务公司是经过中国人民银行批准的、主要办理企业集团内部成员企业或相关企业资金融通业务的具有独立法人资格的金融机构。其服务对象是企业集团内部的企业，服务内容包括内部存款、贷款、投资、结算及代理业务等，而不对外部企业和个人提供金融服务。其业务范围限定在企业集团内部，以促进企业的技术改造和技术进步等。

复习思考题

一、判断题

1. 现代意义的信托业是一种财产管理制度。（ ）
2. 普通投资者是在证券交易所开户、买卖股票的。（ ）
3. 证券公司是集中进行证券交易的场所。（ ）
4. 非银行金融机构由中国证监会监督管理。（ ）
5. 代理业务中的受托人可以随意处置委托人的财产。（ ）
6. 再保险是保险公司对承担来自于投保人风险进行再次分散的一种方式。（ ）
7. 我国证券公司的主要业务包括承销业务、代理买卖业务、自营买卖业务和投资咨询业务。（ ）
8. 意外伤害保险是指被保险人在保险有效期间，因疾病或死亡时，保险人给付保险金的保险。（ ）
9. 保险费是投保人为取得获得赔付的权利所付出的代价。（ ）
10. 我国的证券经纪人可以为客户代理办理开户和委托手续。（ ）

二、简述题

1. 证券公司的主要业务有哪些？
2. 保险公司的业务有哪些？
3. 保险公司的业务运作有哪些环节？
4. 信托公司的业务有哪些？
5. 非银行金融机构有哪些？

三、案例与阅读

从"九一一"看再保险的作用

2001年9月11日,对于许多国际大保险公司来说,是一个刻骨铭心的日子。美国世贸大厦的坍塌,顷刻之间使得保险公司原有的可观利润和大厦一起同时化为乌有。穆迪评级公司和费奇评级公司预测,世界各保险公司所支付的保险金可能将高达300亿~700亿美元。然而值得庆幸的是,由于再保险机制的作用,这次损失在世界各保险公司之间得到了有效的分散和化解,所以并未对整个保险业造成灭顶之灾。在现代社会中,许多行业把巨额风险转移给保险公司,使这些行业得以正常运转,而保险公司为了规避风险,往往都要通过再保险机制,进一步把风险分散、降低和化解。由于国外保险业的再保险体系较完善,此次事件虽然损失惨重,各大保险公司却能承受,更不至于破产,再保险机制起到了"定海神针"的作用。

资料来源:原宇、夏慧主编:《金融学基础》,科学出版社2009年版。

问题:

请你谈谈再保险的作用。

第八章 货币市场

第一节 同业拆借市场

同业拆借是金融机构之间相互融通短期资金的一种形式。同业拆借市场又称为同业拆放市场。它是指银行与银行之间、银行与其他机构之间进行短期(一般为1年以内)、临时性资金拆出拆入的市场。

一、同业拆借市场的形成和发展

同业拆借市场的形成源于法定存款准备金制度的实施,最早起源于美国。美国于1913年通过《联邦储备法》,规定加入联邦储备体系的会员银行必须按一定比率向联邦储备银行交纳法定存款准备金。但在日常的存贷业务过程和清算活动中,一部分银行出现了资金盈余,在中央银行账户中存在超过法定准备金的超额准备;而另一部分银行则资金不足,达不到法定准备金的要求。由于中央银行对法定准备金和超额准备一般不支付利息,因此有超额准备金的银行需要将其运用出去以获得利息,而准备金不足的银行则必须设法借入资金补足其准备金以免受处罚。这样,这两类银行在客观上就有了进行资金调剂的需求。正是基于这一原因,1921年,在美国纽约货币市场上,首先开始了联邦储备体系会员银行之间的准备金头寸拆借,其后,逐步形成了以联邦基金拆借为内容的同业拆借市场。

20世纪30年代,资本主义经济危机之后,西方各国相继引入法定存款准备金制度,作为控制信用规模的手段,同业拆借市场也随之广泛地发展起来。经过几十年的发展,各国同业拆借市场的内涵和外延都比形成之初有了更为深刻的变化。同业拆借交易不仅涉及银行之间,还涉及银行与其他金融机构之间。拆借目的不再限于补足存款准备金和轧平票据交换头寸,金融机构还可因业务经营需要而拆借短期资金。此外,资金拆借规模也越来越大。目前,各国金融中心都有同业拆借市场,同业拆借市场已成为一个重要的短期资金融通市场。

二、同业拆借市场的特点和功能

(一)同业拆借市场的特点

与其他货币市场相比,同业拆借市场有着自己不同的特点,具体表现在:

(1) 交易的批发性。同业拆借市场的参与者都是银行和其他金融机构,无个人和企业参与,因此,一次的交易额都比较大。在美国,联邦基金市场的交易额一次至少为 10 万～50 万美元,一般为 100 万～500 万美元,大银行之间的拆借可以达到上千万美元至上亿美元。

(2) 交易的无担保性。同业拆借市场上的资金拆借大多是信用拆借,不需要借款人提供任何形式的担保。这是因为同业拆借的期限大多比较短,一般为隔夜拆借。另一个原因在于参与市场拆借的仅限于实力较强、信誉较高的或者相互之间还有其他业务往来的银行和其他金融机构,双方知彼知己,大多视信誉为生命。在保证遵守规则的同时,也为每个交易对手制定了最高信用额度,加强了信用风险管理。

(3) 高效率的、分散的市场。在同业拆借市场上拆入的资金是"立即可得的资金",在极短的时间内,资金可以在不同的银行和其他金融机构之间转移和调动。这是因为发达国家同业拆借市场有一套高效率的交易机制和结算机制。虽然各个参与者分散在市场的不同角落,但他们都可以通过电话、电脑网络等现代化的通讯手段传递信息、询问价格和进行交易。一旦成交,资金的结算可以在当天完成。

(4) 免交存款准备金。按照规定,各国银行和其他存款机构通过同业拆借市场所拆入的资金相当于各自的借款,而不是存款,因此,可以免交存款准备金,也不必交纳存款保险费。这就使同业拆借相对于一般客户存款的成本更低,对于各银行和存款机构来说,也更具吸引力。

(二) 同业拆借市场的功能

同业拆借市场在整个货币市场和金融市场上起着极其重要的作用。具体地说,其功能主要有以下几个方面:

(1) 同业拆借市场为各银行和其他金融机构提供了一种准备金管理的有效机制。一方面,准备金不足的银行和其他存款机构能够以比较低的成本,方便、迅速地弥补准备金缺口;另一方面,有超额准备金头寸的银行和其他金融机构可以获得有利的投资机会,减少了资金的闲置,提高了资产的盈利水平。

(2) 同业拆借市场的产生和发展为所有的货币市场交易提供了高效率和低成本的结算机制。在世界上许多发达国家,现金的流动都是通过银行和其他金融机构在中央银行的准备金账户进行转账结算的,而不同银行和金融机构之间资金的调拨也大多通过它们各自在中央银行的准备金账户结算。可见,同业拆借市场的结算机制已成为各金融机构从事各项货币市场交易的结算途径。

(3) 同业拆借市场能够及时反映货币市场资金供求的变化。同业拆借市场因其市场化的运作及在此基础上形成的利率,及时灵敏地反映了市场资金的供求。与国库券利率一样,同业拆借利率成为金融机构最重要的基准利率之一。

(4) 同业拆借市场在中央银行货币政策的实施中发挥着核心的作用。这是因为,同业拆借市场与其他货币市场有着十分密切的联系,中央银行任何货币政策的变化都会影响到银行系统的准备金头寸,进而影响到银行贷款的能力。另外,同业拆借利率也是经济中反映信贷资金供求状况的一个非常敏感的指标,并成为中央银行调整货币政策的重要参考依据。

三、同业拆借市场的主要交易及拆借利率

(一) 同业拆借的主要交易

同业拆借的主要交易有以下两种。

1. 头寸拆借

头寸一般是指资金或款项。头寸拆借则是指金融同业之间为轧平头寸、补足存款准备金或减少超额准备金进行的短期资金融通活动。一般为日拆,即期限为1天。头寸拆借多在票据交换清算时进行,在轧平当日票据交换差额时,头寸多余的银行拆出资金以获得利息收入,而头寸不足的银行则拆入资金以补足差额。

2. 同业借贷

同业借贷是指金融同业间因临时性或季节性的资金余缺而相互融通调剂,以利于业务经营的交易活动。对借入银行而言,同业拆借是其扩大资金来源、增加贷款能力以获得更多收益的又一资金来源。而对贷出银行而言,同业拆借也是其投放部分闲散资金、增强资产的流动性和收益性的一条有利渠道。

同业借贷与头寸拆借的最大区别在于融通资金的用途。同业借贷是调剂临时性的、季节性的业务经营资金余缺,头寸拆借则是为了轧平票据交换头寸、补足存款准备金或减少超额准备。这两种交易占到同业拆借市场的很大比重。

(二) 同业拆借的利率

同业拆借市场上资金的供求情况决定了拆借资金的"价格",即同业拆借市场利率。拆借利率变动频繁,每天都上下波动,它能迅速、及时、准确地反映短期资金融通市场即货币市场资金供求的变动情况,是货币市场上最敏感的利率,一般先行于货币市场的其他各个子市场利率的变动。当货币市场其他子市场利率呈下降趋势时,拆借利率一般已经下降,且下降幅度也更大;而当其他市场利率呈上升态势时,拆借利率则往往上升得更快、更高。正因为如此,无论是金融企业还是中央银行,都将拆借利率视为金融市场的一个基准利率,并在此基础上,

把握市场总体利率水平的走向。中央银行往往还根据同业拆借利率的变化来判断市场银根松紧,从而决定其在公开市场上应采取的行动,以实现货币政策目标。世界市场上所形成的著名的同业拆借利率有LIBOR(伦敦银行间同业拆借利率)、SIHOR(新加坡银行间同业拆借利率)和HIBOR(我国香港银行间同业拆借利率)等。

四、同业拆借的运作程序

同业拆借的运作程序因拆借目的和期限不同而有所区别。

头寸拆借的运作方式一般是由拆出银行开出支票交拆入银行存入中央银行以增加存款准备金,补足差额。同时,拆入银行向拆出银行开出一张同等金额并加利息的支票,上面注明兑付日期(一般为出票日后的1~2天)。支票到期后,拆出银行通过票据交换清算收回本息,整个拆借过程即告完成。

同业借贷的运作程序则是由借入银行向拆出银行开立借据,拆出银行经审核无误后向拆入银行提供贷款。到期后拆入银行向拆出银行归还贷款本息,拆借过程即告结束。

以上两种交易的运作方式属于直接拆借方式,即拆入方和拆出方直接接触并达成交易。在间接拆借方式即通过经纪商拆借方式中,借贷双方先将其需要拆出或拆入的金额、利率、期限等告知经纪商,由经纪商为其寻找合适的交易对象,一旦成交,买卖双方即按规定的交易程序完成拆借过程。

五、我国的同业拆借市场

我国的同业拆借市场始于1984年。1984年10月,针对中国人民银行专门行使中央银行职能,二级银行体制已经形成新的金融组织格局,对信贷资金管理体制也实行了重大改革,推出了统一计划、划分资金、实贷实存、相互融通的新的信贷资金管理体制,允许各专业银行互相拆借资金。到1987年6月底,除西藏外,全国各省、自治区、直辖市都建立了不同形式的拆借市场,初步形成了一个以大中城市为依托的、多层次的、纵横交错的同业拆借网络。1996年1月3日,经过中国人民银行长时间的筹备,全国统一的银行间拆借市场正式成立。这个市场由两级网络组成:一级网络通过中国外汇交易中心的通讯网络和计算机系统进行交易,由各类商业银行和各省、自治区、直辖市人民银行牵头的融资中心参加;二级网络由融资中心牵头,经商业银行总行授权的分支机构和非银行机构共同参与交易。一级、二级网络同时运行,交易信息在网上同步公开,拆借利率随行就市。全国银行同业拆借市场的建立,使得我国从此形成了一个信息公开、统一报价、交易集中的半封闭的市场体系,标志着同业拆借市场的发展进入了一个新的阶段。

第二节　票据与贴现市场

一、票据市场

票据市场是指票据发行和流通的市场,期限不超过1年。市场交易对象即为1年内可以转让流通的短期票据,包括商业票据、银行承兑汇票、大额可转让定期存单(CDs)等。

(一) 票据的含义及种类

票据是指具有一定格式的用于证明债权、债务关系的书面凭证。票据是商品经济和信用制度发展的产物,其实质是为各种信用形式服务的信用工具。绝大多数票据都可流通,可称为流通票据或可转让票据。票据代表的是持有者对票据上注明的资产的所有权,因而票据的流通转让就是这种所有权的转让。

票据一般有三方面的当事人,即出票人、受票人和收款人。出票人是填写票据并在票据上签名的人,多为债权人。受票人是票据签发的对象,多为债务人。收款人是接受款项的人,也是票据的持有人,属于票据的第一债权人。

最常见的流通票据有汇票、本票和支票。尽管本票中有许多在票面上印有"不得转让"的字样,但人们通常仍将其列为流通票据。

汇票是指出票人向受票人发出的命令受票人(即债务人)在一定期限内向收款人支付一定金额的支付命令书,需经付款人(即受票人)承兑付款后方为有效。

本票是指由出票人对收款人发出的在一定期限内支付一定金额的债务凭证。本票的当事人只有两个:一是出票人(即债务人),二是收款人(即债权人)。

支票是指由存款人向银行发出的要求银行无条件支付一定金额的支付命令书。出票人在支票上签发一定金额,要求银行(受票人或付款人)于见票时或支票上指定日期支付一定金额给指定的收款人或持票人。

(二) 主要票据的发行与流通

1. 商业票据

商业票据又称公司票据。它是商业融资最古老的形式之一。商业票据是信誉卓著的大工商企业和银行控股公司为筹措短期资金而发行的凭信用的、有固定到期日的短期借款票据。商业票据主要可分为商业本票和商业汇票两种类型。

商业本票又称期票。它是债务人向债权人发出的,承诺在一定时期内支付一定款项的债务凭证。

商业汇票是债权人发给债务人,命令债务人向指定的收款人或持票人支付一定款项的支付命令书。商业汇票必须要经过票据的承兑手续才具有法律效力。票据的承兑是指在票据到期前,由付款人在票据上作出表示承认付款的文字记载及签名的一种手续。承兑后,付款人就成为承兑人,在法律上负有到期付款的义务,同时汇票也成为承兑汇票。承兑汇票又可分为商业承兑汇票和银行承兑汇票两种。两者区别在于承兑人的身份不同:商业承兑汇票是由债务人承兑的汇票,而银行承兑汇票则是银行受债务人委托承兑的汇票。

(1) 商业票据的发行。商业票据最初是基于商品交易而产生的,现在已逐渐演变成为金融市场上筹措资金的一种工具,即金融机构和非金融机构通过发行商业票据而筹集资金。由于利用商业票据融资发行成本较低,收益率相对较高,因而受到筹资人和投资者的欢迎。

参加商业票据发行的当事人有发行人、投资者和证券经纪商。商业票据的发行人大致有大企业的子公司、银行控股公司、外国企业等。投资者主要是机构投资者,个人投资者比重不大。证券经纪商有时代理发行商业票据,有时代客户买卖商业票据,从中收取代理手续费或佣金。

商业票据的期限一般为30天到半年不等,不超过270天,但大多数在30~60天之间。票据的利率水平取决于市场的供求状况、发行人信誉、银行借贷成本、票据的面值和期限等,但一般都低于银行优惠利率,而略高于国库券利率。

大多数商业票据没有票面利息率,它们以折价(贴现)形式出售,即发行价格低于票面金额,差额即为利息,票据到期时按票面金额偿还,但也有一部分商业票据带有票面利率或附有息票。

商业票据的发行方式有直接发行和间接发行两种。直接发行是指信誉卓著的大公司可以直接向一般公众出售票据,并直接进入流通;间接发行则是指票据由大商业银行或证券经纪商等中介机构发行,同样也要求发行公司具有较好的信誉。在通常情况下,间接发行的价格要稍低于直接发行的价格。

(2) 商业票据的流通。商业票据经过背书可以转让流通。背书是指票据上所注明的收款人或持票人转让票据时在票据背面签名的行为。背书人对票据的偿付具有连带责任,即如果出票人或承兑人到期不付款,票据持有人有权向背书人要求付款。经过背书的票据可以充当流通手段和支付手段,用来购买商品、劳务或偿还债务。票据转让后,新的持有者就成了债权人,他有权在票据到期日向债务人兑取现款。

商业票据的流通具有一定范围,它通常只在彼此有经常往来而且互相了解信任的人之间流通。

2. 银行承兑汇票

银行承兑汇票源于国际贸易。它是指应购货人(进口商)或销货人(出口商)的请求,由购货人或销货人开出的以该银行为付款人的远期汇票,经该银行在汇票上签章承兑,即承诺在汇票到期日付款。

银行承兑汇票实质上是商业票据的一种,但由于银行承兑汇票以银行信用代替了商业信用,使之无论是在安全性、流动性还是在灵活性等方面都大大高于一般的商业票据,因而成为短期资金融通市场上一种优良的信用工具。

银行承兑汇票期限一般为30～180天,以90天最为常见,面值无限制。银行承兑汇票可以在二级市场进行买卖,按面值打一定折扣,买价与面值的差额即为持票人的利润,买卖价格一般取决于市场上的汇票供求状况、汇票承兑人信誉等级高低等因素。但大多数银行承兑汇票持有人通常都向承兑银行进行贴现获取资金。

3. 大额可转让定期存单

大额可转让定期存单(CDs)是商业银行吸收大额定期存款的一种筹资工具,是银行定期存款的凭证。由于这种存单是不记名存单,可在二级市场上自由转让,所以称之为可转让定期存单。

大额可转让定期存单于1961年诞生于美国纽约,由花旗银行首创,并很快得到推广。由于其面值大(标准定额在100万美元以上)、期限固定、收益高于同期限定期存款、可以自由转让等优势,受到投资者尤其是大型实业公司的欢迎,因此这种存单迅速成为一种重要的货币市场工具,为当时受金融创新影响和Q字条例制约而使存款额大幅下降的各大商业银行重新赢得大量定期存款、提高商业银行吸存的竞争能力起到了重要作用。

大额可转让定期存单的期限为1～18个月不等,最常见的是4个月。一般各国对大额可转让定期存单都有最低面额的限制,如美国最低发行单位为10万美元,日本规定的最低面额为1亿日元。存单利率也从固定利率发展为浮动利率。另外,除了传统的银行定期存单外,在国际货币市场上还相继出现了以欧洲货币和以其他货币为面值的存单,如欧洲美元存单、欧洲英镑存单、欧洲马克存单、欧洲日元存单、特别提款权(SDR)面值的存单等。

(1) 大额可转让定期存单的发行。大额可转让定期存单的发行方式有两种。第一种是批发式发行,即发行银行预先公布拟发行的总额、利率、发行日期、到期日和存单面额等,供投资者认购。第二种是零售式发行,即为满足不同投资者的需要而随时发行,利率也可根据市场利率议定。

大额可转让定期存单的发行一般都是直接发行,即由发行银行直接将大额可转让定期存单出售给大企业或客户,而不借助交易商。由于大额可转让定期存单面额较大,因此其投资者主要是企业、地方政府、外国中央银行等,个人投资者不占主要地位。大额可转让定期存单的发行价格与其面额相等,即按面额平价发行。

(2) 大额可转让定期存单的流通转让。大额可转让定期存单在二级市场上流通转让时,一般需要交易商作为中介。在美国,尽管银行业也是大额可转让定期存单流通市场的积极参与者,但联邦储备系统为防止发行银行的其他不良动机,一般禁止发行银行在流通市场上买回它们自己未到期的存单。

由于大额可转让定期存单信誉好、利率高、流动性强、转手方便、成交容易等特点,因此证券交易商乐于从事大额可转让定期存单的买卖业务,投资者也乐意利用大额可转让定期存单实现其闲置资金生利和周转的需要。

大额可转让定期存单的交易方式有两种:一种是无条件买卖,即已发行的存单在到期日之前通过中介人自由买卖;另一种是有条件买卖,即在买进或卖出存单时附有一定的卖出或回购条件。

二、票据贴现的性质和种类

(一)票据贴现的性质

所谓票据贴现,是指商业票据的持票人在需要资金时,将其持有的未到期的商业票据转让给银行,银行扣除贴息后将余款支付给持票人的票据行为。从表面上看,票据贴现是一种票据转让行为,即票据持有者将票据出让给贴现银行,以取得相应的资金。但从实质上看,票据贴现体现的是贴现银行对贴现申请人的授信行为。这种授信行为并非仅仅与银行信用相联系,而是商业信用与银行信用有机结合的产物,体现的是银行信用与商业信用相互交叉的双重的信用关系。

票据贴现属于银行的资产业务,但和一般的银行贷款有很大的区别,具体表现在:

(1) 授信对象不同。一般银行贷款以借款人为授信对象,体现的是放款银行与借款人的借贷契约关系;而票据贴现则以票据为对象,体现的是票据债权的买卖关系。

(2) 关系人不同。一般银行贷款仅涉及贷款人、借款人和担保人;而票据贴现因票据的背书和承兑,涉及的关系人较多。

(3) 流动性不同。一般银行贷款必须在到期时才能收回;而经过贴现的票据在到期之前还可以办理转贴现或再贴现,及时获得所需资金。

(4) 融资期限不同。票据贴现时间较短,多为3~6个月;而一般银行贷款的时间则较长。短期贷款为1年以下,中长期贷款则在1年以上,长期贷款可达10年以上。

(5) 风险程度不同。用于贴现的票据以商品交易为基础,期满时付款人自动付款,一般很少违约;而一般银行贷款则常常因借款人经营不善而不能及时履约,造成贷款损失的风险较大。

(6) 资金所有权不同。银行贷款给借款人,只是让渡借贷资金的使用权,资金所有权并未转移;而票据贴现则是贴现银行买入票据取得债权,资金所有权则归属于贴现申请人。

(二)票据贴现的种类

票据贴现按贴现关系人和贴现环节的不同,可分为贴现、转贴现和再贴现。

1. 贴现

所谓贴现,是指银行购买未到期的票据,在扣除从贴现日起至票据到期日止的利息以后,将余额的现款付给客户,或转入其活期账户的业务。

2. 转贴现

所谓转贴现,是指贴现银行在需要资金时,将已贴现的票据再向同业其他银行办理贴现的票据转让行为。它是银行之间的资金融通,涉及的双方当事人都是银行。由于这种资金融通方式安全性强,且期限较短,为银行实施有效的流动性管理提供了便利,因而商业银行普遍乐于接受。

3. 再贴现

所谓再贴现,是指商业银行在需要资金时,将已贴现的未到期票据再向中央银行贴现的票据转让行为。它是中央银行对商业银行融通短期资金的一种方式,是中央银行作为"最后贷款人"角色和地位的具体体现,同时也是中央银行对商业银行实施信用调控,实现货币政策目标的中央政策工具。

贴现、转贴现和再贴现作为票据贴现的具体形式,都是经济主体之间的票据转让行为,但是三者对市场货币供应量和社会经济生活的影响则是不同的。在贴现和转贴现过程中,授信主体是商业银行,用于贴现和转贴现的资金,只在持票人(企业)与银行之间、银行与银行之间发生转移,只影响充当授信主体的贴现银行的资金存量,并不对总的社会货币供应量产生影响。而中央银行的再贴现,则是中央银行基础货币投放的重要渠道。再贴现流入商业银行的资金,成为放款的初始资金来源。在整个商业银行体系的派生存款机制作用下,它能够形成数倍于自身的货币供应量,从而对物价上涨率、经济增长率等宏观经济指标产生影响。所以,同贴现和转贴现相比,再贴现并非仅仅作为资金融通形式而存在。更重要的是,再贴现是中央银行调节市场银根、实施金融宏观调控的重要手段。

三、我国的票据和贴现市场

在我国,票据的发行和流通以及票据的贴现业务都归入票据市场的范畴,因此,我国的票据市场实际上包含了票据市场和贴现市场的内容。

1982年,中国人民银行倡导推行"三票一卡"(即汇票、本票、支票和信用卡),可谓中国票据市场的发端。同年,上海市率先开展了票据承兑贴现业务。从此时起,以银行承兑贴现为主要形式的票据业务发展得很快,在1986—1988年间达到较大规模。同时,中国人民银行也开始试办票据的再贴现业务。但是在票据市场的发展过程中也出现了很多问题,如资金流向不合理、票据行为失去约束、票据案件特别是假票问题相当严重。所以从 1988 年开始,我国基本上停止了银行票据承兑与贴现活动。

1993 年起,票据市场问题又开始被提上议事日程。1995 年,全国人民代表大会通过了《中华人民共和国票据法》,并从 1996 年开始在全国施行。这标志着我国票据市场的发展进入了一个新时期。以商业汇票为主体的我国票据市场在规范业务操作、完善内控制度的基础上得到了稳步发展。中国人民银行也采取措施,加快转变金融宏观调控方式,推广使用商业汇票,扩大票据承兑和贴现、再贴现,进一步加强了对商业汇票业务的宏观管理和制度建设。

第三节 回购协议市场

回购协议交易是在证券现货市场的基础上产生的一种金融创新工具。这种集证券交易和抵押贷款的优点于一身的货币市场交易方式,不仅为投资者提供了相对安全的投资渠道,为借款人开拓了一条非常方便的融资途径,也为各国中央银行提供了进行公开市场操作的重要工具。

一、回购协议市场的概念与特点

回购协议市场是指通过回购协议进行短期资金融通交易的市场。所谓回购协议,是指证券持有人在卖出证券的同时,即与买方签订协议,约定在一定期限后按照事先商定的价格再购回所卖证券的一种交易行为。但从买方的角度看,同一笔回购协议又称为反向回购协议或逆向回购协议。因此,每笔回购协议都是由一方的回购协议和另一方的反向回购协议组成的。回购协议的期限从 1 日到数月不等。当回购协议签订后,证券持有者就可通过出售证券来换取即时可用的资金。回购协议期满时,再用即时可用的资金作相反的交易。从性质上看,它是同一交易对象之间两笔方向完全相反交易的组合。这两笔交易一笔是资金的借贷,而另一笔则是证券的买卖。由于在交易开始日就已经确定了结束日证券买回的价格,或资金的偿还额(即本金加上利息),因此,实际上它是一笔即期与远期交易的组合。

从表面上看,回购协议非常类似于短期担保贷款,其担保物就是可流通的证券。资金借贷者以证券为担保获得资金的融通,而投资者则以证券担保发放一笔低风险贷款,从而赚取贷款利息。即资金需求者通过出售证券获得了资金,而实际上,资金需求者是从短期资金市场上借入了一笔资金。对于资金借出者来说,他获得了一笔短期内有支配权的证券,但这笔证券到时必须要按约定的价格和数量出售给原证券出售者。因此,出售证券的人实际上是借入资金的人,购入证券的人实际上是借出资金的人。不过,回购协议的法律含义与担保贷款相比却有着很大的不同。当借款人不能按时偿还贷款时,担保贷款的贷款人一般都要经过一些法律程序,才能收回担保物,并加以处置。而这对于回购协议中的投资者来说是完全不重要的,一旦证券出售者不能在交易结束时买回证券,投资者就有权处置证券,以弥补因交易对手违约而给自己带来的损失。因此,从这个角度看,回购协议比担保贷款还要安全。这正是促使回购协议市场获得迅速发展的重要原因之一。无论在西方国家还是在我国,回购市场主要是指国债回购市场。国债回购实际上是以国债作为抵押品来融通短期资金的一种形式。

二、回购协议市场的要素与交易机制

回购协议市场的要素一般包括五个方面,即可流通证券的种类和价格、回购协议的期限、保证金比例、回购协议利率、回购协议的市场参与者。

(一) 可流通证券的种类和价格

在回购协议中使用的证券,即标的物的种类很多,政府短期和中长期债券以及其他可流通证券,如商业票据、银行承兑汇票、可转让大额定期存单等,都可以作为回购协议的交易对象。对于交易双方来说,确定证券价格是决定回购协议交易额的关键。在西方发达国家,回购协议中证券的定价方法有两种:一种是净价定价法,另一种是总价定价法。这两种定价方法均以交易开始日证券的市场价格为基础,所不同的是对回购协议交易期间证券利息的处理不同。净价定价方式也称"清洁定价",它仅考虑证券的市场价格,不考虑回购协议交易期间证券的利息。总价定价法也称"肮脏定价",即在证券价格的确定中要考虑回购协议期间的利息。

(二) 回购协议的期限

回购协议的交易期限可长可短,最短为隔夜回购,还有期限为几天的回购协议,较长期限如1～3个月期限的回购协议,属于定期回购协议。有的回购协议期限不定,属于开放式回购协议。协议每天经交易双方同意后进行展期,利率根据隔夜回购协议的利率每天重新确定一次。国债回购交易的期限通常为一个营业日,即今日卖出国债,明日买回,相当于日拆。也有30天的,最长可达3～6个月,而且还可以签订连续合同。

(三) 保证金比例

准确确定证券的价格仅仅是回购协议交易的第一步,而确定保证金比例则是回购协议交易的第二步。根据惯例,证券购买者要在证券市场价格的基础上,减去几个基点后或削减一部分后,再将资金交给证券的出售者,被削减下来的部分就是证券的出售者向购买者交纳的"保证金"。保证金的作用在于防止证券价格下跌,担保物价值下降而给证券的购买者(投资者)带来损失。保证金比例的确定有很重要的意义,比例太高会增加回购协议的交易成本,不利于回购协议市场的发展;而比例太低,又无法有效地保护证券购买者(投资者)的利益。

(四) 回购协议利率

回购协议利率是衡量回购协议交易中借款人(证券出售者)向贷款人(证券购买者)所支付的报酬比例。由于回购协议利率反映了交易中证券的购买者(投资者)所承担的各种风险,因此,它的决定因素主要取决于证券的种类、交易对手的信誉、交割条件和回购协议的期限等。在国债回购交易中,交易双方都面临着利率风险,即由于市场利率变化而引起的作为抵押品的国债市价的变动。交易期限越长,这种风险就越大。因此,交易双方在约定国债的回购价格时,要准确估计和把握交易期内的市场利率走势以及国债市价变动可能产生的影响。在回购市场中,利率是不统一的。影响利率的因素主要有:① 回购证券的信用状况。证券的信用度越高,流动性越强,回购利率就越低;否则,利率就会高一些。② 回购期限的长短。回购期限越长,其不确定性因素就越多,因而利率就会高一些。③ 交割的条件。如果采用实物交割的方式,回购利率就会低一些;如果采用其他交割方式,利率就会高一些。④ 其他相关市场的利率水平。回购利率一般是参照同业拆借市场的利率水平而定的。在期限相同时,回购协议利率与其他货币市场利率呈现以下关系:

$$\text{国库券利率} < \text{回购协议利率} < \text{银行承兑汇票利率} < \text{可转让定期存单利率} < \text{同业拆借利率}$$

(五) 回购协议的市场参与者

回购协议的参与者非常广泛,既有各类金融机构(如商业银行、证券公司、其他存款机构、保险公司等)和非金融机构,又有中央银行和地方政府。在国债回购市场上,市场参与者主要有商业银行、中央银行、证券交易商和企业等。对于商业银行来说,回购交易,可以大大增强融资的安全性和盈利性,从而更为有效地实施流动性管理。对于中央银行来说,通过回购交易,可以实施公开市场操作,调节货币供应量。对于证券交易商来说,通过回购交易,可以融入短期资金或获得需要的债券,也可以开展空头交易实现套利目的。对于企业来说,通过回购市场,可以使短期闲置资金得到合理的运用。金融机构之间的短期资金融通,一般可以通过拆借的形式解决,不一定要用回购协议的办法。非金融机构之间采用回购协议的办法可以避免对放款的管制。

美国的国债回购市场是国债流通市场的重要组成部分,也是联邦储备银行执行货币政策的重要场所。回购交易既是市场主体的融资工具,也是长期保值的重要工具。日本的回购市场一直以长期政府债券作为基本的交易工具。不过,近年来用国库券作为抵押品的现象越来越普遍。

三、我国的国债回购市场

我国的国债回购业务始于 1991 年。为提高国债的流动性,STAQ 系统(上海证券交易所和全国证券交易自动报价系统)于 1991 年 7 月宣布试办国债回购交易,并于 9 月 14 日在该系统的两家会员之间,完成了第一笔回购交易。1992 年,武汉证券交易中心也推出了国债回购业务。1993 年 12 月 19 日,上海证券交易所又开办了国债回购交易,规定当时在该交易所上市的 5 个国债品种,均作为回购业务的基础债券。此后,深圳证券交易所和天津证券交易中心等,也开办了国债回购业务。1994 年是国债市场迅猛发展的一年,回购市场的交易量急剧增大。当年全国参加回购交易的单位有 3 000 多家,回购交易总量在 3 000 亿元以上。1995 年,全国集中性国债二级市场即交易所和证券交易中心的回购交易量已突破 4 000 亿元。在这一段时间里,由于市场管理没有跟上,回购市场出现了许多问题。1995 年,通过一系列的整顿措施,回购市场的混乱状况有了明显改善,回购市场步入了正常、健康发展的轨道。1997 年 6 月 16 日,银行间的回购交易从交易所市场退出,正式纳入了全国银行间同业拆借市场。银行间的回购交易实行询价交易方式,交易双方通过市场交易系统的计算机屏幕进行询价商谈并最终成交。交易结算通过中国国债登记结算有限公司进行。

复习思考题

一、判断题

1. 债券回购交易实质上是一种以有价证券作为抵押品拆借资金的信用行为。
   （　　）
2. 一般来说,金融债券的风险要大于公司债券和政府债券。　　（　　）
3. 汇票、本票和支票都有两个当事人。　　（　　）
4. 在票据流通中,背书人对票据负有连带付款责任。　　（　　）
5. 银行汇票是指银行承兑的汇票。　　（　　）
6. 大额可转让定期存单是活期存款凭证。　　（　　）
7. 支票的特点表现为支票具有支付功能,即属见票即付票据。　　（　　）
8. 美国是最早以法律形式确定存款准备金制度的国家。　　（　　）
9. 同业拆借市场是指银行与企业之间的资金调剂市场。　　（　　）
10. 商业银行向中央银行办理票据贴现业务时所使用的利率称为贴现利率。
    （　　）

二、简述题

1. 简述同业拆借市场的特点和功能。
2. 票据贴现与一般的银行贷款有何不同?
3. 回购协议市场的要素包括哪些方面?
4. 简述商业票据的贴现、转贴现和再贴现的区别。
5. 简述汇票与本票、支票的区别。

三、案例与阅读

伦敦同业拆借利率暴涨　全球货币市场告急

据《第一财经日报》2007年9月7日报道:受到美国次贷危机的影响,LIBOR近日大幅度上涨,并达到近7年来的最高水平。许多企业贷款和债券发行都以LIBOR为基准加点,如果LIBOR降不下来,企业的利息支出就将显著上升。拆借利率上升将导致借贷行为收缩,从而影响到企业利润和家庭预算,这会对整个经济运行造成负面影响。

LIBOR即伦敦银行同业拆借利率,指伦敦银行同业市场拆借短期资金(隔夜至1年)的利率,代表国际货币市场的拆借利率,是最常用的短期利率基准之一,可作为贷款或浮动利率票据的利率基准。比如,美元浮息票据的利率常以美元3个月期LIBOR加若干基点的方式确定。该利率每日由伦敦银行家协会统一公布一次,涉及币种包括美元、欧元、英镑等多种货币。

伦敦银行同业拆借利率暴涨,反映各家银行在了解美国次贷危机程度及其影响之前,为了保持自身的流动性,不愿向竞争对手贷款,从而造成货币市场上资金紧张,利率上扬。有些金融机构甚至担心,它们的竞争对手可能会无力偿还贷款。

资料来源:原宇、夏慧主编:《金融学基础》,科学出版社2009年版。

问题:

请你谈谈同业拆借市场的特点和功能。

第九章

资本市场

第一节 股票市场

一、股票概述

（一）股票的定义

股票是一种有价证券，它是股份有限公司在筹集资本时向出资人发行的、用于证明投资者的股东身份和权益、并据以向投资者分配股息和红利的凭证。

股票一经发行，购买股票的投资者即成为公司的股东。股票实质上代表着其持有者（即股东）对股份公司的所有权，这种所有权是一种综合权利，如参加股东大会、投票表决、参与公司的重大决策、收取股息和分享红利等。股东与公司之间的关系不是债权与债务关系，股东是公司的所有者，以其出资额为限对公司负有有限责任，承担风险，分享收益。

从法律上讲，股票必须是股份有限公司才能发行，非股份有限公司不能拥有发行股票的权利。股票的购买不是普通的商品买卖，而是意味着向股份有限公司进行投资的过程。

（二）股票的特征

1. 永久性

股票是一种无偿还期的有价证券。除非特别约定，投资者认购股票后，就不能退股，只能在二级市场上转让，通过转让来实现其投资的退出和变现。正是这种永久性，使得股东与股份有限公司之间保持一种比较稳定的投资关系。股票的转让只意味着公司股东的改变，并不减少公司资本。从期限上看，只要公司存在，它所发行的股票就存在。股票的期限一般情况下等于公司存续的期限。

2. 参与性

股东有权出席股东大会，选举公司董事会，参与公司重大经营决策。股票持有者的投资意志和享有的经济利益，通常是通过行使股东参与权来实现的。但是，股东参与经营决策的权利大小则取决于其持有股票份额的多少。

3. 收益性

投资者购买股票的主要目的是获取收益。股东凭其持有的股票，有权从公司领取股息或红利，获取投资的收益。股息或红利的大小主要取决于公司的盈利水平和公司的盈利分配政策。同时，由于股票可以在二级市场上进行流通交易，所以股票持有者可以凭借自己的预期与选择，获取在二级市场上买卖股票的差价。

4. 流通性

股票的流通性是指股票在不同投资者之间的可交易性，即股票在股票交易市场上可以作为商品进行买卖或作为抵押品随时转让。流通性通常以可流通的股票数量、股票成交量以及股价对交易量的敏感程度来衡量。可流通股票越多，成交量越大，价格对成交量越不敏感，股票的流通性就越好；反之，就越差。

5. 风险性

股东所拥有的从股份有限公司获取股息并分享红利的权利，并不像债券的收益那样是事先约定并固定不变的，它是与公司的盈利状况紧密联系的。当公司的盈利状况好时，股东获得的股息或红利就多；反之，就少。而公司的盈利状况在市场竞争中具有很大的不确定性，有时好，有时坏，再加上股票本身的市场价值也会受到股票交易市场行情的影响，因此股票收益就具有较大的风险性。

6. 价格的波动性

股票的价格包括票面价值和市场价格。票面价值代表了原始投入公司的资本额，而市场价格是在二级市场的流通与转让中形成的，它在股票发行上市后，就与股票票面价值相分离，具有独立性。在股票交易市场上，股票作为交易对象，同商品一样，具有自己的市场行情和市场价格。受公司经营状况、市场供求关系、利率水平、大众心理预期以及全球政治经济等多种因素的影响，股票的票面价值与市场价格常常是不一致的，但股票价格总是围绕其票面价值上下波动。

(三) 股票的种类

股票的品种很多，分类方法也有不同。常见的股票类型有如下几种。

1. 普通股股票和优先股股票

根据股东权利内容的不同，股票可以分为普通股股票（普通股）和优先股股票（优先股）。

普通股股票是最常见的一种股票，其持有者享有股东的基本权利和义务。普通股股票是指对股东享有的平等权利不加以特别限制，并随着股份有限公司利润的大小而分配相应股息的股票。普通股是公司股票的一种基本形式，也是公司发行量最大、最为重要的股票。普通股的股息收益在股票发行时是不确定的，其大小要根据公司的经营状况和盈利多少来确定。普通股股票持有者按其所持有的股份比例享有以下基本权利：公司决策参与权、利润分配权、优先认股权和剩余资产分配权。

优先股股票是相对于普通股股票而言的，是一种特殊的股票，在它的股东权利义务中附加了某些特别条件。具体地说，优先股股票是指优先于普通股股东分取公司收益和剩余资产的股票。这种优先权主要表现在三个方面：第一，优先股股票在发行之时就约定了固定的股息，该股息不随公司业绩好坏而波动，并且可以优先于普通股股东领取股息；第二，当公司破产进行财产清算时，优先股股东对公司剩余财产有优先于普通股股东的要求权；第三，优先股一般不参与公司的红利分配，持股人一般不享有表决权，不能借助表决权参与公司的经营管理。

2. 国有股、法人股、社会公众股和外资股

根据投资主体的不同，我国上市公司的股票可以分为国有股、法人股、社会公众股和外资股。

国有股是指有权代表国家投资的部门或机构以国有资产向公司投资所形成的股份，包括以公司现有国有资产折算成的股份。

法人股是指企业法人或具有法人资格的事业单位和社会团体以其依法可支配的资产投入公司而形成的股份。

社会公众股是指我国境内个人和机构，以其合法财产向公司可上市流通股权部分投资所形成的股份。

外资股是指股份公司向外国和我国香港、澳门和台湾地区投资者发行的股票。这是我国股份公司吸引外资的一种方式。外资股按上市的地域划分，可以分为境内上市外资股和境外上市外资股。境内上市外资股是指股份有限公司向境外投资者募集并在我国境内上市的股份，投资者限于外国和我国香港、澳门和台湾地区的投资者。这类股票称为B股。B股以人民币标明股票面值，以外币认购、买卖。境外上市外资股是指股份有限公司向境外投资者募集并在境外上市的股份。它以人民币标明面值，以外币认购。在境外上市的外资股除了应符合我国的有关法规外，还需符合上市所在地国家或者地区证券交易所制定的上市条件。

3. A股、B股、H股、N股和S股

根据股票的上市地点和所面对的投资者不同，我国上市公司的股票可分为A股、B股、H股、N股和S股。

A股的正式名称是人民币普通股票。它是由我国境内的公司发行，供境内机构、组织或个人（不含我国港、澳、台投资者）以人民币认购和交易的普通股股票。

B股的正式名称是人民币特种股票，又称境内上市外资股。它是由人民币表明面值，以外币认购和买卖，在境内证券交易所上市交易的普通股票。

H股，即注册地在内地、上市地在我国香港的外资股。香港的英文是Hong

Kong，即取其第一个字母，在港上市外资股就称为 H 股。以此类推，纽约的第一个英文字母是 N，新加坡的第一个英文字母是 S，在纽约和新加坡上市的股票就分别称为 N 股和 S 股。

4. 蓝筹股

在股票市场上，投资者把那些在其所属行业内占有重要支配性地位、业绩优良、成交活跃、红利优厚的大公司股票称为蓝筹股。"蓝筹"一词源于西方赌场。在西方赌场中，有三种颜色的筹码，其中蓝色筹码最为值钱，红色筹码次之，白色筹码最次。投资者把这些行话套用到股票上。

蓝筹股并非一成不变，随着公司经营状况的改变及经济地位的升降，蓝筹股的地位也会发生变更。

5. 红筹股

红筹股这一概念诞生于 20 世纪 90 年代初期的我国香港股票市场。由于中华人民共和国在国际上有时被称为红色中国，因此相应地，我国香港和国际投资者把在境外注册、在香港上市的那些带有中国内地概念的股票称为红筹股。

（四）股票的价值与价格

1. 股票的价值

股票作为有价证券体现着一定的价值，并以一定的价格在股票市场上进行流通买卖。从本质上讲，股票自身并没有价值，也不可能有价格，它仅仅是用来证明持有人具有的财产权利的法律凭证，并不具备普通商品所包含的使用价值，也没有形成价格的劳动价值。然而，股票在实际生活中却存在着价值，因为它代表着获取收益的权利，能够给持有人带来股息、红利收入。所以，股票的价值就是用货币来衡量的作为获利手段的价值。股票流通转让的实质就是这种获利凭证的让渡。作为一种虚拟资本，股票价值有四种形式：

（1）股票的票面价值又称面值。它是指股份有限公司在其发行的股票上标明的票面金额。设置股票面额价值的最初目的，在于保证股票持有者在公司进行财产清算时，能够收回票面所标明的资产。但是，随着股票交易的发展，其票面价值的作用仅限于表明认购者向股份有限公司投资的货币价值，以及该投资在公司资本总额中所占的比例，作为确认股东权利的依据。

（2）股票的账面价值又称净值。它是指股票所包含的实际资产价值。它是股份有限公司财务报表的计算结果。具体计算方法是用公司的资本额加上公司的各种公积金，再加上公司累积盈余所得数额，得到公司的账面净值总额。净值总额除以发行股票的股数就是每股的净值。由于账面价值是财务计算的结果，具有较高的可信度，所以，它成为股票投资者进行投资评估分析的依据之一。股份有限公司的账面价值高，则股东所能享受的收益就大，而其股票价格相对较低时，即具有投资价值。

(3) 股票的清算价值是指股份有限公司进行清算时股票每股所代表的实际价值。从理论上讲，普通股股票的每股清算价值应当与每股的账面价值相一致，但实际上并非如此。只有在股份有限公司进行清算，资产的实际销售额与财务报表上所反映的账面价值相等时，股票的清算价值才与账面价值相一致。

(4) 股票的内在价值。股票的内在价值即理论价值，是指股票未来收益的现值。它取决于股息收入和市场收益率。股票的内在价值决定股票的市场价格，而市场价格又不完全等于其内在价值。股票的市场价格受供求规律以及其他许多因素的影响，但股票的市场价格总是围绕着股票的内在价值波动。

(5) 股票的市场价值是指股票在股票市场进行交易过程中所具有的价值。股票的市场价值直接反映股票的市场行情，成为投资者的直接参考依据。在实际交易中，股票的市场价值就是股票的市场价格。

股票在首次发行时，其发行价格与股票的票面价值大体上是一致的，即围绕票面价值上下波动。一旦股票进入交易市场，其交易价格即股票市价就与股票面值分离开来了，股票价格会在市场供求规律和其他因素的影响下独立地运动，而与票面价值没有直接联系。

2. 股票的价格

(1) 股票的理论价格。股票的理论价格即股票的内在价值。从理论上说，股票价格应由其价值来决定，但是股票本身并没有价值，因为股票不是在生产过程中产生的，它是一张凭证。股票之所以有价格，是因为它代表着收益的价值，即能给它的持有者带来股息和资本利得。股票交易实际上是对未来收益权的转让买卖，股票价格就是对未来收益的评定。所谓股票理论价格，就是为获得这种股息、红利收入的请求权而付出的代价(或机会成本)，是股息资本化的表现。对于投资者来说，是把资金投资于股票还是存入银行，主要取决于两者的投资收益率的高低。按照等量资本获得等量收益的理论，如果股息率高于利息率，人们对股票的需求就会增加，股票价格就会上升，从而导致股息率下降，一直降到股息率与市场利息率大体一致为止。另外，也可以根据现值理论来说明。股票的未来股息收入、资本利得等是股票的未来收益，也称期值。将股票的期值按当前的市场利率和持有期限可折算成今天的价值，也称股票的现值。股票的现值就是股票的理论价格。根据这种分析，即可以得出股票的理论价格公式如下：

$$股票理论价格 = \frac{预期股息}{市场利率}$$

股票理论价格不等于股票市场价格(或实际交易价格)，两者差距较大，很少有一致的情况,但它为预测股票市场价格的变动趋势提供了重要依据;同时,也是股票市场价格形成的一个基础性因素。

(2)股票的市场价格。股票的市场价格一般是指股票在股票市场上买卖的价格。股票的市场价格由股票的内在价值所决定,但同时受许多其他因素的影响。其中,供求关系是最直接的影响因素,其他因素都是通过作用于供求关系而影响股票价格的,而且这些因素的影响程度几乎是不可预测的。正是由于影响股票价格的因素是复杂多变的,所以,股票价格也是变化不定的。

二、股票市场结构

股票市场通常由筹资者、投资者、管理者、中介机构四个方面构成。

(一)筹资者

股票市场上的筹资者是指股票市场上的股票发行者,即符合上市条件的能够在股票市场上进行筹资活动的股份有限公司。

(二)投资者

股票市场的投资者是指股票市场上的股票购买者。它主要包括个人和机构两大类型。其中机构投资者包括保险公司、养老基金、投资基金、商业银行、证券公司、工商企业以及政府机构等。

(三)管理者

股票市场的管理者包括国家证券委员会、证券监督委员会、证券交易所和证券业协会等机构。如我国国务院证券委员会是全国证券市场的主管机构,它依法对全国证券市场进行统一的管理;中国证券监督管理委员会是国务院证券委员会的监督管理执行机构,它依法对证券发行与交易的具体活动进行监督和管理;证券交易所为股票的交易提供必要的场所和服务,同时对股票交易进行日常的监督和管理;证券业协会是由证券商组成的自律性的证券监督与管理的组织。

(四)中介机构

股票市场的中介机构是指沟通筹资者与投资者的中间服务机构。它主要包括股票一级市场的发行承销商(具体包括证券公司、信托投资公司、投资银行等)、创业板市场的保荐人(即上市推荐人)、会计师事务所、律师事务所、投资顾问咨询公司和证券评级机构等。

三、股票发行市场

股票发行市场又称股票一级市场或初级市场。它是股份有限公司以发行股票来筹集资金、投资者进行投资购买股票的场所。股票发行市场是股票市场的基础,它与股票交易市场构成统一的股票市场。

（一）股票发行的目的

企业主要在两种情况下发行股票：一是为新成立的公司募集股份，二是为已设立的公司增资扩股。而企业增资扩股的目的多种多样，具体有以下几种：

（1）增加投资，扩大经营。现有股份公司为了扩大经营规模、提高公司的竞争能力，在新建项目或购买先进设备时，往往会通过发行新股票的方法来筹集所需资金，这类追加投资称为增资发行。在进行增资发行时，公司的老股东有权按一定比例优先购买所发股票，即优先认股权。

（2）调整并改善公司财务结构。公司的财务结构合理与否通常反映在负债比例上，即负债和总资产之比。这一比例过高，说明公司可能有资不抵债的危险，经营状况不好；而该比例过低，说明公司的信誉不好。因此，发行新股以保持公司合理的财务结构，是提高企业安全经营程度和经济效益的有效途径之一。

（3）维护股东利益而增发新股。经营状况良好的股份公司会积存大量盈余公积金，可以将其转为公司资本金，并按增加的资本额发行股票，无偿交付股东，这样就维护并增加了原有股东的经济利益。

（4）为其他目的发行股票。例如，为扩张公司资本额以达到上市标准、为巩固本公司经营权以防被他人兼并、公司合并或减资时，都需要发行新股票。

（二）股票的发行方式

股票的发行方式是股票经销出售的方式。根据不同的标准，发行方式有不同的分类方法。

1. 股票按发行对象分，有公募发行和私募发行

（1）公募发行也称公开发行：指以不特定的广大投资者为发行对象公开推销股票的方式。

（2）私募发行也称不公开发行：指以特定的少数投资者为对象的发行。

2. 股票按有无发行中介分，有直接发行和间接发行

（1）直接发行：指发行人直接向投资者推销出售股票。

（2）间接发行：指由发行公司委托投资银行、证券公司等证券中介机构代理出售股票的发行方式。

股票间接发行方式主要有三种：全额包销、余额包销和代销。

3. 股份公司增资扩股时，按取得股票时是否交纳股金分，有偿增资发行、无偿增资发行和并行增资发行

（1）有偿增资发行：指认购者必须按某种发行价格支付现金，才能获得股票的发行方式。

（2）无偿增资发行：指认购者不必向股份公司交纳现金就可获得股票的发行

方式,发行对象仅限于原股东。

(3) 并行增资发行:指同时实行有偿增资和无偿增资,即股东购买新股时,应交纳股金的一部分以公司的公积金抵补,余款由股东支付现金的发行方式。

(三) 股票发行价格

当股票上市发行时,上市公司为了确保股票的成功发行,常常对上市的股票并不按面值发行,而是制定一个较为合理的价格来发行,这个价格就称为股票的发行价格。

股票发行价格是公司在发行股票时向投资者收取的价格。按照票面额和发行价格的关系,股票的发行价格主要有以下几种。

1. 平价发行

平价发行也称等额发行或面额发行。它是指发行人以股票的面额作为发行价格。平价发行的方式较为简单易行,但缺点是发行人筹集资金量少。目前,平价发行在发达股票市场中用得很少,多在股票市场不发达的国家和地区采用。

2. 溢价发行

溢价发行是指发行人按高于面额的价格发行股票。溢价发行又可分为时价发行和中间价发行两种方式。

时价发行也称市价发行。它是指以同类股票的流通价格为基准来确定股票的发行价格。如果公司为首次公开发行股票,则通常以同类公司股票在流通市场上的价格作为参照来确定自己的发行价格;而当公司在增发新股时,则按已发行股票在流通市场上的价格来确定增发新股的发行价格。

中间价发行是指介于面额和时价之间的价格来发行股票。这种价格通常是在以股东配股形式发行股票时采用,这样不会改变原来的股份构成,而且可以把差价收益的一部分归原股东所有,一部分归公司所有用于扩大经营。通常实行中间价格发行股票,必须经股东大会的特别决议通过。

3. 折价发行

折价发行是指以低于面额的价格出售新股,即按面额打一定折扣后发行股票。其折扣的大小由发行公司和证券承销商双方决定,主要取决于发行公司的业绩。如果发行公司的业绩较好,则其折扣较少;如果业绩一般,则折扣就会较多,以便于股票的推销。

四、股票交易市场

股票的交易市场又称流通市场或二级市场。它是指对已发行的股票进行买卖、转让和流通的市场。股票的持有人可以通过流通市场买卖股票,实现股票的流通性。

(一) 股票交易市场的分类

根据股票交易的场所，可将股票交易市场划分为场内交易市场和场外交易市场。

1. 场内交易市场

场内交易市场又称证券交易所市场。它是指在证券交易所组织的集中进行股票买卖活动的交易市场。其特点表现如下：

(1) 具有固定的交易场所和交易时间。

(2) 提供交易的执行设施，以公开方式进行证券交易。

(3) 集中买卖指令执行交易，提供价格发现功能和市场流动性。

(4) 连续性地提供市场信息。

(5) 交易对象为符合特定标准在交易所上市的证券，股票交易的数量很大。

(6) 实行会员制并颁发会员资格，交易者限定为具备特定资格的会员证券公司及特定的证券商和经纪人。

(7) 具有严密的组织机构，交易程序清晰且管理严格。

从组织上看，证券交易所可分为会员制和公司制两种类型。

会员制证券交易所是以会员协会形式成立的不以营利为目的的组织，它主要由股票经纪商组成，实行会员自治、自律、自我管理。只有会员及享有特许权的股票经纪商，才有资格在交易所内进行交易。会员制证券交易所最高权力机构是会员大会，理事会是执行机构，理事会聘请经理人员负责日常事务。目前，大多数国家的证券交易所均实行会员制，我国规定证券交易所必须是会员制的事业法人，所以我国的上海、深圳证券交易所都实行会员制。

公司制证券交易所以营利为目的，它是由各类出资人共同投资入股建立起来的公司法人。公司制证券交易所对在本所内的股票交易负有担保责任，必须设有赔偿基金。公司制证券交易所的股票经纪商及其股东，不得担任证券交易所的董事、监事或经理，以保证交易所经营者与交易参与者的分离。如美国的纽约证券交易所、瑞士的日内瓦证券交易所等都是公司制交易所。

2. 场外交易市场

场外交易市场是指在证券交易所之外进行股票买卖的市场。场外交易市场没有固定的场所，其交易主要通过电话进行，交易的证券主要为非上市的股票。

场外交易市场主要有以下特征：

(1) 它不具有集中的、有组织的市场，往往是通过电话、电脑网络等手段连接起来的分散的、无形的市场。其交易时间比较灵活。

(2) 证券行情以交易商提供的买进价格和卖出价格表示，而不像证券交易所那样以实际成交价格来表示。有时投资者与交易者之间根据成交数量和其他交易条件,经过协商确定最终的成交价格,一般不采用公开竞价的方式决定交易价格。

(3) 交易对象多,既有达不到上市条件的中小型公司及新成立公司的股票,也包括一些符合上市标准但由于某些原因而只愿在场外交易市场进行交易的大公司的证券,还有一部分上市证券以及大多数银行的股票、人寿保险公司的股票和投资基金的证券。

(4) 市场的组织一般以交易商为核心。交易商兼有证券自营商和代理商的双重身份。作为自营商,交易商可以分别与股东和投资者买卖股票,通过买卖差价来获取收益,不收交易佣金;作为代理商,交易商受其客户委托买卖证券,只收取交易佣金。

(5) 交易成本较低,一般不采用固定佣金制度。

(6) 一般需在证券监管机构的监督下进行交易,但是管理相对宽松。

具体来说,场外市场可以分为以下三类:

(1) 柜台市场也称店头市场。在柜台市场交易的股票,主要是按照法律规定公开发行而未能在证券交易所上市的股票。在柜台市场采用议价交易的做法,有买卖双方协商决定,一般在柜台市场只进行即期交易。柜台市场一般有固定的场所,通常是股票经营商的营业处,但它不是严格意义上的固定场所,因此,属于场外交易市场中的一种。

(2) 第三市场又称店外市场。它是靠交易所会员直接从事大宗上市股票交易而形成的市场。由于通过证券交易所交易股票需向证券交易所支付佣金,佣金比率按交易额大小有所不同,大笔交易的数量大,因此佣金负担自然高,于是就产生了交易所会员直接完成交易的情况,这样股票交易业务成本低,且成交迅速,其参与者主要是机构投资者。

(3) 第四市场是指投资者完全绕过股票经纪商,自己相互之间直接进行股票交易而形成的市场。由于科学技术的发展,特别是计算机和通讯技术的日益发达,买卖双方只需通过计算机系统,通过终端设备进行交易。因此,第四市场交易成本低、成交快、保密好,具有很大的潜力。

(二) 股票交易程序

股票交易程序是指投资者在交易所买进或卖出已上市股票的过程。在现代电子化交易的情况下,股票交易的基本过程包括开户、委托、价格确定与成交、清算交割等四个阶段。

1. 开户

开户是指投资者在股票经纪商处开立股票交易的账户。目前,世界上多数证券交易所都已实现无纸化交易,股票交易通常不再采用一手交钱、一手交货的实物交易形式。股票和资金都记录在账户中,股票交易以转账的方式完成。因此,投资者进行股票交易,必须首先开户。开户包括开设股票账户和资金账户。

2. 委托

投资者买卖股票不能亲自到证券交易所办理,必须通过证券交易所的会员(股票经纪商)办理。投资者向股票经纪商下达买进或卖出股票的指令,称为委托。股票经纪商没有受到明确的委托指令,不得动用投资者的资金和账户进行股票交易。在委托有限期限内,委托人有权提出变更或撤销。委托人变更委托,可以看成是更新办理一个新的委托。

3. 价格确定与成交

在做市商市场,股票交易的价格由做市商报出,投资者接受做市商的报价后,即可与做市商进行买卖,完成交易。

在竞价市场,买卖双方的委托由经纪商直接呈交到交易市场,市场的交易中心按照价格优先和时间优先的原则进行撮合,在买卖委托匹配后即可达成交易。

4. 清算交割

股票交易成交后,需要对买卖双方应收应付的股票和价款进行核定计算,并完成股票由卖方向买方的转移以及相对应的资金由买方向卖方的转移。这一过程称为股票结算。股票结算是股票交易的最后一个环节,包括资金的清算和股票的交割两个方面。

(三) 影响股票价格的因素

由于预期股息收入和市场利率的不确定性,决定了股票理论价格的不确定性,从而导致股票市场价格的波动。除此之外,还有许多因素影响着股票的市场价格,使之经常偏离理论价格而波动。

1. 宏观经济发展水平

一国的宏观经济能否持续稳定地保持一定发展速度,是影响股价能否稳定上升的重要因素。一般而言,当国民(内)生产总值、国民收入等宏观经济指标保持一定发展速度时,表示经济运行态势良好,国内大多数企业经营状况也较好,其股票价格会上升;反之,股票价格则下降。

2. 经济周期的变动

国民经济运行经常表现为扩张与收缩的周期性交替,每个周期一般都要经过高涨、衰退、萧条和复苏四个阶段的循环。在经济周期的不同时期,股价也随经济状况的大气候变动而变动。通常在经济复苏阶段股价回升,在高涨阶段股价上涨,在危机时期股价下跌,在萧条时期则股价低迷。

3. 宏观经济政策

宏观经济政策包括货币政策、财政政策等，它们对股票价格的影响是直接的。一般而言，如果政府采取较为宽松的经济政策，会促进国内经济增长，股票价格随之上升；反之，则下跌。

4. 公司经营状况

股份公司的经营状况是股票价格的基石。从理论上讲，公司经营状况与股票价格成正比，公司经营状况好，资产净值增加、盈利上升、股息高，股价就上升；反之，公司经营状况不佳或受意外事件的冲击，股价就下跌。

5. 政治因素

政治因素对股票价格的影响很大，往往很难预料。如战争，尤其是全面的、长期的战争，会使股价长期低迷；而政权更迭、领袖更替等政治事件的爆发，也会引起股票价格相应的涨跌变化。伴随着经济全球化趋势的加强，国家之间、地区之间的政治经济关系也更趋紧密，局部国家或地区的细微变化都可能引起各国股市敏感联动。

6. 投资者心理因素

投资者的心理变化对股价变动也起着重要的影响。如果大多数投资者对股市抱乐观态度，他们会忽视潜在的不利因素而纷纷购买股票，从而促进股价的上涨；反之，股价则会下跌或呈低迷状态。

7. 其他因素

如相关管理部门的限制规定、人为操纵因素、市场供求关系等，都会对股价产生相应的影响。

(四) 股价指标

由于股票的市场价格受多种因素的影响，不仅单个股票价格变动频繁，而且股票价格总体水平也变化不定。为了描述和反映股票价格水平及其变动趋势，就有赖于股价指标的编制。股价指标一般包括股价平均数和股价指数两种。编制方法都是将某一证券交易所上市的全部股票或部分股票按一定方法计算得出在某一时点上的价格平均值。其中股价平均数反映的是市场股票价格的绝对水平，包括简单算术股价平均数、加权股价平均数和修正股价平均数三种。股价指数则将股价水平指数化，反映的是市场股价的相对水平。它先确定一个基期，将基期股价作为基期值（通常为 100 或 1 000），并据此计算以后各期股价的指数值。

目前，世界证券市场上一些有权威性的著名股票价格指数有美国的道·琼斯股票平均价格指数、标准普尔股票价格指数、英国的《金融时报》股票价格指数、日本的日经股价指数和我国香港的恒生指数等。

第二节 债券市场

一、债券概述

(一) 债券的概念与特征

1. 债券的概念

债券是筹资者(即债券发行者)依照法律手续发行的向投资者(即债券购买者)承诺在一定时期支付约定的利息并到期偿还本金的债权与债务凭证。债券是对"债务"的一种证明书,具有法律效力。债券购买者与发行者之间是一种债权与债务关系。其中,债券发行者是债务人,债券购买者(或债券持有人)是债权人。

债券作为一种债权与债务凭证,主要包括以下基本要素:

(1) 债券名称。债券在票面上注明债券的名称,债券的名称一般包括发行主体、发行用途、债券种类等信息。

(2) 债券的面值。债券在票面上载明的票面金额,称为面值。它载明债券的面值单位、数额和币种。面值有三个方面的含义:一是对于附息债券,面值是表明债券偿还本金时的数额的依据;二是对于贴现国债,面值是表明债券的到期偿还额;三是对于二手债券,面值是计算收益率的主要依据。

(3) 债券的偿还期限。从债券发行日起到偿清本息为止的时间称为债券的偿还期限。不同债券的偿还期限差别很大,短期债券的偿还期限在1年以内,中期债券的偿还期限在1年以上10年以下,长期债券的偿还期限在10年以上。

(4) 债券的利率。债券的年利息与债券面值的比率称为债券的利率,也称票面利率,它在债券发行时已在票面上载明。一般情况下(除浮动利率债券外),在债券到期前债券利率将保持不变。

(5) 债券的价格。债券的市场价格是指债券在资本市场上交易的价格。它与市场利率发生反方向变化,即市场利率上升,债券的价格就会下降;反之亦然。债券的发行价格是指债券发行时的价格。债券有四种发行情况:一是平价发行,即以票面额的价格发行债券;二是折价发行,即以低于票面额的价格发行债券;三是溢价发行,即以高于票面额的价格发行债券;四是贴现发行,即从票面额中扣除贴现金额后发行债券。

2. 债券的特征

债券作为一种重要的融资手段和金融工具具有以下特征:

(1) 偿还性。债券一般都规定有偿还期限,发行人需按照约定的条件偿还本金并支付利息。

（2）流通性。债券的流通性是指债券的变现能力，即债券在偿还期限到来之前，一般都可以在证券市场上自由流通和转让。

（3）安全性。债券的安全性是指债券遭受损失的风险较小。它主要体现在两个方面：一是债券的利率事先是确定的，投资者的利息不受市场利率波动的影响；二是投资者的本金在债券到期后可以收回。

（4）收益性。债券的收益性表现在两个方面：一是债券可以获得固定的、高于储蓄存款利率的利息收入；二是可以通过在证券市场上的买卖交易，获得差价收入。

(二）债券的分类

债券的种类很多，在债券的历史发展过程中，曾经出现过许多不同品种的债券，各种债券共同构成了一个完整的债券体系。

按照不同的标准，债券的种类大致有以下几种。

1. 按照发行主体的不同，债券可分为政府债券、金融债券、企业债券和国际债券

政府债券又可分为中央政府债券和地方政府债券。前者是指由中央政府直接发行的债券，又称国债；后者是指由地方政府及其代理机构或授权机构发行的债券，又称市政债券。

金融债券是指由银行或非银行金融机构发行的债券。在英、美等欧美国家，金融机构发行的债券归类于企业债券。在我国和日本等国家，金融机构发行的债券称为金融债券。

企业债券又称公司债券。它是企业依照法定程序发行，约定在一定期限内还本付息的债券。

国际债券是指由外国政府、外国法人或国际机构发行的债券。它包括外国债券和欧洲债券两种。

外国债券是指在某个国家的债券市场上，由外国政府、法人企业或国际机构在其国内发行的债券。该债券的面值货币是发行市场所在国的货币。

欧洲债券是指一国政府、金融机构、工商企业或国际组织在国外债券市场上以第三国货币为面值所发行的债券。该债券的发行人、发行地和面值货币分别属于3个不同的国家。

2. 按照利息支付方式的不同，债券可分为附息债券、一次还本付息债券和贴现债券

附息债券是指在券面上附有各项息票的中长期债券。息票上标明利息额、支付利息的期限和债券号码等内容。通常息票以6个月为一期。息票到期时将其剪下来凭以领取本期利息。息票也是一种可转让的有价证券，中长期国债及公司债

券大多为附息债券。

一次还本付息债券是指不设息票,不分期付息,只在到期时把本金和多期利息一并支付给投资者的债券。如我国发行的债券大多为一次还本付息债券。

贴现债券又称"贴水债券"。它是指券面上不附息票,发行时按规定的折扣率以低于债券面值的价格发行,到期时按债券面值兑付而不另付利息的一种债券。该种债券的利息即为面值与发行价的差额。如短期国债的发行常常采用贴现发行方式。

3. 按照本金偿还方式的不同,债券可分为偿债基金债券、分期偿还债券、通知偿还债券、延期偿还债券、永久债券和可转换债券

偿债基金债券是指发行人根据债券契约的要求,必须在每年盈余中提取一定数额的偿债基金,以满足还本付息要求的债券。

分期偿还债券是指在到期前分期偿还本息,以减轻到期偿还巨额本息的压力的债券。

通知偿还债券是指发行人在债券到期前可随时通知债权人予以提前还本付息的债券。

延期偿还债券是指还本时间并不严格按照偿还期限要求,而是可以延长还本时间的债券。

永久债券是指由政府发行的不规定还本期限,仅按期支付利息的公债。这种债券只支付利息,但没有确定到期日,因此这种又称为无期债券或不可赎回债券。

可转换债券是指在一定条件下可以转换为发行公司的股票债券。

4. 按照有无实际担保,债券可分为信用债券和担保债券

信用债券又称无担保债券。它是指仅凭债券发行者的信用而发行的,没有抵押财产作担保的债券。一般国债、金融债券以及信用良好的公司发行的公司债券,大多为信用债券。

担保债券是指以抵押财产为担保而发行的债券。按担保品不同,担保债券可分为抵押债券、质押债券和保证债券。抵押债券以不动产作为担保,质押债券以动产或权利作担保,保证债券以第三人作为担保。一般公司债券大多为担保债券。

5. 按照投资人的收益情况,债券可分为固定利率债券和浮动利率债券

固定利率债券是指在发行时规定利率在整个偿还期内不变的债券。固定利率债券不考虑市场变化因素,因而其筹资成本和投资收益可以事先预计,不确定性较小。但发行人和投资者仍然会承担市场利率波动的风险。如果未来市场利率下降,则债券市场价格上升,那么,这种结果对投资者来说是有利的,对发行者来说是不利的。因为这时投资者可以获得相对现行利率更高的报酬,而发行者可以以更低的成本发行债券,这说明原来发行的债券成本是相对较高的。

浮动利率债券是指在发行时就规定利率在偿还期内可以变动和调整的债券。浮动利率债券常常是中长期债券。浮动利率债券的利率通常根据市场基准利率加上一定的利差来确定。如美国浮动利率债券的利率水平主要参照3个月期限的国债利率,欧洲则主要参照伦敦同业拆借利率。由于债券利率随市场利率浮动,采取浮动利率债券形式可以避免债券的实际收益率与市场收益率之间出现较大差异,使发行人的成本和投资者的收益与市场变动趋势相一致。但这种浮动性也使发行人的实际成本和投资者的实际收益事前带有很大的不确定性,从而导致较高的风险。

6. 按照募集方式的不同,债券可以分为公募债券和私募债券

公募债券是指公开向社会公众投资者发行的债券。

私募债券是指只向少数特定的投资者发行的债券。

7. 按照债券券面形态,债券可分为实物债券、凭证式债券和记账式债券

实物债券是一种具有标准格式实物券面的债券。在标准格式的债券券面上,一般印有债券面额、债券利率、债券期限、债券发行人全称、还本付息方式等各种债券票面要素。实物债券是一般意义的债券,很多国家通过法律或者法规对实物债券的格式予以明确规定。在我国现阶段的国债种类中,无记名国债就属于这种实物债券。它不记名,不挂失,可上市流通。

凭证式债券的形式是一种债权人认购债券的收款凭证,而不是债券发行人制定的标准格式的债券。我国近年通过银行系统发行的凭证式国债,券面上不印制票面金额,而是根据认购者的认购额填写实际的交款金额。它是一种国家储蓄债,可记名、挂失,不能上市流通。

记账式债券是一种没有实物形态的债券,它在电脑账户中做记录。在我国,上海证券交易所和深圳证券交易所已为证券投资者建立电脑证券账户,因此可以利用证券交易所的交易系统来发行债券。如果投资者进行记账式债券的买卖,就必须在证券交易所设立账户。由于记账式债券的发行和交易均无纸化,所以效率高、成本低,交易安全。

二、债券发行

(一) 债券发行的目的

债券发行人不同,其发行目的也因此各有不同。

(1) 对中央政府和地方政府而言,债券发行目的较为单一,主要是为了弥补财政赤字和扩大公共投资。

(2) 对金融机构而言,债券发行目的主要是为了增加信贷资金来源,以扩大投资。

(3) 对企业而言,债券发行目的较为复杂,主要有:
(a) 扩大筹资渠道,获得长期稳定、低成本的资金。
(b) 转移通货膨胀风险,减少公司在高通货膨胀时期的压力和负担。
(c) 较发行股票更为灵活地使用资金。
(d) 避免采取发行股票方式筹资而失去对公司的控制。

(二) 债券发行的条件

确定合理的发行条件是债券成功发行的关键,它直接影响到发行者的筹资成本和投资者的投资决策。债券发行条件主要包括以下内容。

1. 发行额

发行额是指发行者预定发行债券的总额。发行额的确定主要受到发行者的资金需要量、发行者资信状况及还本付息能力、市场承受力、法定的发行限额等因素的影响。发行额不宜过高也不宜过低。一般来说,初次发行债券时,发行额可定得低一些,便于发行成功,为以后再次发行打下良好基础。

2. 债券期限

债券期限是指债券从发行到偿还本息的时间限度。在确定发行期限时,主要应考虑以下因素:

(1) 发行人对资金需求的性质,属于长期使用还是短期使用。

(2) 对未来市场利率水平的预期。若预期市场利率将下降,宜发行短期债券;反之,宜发行长期债券。

(3) 流通市场的发达程度。流通市场越发达,发行者可根据自己的意愿自由发行任何期限的债券;否则,应慎重考虑发行长期债券所带来的转让问题,也就是说宜发行短期债券。

(4) 其他因素。如发行者的信用度、一国的消费倾向及投资偏好、通货膨胀、投资者心理状况、其他债券的期限构成等,都是在确定债券期限时应予认真考虑的。

3. 票面利率

票面利率又称名义利率。它是年利息和票面金额的比率。债券的票面利率主要包括以下三个内容:

(1) 利率水平。利率水平主要受银行同期存款利率水平、其他债券的利率水平、债券期限长短和发行人信用级别等因素的影响。发行者应综合各种因素,确定合理的票面利率,既保证债券的顺利发行,又减轻利息负担。

(2) 计息方法。主要有以下三种:

(a) 单利计息,即仅按本金逐期计算,债券未偿还前所产生的利息不加入本金重复计算。其计算公式如下:

利息＝本金×年利息率×期限

本息合计＝本金×(1＋年利息率×期限)

(b) 复利计算,将债券未到期之前所产生的利息加入本金,逐期滚算。其计算公式如下:

$$本息合计＝本金×(1＋利息率)^{期限}$$

(c) 贴现计息,即投资者按债券票面额和约定的应收利息的差价买进债券,债券到期偿还时按票面额收回本息。其计算公式如下:

贴现利息＝票面额－发行价格

$$贴现利率＝\frac{票面额－发行价格}{票面额×期限}×100\%$$

(3) 付息方式。付息方式是指在债券有效期内,发行人向债券持有人支付利息的方式。它通常分为一次性付息和分次付息两类。一次性付息是指从发行到偿还时间内只支付一次利息;分次付息则指在债券有效期内按约定的时间分若干次支付利息。它又可分为按年付息、半年付息和按季付息三种方式。决定债券的付息方式,要综合考虑一国投资者的习惯、筹资成本、支付利息网点数量、市场状况等因素。

4. 发行价格

发行价格,即新发行的债券从发行人手中到投资者手中的初始价格。由于从票面利率的确定到债券实际发行之间存在一定的时间间隔,在这期间市场利率可能会发生变化,因此导致债券的发行价格与其票面金额不一定一致的情况。具体地说,债券发行价格根据市场利率的不同水平可分为以下三种:

(1) 平价发行又称等价发行:此时债券票面利率与市场收益率正好一致。

(2) 溢价发行:此时市场收益率低于债券票面利率,债券以高于面额价格发行,使债券发行人筹资成本减少,投资者实际收益水平下降(至少等于市场收益率水平)。

(3) 折价发行:此时市场收益率高于债券票面利率,债券以低于券面金额价格发行,使投资者的实际收益水平不低于市场收益率。

5. 偿还方式

债券的偿还方式直接影响到债券的收益率高低和风险大小,往往在债券发行时就予以明确规定。债券偿还方式一般有以下几种类型:

(1) 到期偿还:指到期时一次全部偿还本金。其中包括期中偿还:指债券到期前全部或部分偿还本金;展期偿还:指债券到期后按原定利率将偿还期延长至某一指定日期。

(2) 全部偿还:指债券到期前全部偿还本金。其中包括部分偿还:指债券到期前部分偿还本金。

(3) 定期偿还:指债券到期前按规定日期定时偿还本金。其中包括随时偿还:指在债券到期前的任意时间偿还全部或部分本金等。

三、债券的交易

(一) 债券的市场价格

债券交易的理论价格由现值理论得出,债券的投资收益来自于每期的利息收入和到期时的债券面值,因此债券的价格在理论上等于用当前的市场利率将未来的债息收入和债券面值折算成的现在的价值。

债券的市场价格是指债券在市场中某一时点上的债券价值。债券的市场价格是随着市场利率的波动而波动的。一般来说,债券的市场价格同市场利率成反比例关系。即当市场利率上升时,债券的市场价格会下降;当市场利率下降时,债券的市场价格会上升。

1. 到期一次还本付息的债券价格

$$P = \frac{V \times (1+r)}{(1+i)^n}$$

其中:P 为债券理论价格,也是债券的现值,V 为债券面值,r 为债券票面利率,i 为市场利率,n 为债券持有年限。

2. 分次支付利息的债券价格

(1) 单利计息的债券价格:

$$P = \frac{V \times (1+rn)}{(1+in)}$$

(2) 复利计息的债券价格:

$$P = \frac{V \times (1+r)^n}{(1+i)^n}$$

因此,债券的理论价格主要取决于债券面额、债券票面利率、市场利率及债券持有年限等因素。

债券的市场价格则在包括上述因素的诸多因素的影响和作用下使某一具体债券的实际收益率不断趋近市场收益率(即市场利率)的过程中形成,并围绕着债券理论价格这一中心上下波动。

(二) 影响债券价格的因素

债券理论价格决定债券市场价格,而市场价格又经常背离理论价格而波动。除了市场利率和市场供求关系这两个最基本的因素外,债券市场价格的波动还受到以下因素的影响。

1. 社会经济发展状况

经济发展的不同阶段会影响到社会资金的供求变化,从而引起债券价格的变化。一般而言,在经济景气阶段,企业会增加投资,通过出售持有的国债、金融债券、其他公司债券,或者发行新的企业债券来获得资金,从而减少对债券的需求,债券供给相对增加,引起债券价格下降,利率上升;反之,在经济衰退阶段,企业和金融机构都出现资金过剩,它们会将闲置资金投资于债券,并且减少自身债券的发行,从而引起债券需求相对增加,供给减少,债券价格上升,利率下降。

2. 宏观经济政策

宏观经济政策的松紧程度会对金融市场产生巨大影响,从而影响债券价格的变化。如一国实行宽松的货币政策时,整个社会资金供应偏松,利率下降,债券价格会上升;反之,债券价格则下降。

3. 财政收支状况

财政收支状况也对债券价格有重大影响。财政资金宽松时,会增加银行存款和对金融债券、企业债券的持有,以提高资金效益,这样会增加债券需求并推动债券价格的上升;反之,财政资金紧张或有赤字时,会减少银行存款并发行巨额政府债券以弥补赤字,此时会带动债券供应增加和社会资金紧张,从而促使债券价格下跌。

4. 其他因素

诸如各国间利差和汇率的影响等,也会对开放型金融市场中的债券价格变化产生影响。

(三)债券的收益率计算

债券的收益率是指债券的投资收益与投资额的比率。决定债券收益率的因素主要有票面利率、期限、面值和购买价格。

$$债券购买者的收益率 = \frac{(到期本利和-买入价格) \div 剩余年限}{买入价格} \times 100\%$$

$$债券出售者的收益率 = \frac{(卖出价格-发行价格) \div 持有年限}{发行价格} \times 100\%$$

$$债券持有期间的收益率 = \frac{(卖出价格-买入价格) \div 持有年限}{买入价格} \times 100\%$$

【例 9-1】 某人以 128 元的单价于 2009 年 3 月 1 日购买了一张面值 100 元、利率 8% 的 2004 年 12 月 1 日发行的 5 年期国库券,如果保存到 2009 年 12 月 1 日,则:

$$购买者收益率=\frac{(140-128)\div(9\div12)}{128}\times100\%=12.50\%$$

$$出售者收益率=\frac{(128-100)\div(51\div12)}{100}\times100\%=6.59\%$$

【例 9-2】 某人 2006 年 12 月 1 日以 110 元购买了面值 100 元的 2005 年发行的 5 年期国库券,并持有到 2009 年 12 月 1 日以 130 元卖出,则:

$$持有期间收益率=\frac{(130-110)\div3}{110}\times100\%=6.06\%$$

(四)债券的信用评级

债券的信用评级是指由专门的机构按一定的指标体系对准备发行债券的还本付息的可靠程度作出公正客观的评定。对广大投资者尤其是中小投资者来说,由于受到时间、知识和信息的限制,他们无法对众多债券进行分析和选择,而债券信用评级则为广大投资者提供了债券投资决策的重要参考指标,使其可以有效地防范信用风险(即发行人能偿还本息的风险)。债券信用评级还有助于以较低的筹资成本发行债券,以及为证券管理机构提供一定的参考价值,因此是债券市场上不可或缺的一个组成部分。

目前,国际上公认的最具权威性的信用评级机构,主要有美国标准普尔公司和穆迪投资服务公司。这两家公司负责评级的债券很广泛,包括地方政府债券、公司债券和外国债券等。由于拥有详尽的资料和先进的科学分析技术,加之丰富的实践经验和大量的专门人才,因此它们所作出的信用评级具有很高的权威性。标准普尔公司的信用等级标准从高到低可划分为:AAA 级、AA 级、A 级、BBB 级、BB 级、B 级、CCC 级、CC 级、C 级和 D 级。穆迪公司则相应划分为:Aaa 级、Aa 级、A 级、Baa 级、Ba 级、B 级、Caa 级、Ca 级和 C 级。两家公司的信用等级划分大同小异,前四个级别的债券信誉高,违约风险小,属于"投资级债券",第五级以后的债券信誉低,属于"投机级债券"。

第三节 投资基金市场

一、投资基金概述

(一)投资基金的定义

基金通常分为两种:专项基金和投资基金。专项基金是指用于指定用途的资金。这种传统意义上的基金是通过国民收入的分配和再分配而形成的具有特定用途的基金。它大体上可以分为三类:一是社会福利基金,主要是由企业、职工自行积累或国家财政拨款的资金,用于保障职工的生活福利;二是保险基金,主要是投保人交纳的保费,用于因受到不可抗拒的自然灾害或意外事故的偿还;三是基金会,其资金主要来源于捐赠,用于科教文体、社会治安等。

投资基金是专门为众多的中小投资者设计的一种间接投资工具。它是指根据预定投资方向,通过发售投资基金证券募集资金形成独立财产,由基金管理人管理、基金托管人托管,基金证券持有人按其份额享受收益和承担风险的集合投资方式。有时候,投资基金简称基金。与投资基金相联系的概念有投资基金证券、投资基金组织和投资基金单位等。

投资基金证券简称基金证券。它是指投资基金组织为募集资金以实现特定投资目的而向投资者发行的、证明持有人按其份额享有资产所有权、收益分配权和剩余资产分配权及其他权益的一种证券类凭证。

投资基金组织是指按照共同投资、共享收益、共担风险的基本原则和股份有限公司的某些原则,运用现代信托关系的机制,以基金方式将各个投资者彼此分散的资金集中起来以实现预期投资目的的投资组织制度。

投资基金单位是计量投资基金持有人权益数量、投资基金证券发行数量和交易数量的一种技术标准。它类似于计量股票或股权的"股"。在我国目前情况下,每一证券投资基金单位为 1 元人民币。

(二) 投资基金的特点

1. 集合投资

投资基金是这样一种投资方式:它将零散的资金巧妙地汇集起来,交给专业机构投资于各种金融工具,以谋取资产的增值。基金对投资的最低限额要求不高,投资者可以根据自己的经济能力决定购买数量,有些基金甚至不限制投资额大小。因此,基金可以最广泛地吸收社会闲散资金,集腋成裘,汇成规模巨大的投资基金。在参与证券投资基金时,资本越雄厚,优势越明显,而且可能享有大额投资在降低成本上的相对优势,从而获得规模效益的好处。

2. 分散风险

根据投资专家的经验,要在投资中做到起码的分散风险,通常要持有 10 只左右的股票。投资学上有一句谚语"不要把你的鸡蛋放在同一个篮子里"。然而,中小投资者通常无力做到这一点。如果投资者把所有资金都投资于一家公司的股票,一旦这家公司破产,投资者便可能损失殆尽。而证券投资基金通过汇集众多中小投资者的小额资金,形成雄厚的资金实力,不仅可以同时把投资者的资金分散投资于各种股票,使某些股票跌价造成的损失可以用其他股票涨价的盈利来弥补,分散了投资风险,而且可以投资于多种市场,因此大大降低了非系统性风险。

3. 专家管理

散户在证券投资时常常遇到专业知识不足的问题。证券投资风险较大,要想较好地把握投资时机,进行正确的投资决策,需要相当的专业知识。因为证券投资涉及广泛的领域,需要掌握相关的经济学理论、金融知识、投资理论,需要有关的金融工具风险收益知识,需要进行相关数据的计算。既要对宏观经济形势有很好的把握,对行业和企业的情况有较为深入的了解,又要会技术分析,懂得进行恰当的资产组合。因此,掌握相关的专业知识,对于正确作出投资决策是非常必要的。而投资基金的投资是由专业人士来进行的,他们一般具有良好的知识背景,又具有丰富的实践经验。在投资中,他们可以更好地审时度势,最大限度地避免投资决策的失误,提高投资成功率。

4. 全时运作

散户大多是利用业余时间或工作的间隙来进行证券买卖的,这就会使他们不能及时获取信息而错过有利的投资机会。而基金运作者属于专业人士,不仅可以全天候地关注证券信息,而且可以同时关注多个市场和多种市场,进行复杂的投资运作。如在买卖股票的同时,又可以在期货市场进行股票指数的期货和期权交易,还可以在外汇市场上进行外汇的现货和期货投机等,从而可以获得一切可以利用的信息和投资机会。

5. 费用较低

基金的费用通常较低。根据国际市场的一般惯例,基金管理公司就提供基金管理服务而向基金收取的管理费一般为基金资产净值的 $1\% \sim 2.5\%$,而投资者购买基金需交纳的费用通常为认购总额的 0.25%,低于购买股票的费用。此外,由于基金集中了大量的资金来进行证券交易,通常也能在手续费方面得到证券商的优惠。为了支持基金业的发展,很多国家和地区还对基金的税收给予优惠,使投资者通过基金投资证券所承担的税负不高于直接投资于证券所承担的税负。

(三) 投资基金的分类

按照不同的标准,投资基金可以进行不同的分类。

1. 按照投资对象的流动性不同,投资基金可分为证券投资基金和产业投资基金

证券投资基金是指以各类证券为主要投资对象的投资基金。

产业投资基金是指以非上市股权为主要投资对象的投资基金。其中,证券投资基金包括股票基金、债券基金、专门基金、衍生基金、对冲基金与套利基金等。

股票基金:指以股票为投资对象的基金。这是基金最原始、最基本的品种之一。

债券基金:指以债券为投资对象的基金。这是基金市场上又一重要品种。

专门基金:指专门投资于单一行业股票的基金,也称次级股票基金。

衍生基金:是指投资于衍生金融工具。它包括期货、期权、互换等工具的基金,如指数基金、期权基金等。

对冲基金又称套期保值基金:指在金融市场上进行套期保值交易,利用现货市场和衍生市场对冲的基金。

套利基金:指在不同金融市场上利用其价格差异低买高卖进行套利的基金。

2. 按照募集方式的不同,投资基金可分为私募基金和公募基金

私募基金是指以非公开方式向特定投资者募集资金的投资方式。在这种条件下,基金发起人通过电话、信函、面谈等方式,直接向一些机构投资者或个人推销基金单位。由于私募基金对投资者的风险承受能力要求较高,其监管又相对宽松,所以,各国的法律、法规明确限制了私募基金持有人的最高人数和投资者的资格要求,否则,私募基金不得设立。如大部分的产业投资基金和少数的证券投资基金属于私募基金。

公募基金是指以公开发行方式向社会公众投资者募集基金资金的投资基金。公募基金可以通过各种媒体披露发行信息,投资者人数一般不受限制。由于公募基金面向社会公众投资者募集资金,在信息不对称条件下,为了保障基金持有人的权益,各国都制定了相当严格的法律、法规,对公募基金的发售、设立、运作、托管、变更、解散等进行规范。

3. 按照基金单位是否可增加或赎回,投资基金可分为封闭式基金和开放式基金

封闭式基金又称固定基金。它是指基金证券的预定数量发行完毕后,在规定的时间(也称基金存续期)内基金单位规模不再增大或缩减的投资基金。封闭式基金的发起人在设立基金时,限定了基金单位的发行总额,筹集到这个总额后,基金即宣告成立,并进行"封闭",在规定的时间内不再接受新的投资。封闭式基金的期限是指基金的存续期,即基金从成立起到终止之间的时间。基金期限届满即为基金终止,管理人应组织清算小组对基金资产进行清产核资,并将清产核资后的基金净资产按照投资者的出资比例进行公正合理的分配。如果基金在运行过程中,由于某些特殊的情况,使得基金的运作无法正常运行时,报经主管部门批准,可提前终止。

开放式基金是指基金发起人在设立基金时,基金单位的总数是不固定的,可视投资者的需求追加发行的投资基金。开放式基金的持有人可以依据基金份额的资产净值,在规定的时间和场所申购或者赎回基金单位。投资者可根据市场状况和各自的投资决策,要求发行机构按当期净资产值扣除手续费后赎回基金份额,或者再买入基金份额,增持基金份额。为了满足投资者中途抽回基金、实现变现的要

求,开放式基金一般在基金资产中保持一定比例的现金。这虽然会影响基金的盈利水平,但对于开放式基金来说是必需的。

4. 按照基金组织形式的不同,投资基金可分为契约型基金和公司型基金

契约型基金又称信托型基金。它是指把投资者、管理人、托管人三者作为基金的当事人,通过签订基金契约的形式发行收益凭证而设立的一种基金。契约型基金是基于契约原理而组织起来的代理投资行为,通过基金契约来规范三方当事人的行为。基金管理人依据法律、法规和基金契约负责基金的管理;基金托管人负责基金资产的保管,执行管理人的有关指令,办理基金名下的资金往来;投资者通过购买基金单位,享有基金投资收益。如英国、日本以及我国香港和我国台湾地区大都是契约型基金。

公司型基金是具有投资目标的投资者依据《公司法》组成以营利为目的、投资于特定对象的股份制投资公司。这种基金通过发行股份的方式筹集资金,是具有法人资格的经济实体。基金持有人既是基金投资者又是公司股东,按照公司章程的规定,享有权利,履行义务。公司型基金成立后,通常委托特定的基金管理公司运用基金资产进行投资并管理基金资产。基金资产的保管则委托另一个金融机构,该机构的主要职责是保管基金资产并执行基金管理人指令,两者权责分明。基金资产独立于基金管理人和托管人的资产之外,即使受托的金融保管机构破产,受托保管的基金资产也不在清算之列。美国的基金多为公司型基金,我国目前尚没有公司型基金。

5. 按照投资目标的不同,投资基金可分为成长型基金、收入型基金和平衡型基金

成长型基金:指主要投资于成长型股票的基金。这种股票的市场价格预期上涨速度快于一般公司的股票或快于股票价格综合指数的上涨速度。

收入型基金:指以获得当期最大收入为目的,主要投资于可带来现金收入的有价证券的基金。

平衡型基金:指投资于两种不同类型的证券,并在以取得收入为目的的债券及优先股和以取得资本增值为目的的普通股之间进行平衡的基金。

6. 按照投资货币的种类,投资基金可分为美元基金、日元基金和欧元基金

美元基金:指投资于美元市场的投资基金。

日元基金:指投资于日元市场的投资基金。

欧元基金:指投资于欧元市场的投资基金。

7. 按照资本来源和运用地域的不同,投资基金可分为国际基金、海外基金、国内基金、国家基金和区域基金

国际基金:指资本来源于国内,并投资于国外市场的投资基金。

海外基金也称离岸基金：指资本来源于国外，并投资于国外市场的投资基金。

国内基金：指资本来源于国内，并投资于国内市场的投资基金。

国家基金：指资本来源于国外，并投资于某一特定国家的投资基金。

区域基金：指投资于某个特定地区的投资基金。

二、基金的设立

基金的设立有两种基本方式：基金注册制和基金核准制。

（一）基金注册制

基金注册制是指基金只要满足法规规定的条件，就可以申请并获得注册。在基金申请注册过程中，基金主管部门不对基金发行人的申请及基金本身作出价值判断，只审查基金发行申请人是否严格履行了相关的信息披露义务，其对基金发行公开材料的审查只是形式审查，不涉及任何发行实质条件的审查。只要基金发行人完整、及时、真实、准确地披露了相关信息，基金主管部门不得以申请人财务状况未达到一定的标准而拒绝其发行。

目前，多数发达国家和地区一般采用注册制，如美国、英国和我国台湾及我国香港地区。

（二）基金核准制

基金核准制是指基金不仅要具备法规规定的条件，还要通过基金主管部门的实质审查才能设立。在基金核准制下，基金主管部门有权对基金发行人及其所发行的基金作出审查和决定。如日本实行基金核准制。

我国《证券投资基金管理暂行办法》规定，基金的设立必须经过中国证监会的审查批准，因此我国实行的是一种特殊的基金核准制。

三、基金的发行与交易

（一）基金的发行

基金的发行也称基金的募集。它是指基金发起人在其设立或扩募基金的申请获得监管机构批准后，向投资者推销基金单位、募集资金的行为。

常见的基金发行方式有四种：第一，直接销售发行，基金不通过任何专门的销售公司而直接销售给投资者；第二，包销方式，基金由经纪人按基金的净资产买入，然后再以公开销售价格销售给投资者；第三，销售集团方式，即由包销人牵头组成几个销售集团，基金由各销售集团的经纪人代销。

（二）基金的交易

基金的交易是在基金发行之后进行的买卖活动。开放式基金一般不到证券交易所挂牌上市交易,而是通过指定的销售网点进行申购或赎回。封闭式基金募集成立后,根据规定可申请上市,在证券交易所上市流通,其操作程序同股票买卖相同。

（三）基金的运作机制

投资基金,在运作机制上,一般通过设置信托的方式进行投资运作,委托基金管理人管理运用基金资产,委托基金托管人保管基金资产。基金投资人是委托人和受益人,基金管理人和基金托管人是受托人。在基金的治理结构中,有三个基本的当事人,即基金投资人、基金管理人和基金托管人。

1. 基金投资人

基金投资人是指购买并持有基金证券的个人或机构,也就是基金的投资者。他们是基金的实际所有者,享有基金的投资收益,并承担相应的投资风险。一般来说,基金持有人的权利包括:分享基金收益,参与基金剩余财产的分配,赎回或者转让其持有的基金份额,出席基金持有人大会并对审议事项行使表决,查询或者获取公开的基金业务和财务状况资料、基金合同或者基金章程规定的其他权利。基金持有人在享有上述权利的同时,还有履行基金合同或者基金章程规定的义务。这些义务包括:遵守基金契约或基金公司章程,交纳基金认购款项及规定的费用,承担基金亏损或者终止的有限责任,不从事任何有损基金及其他基金投资者利益的活动。

2. 基金管理人

基金管理人是管理和运作基金资产的机构。具体地说,它是指凭借专门的知识与经验,运用所管理基金的资产,根据法律、法规及基金章程或基金契约的规定,按照科学的投资组合原理进行投资决策,谋求所管理的基金资产不断增值,并使基金持有人获取尽可能多的收益的机构。其主要职责是:进行基金资产的投资运作,负责基金资产的财务管理,促进基金资产的保值增值及其他与基金资产有关的经营活动。

3. 基金托管人

基金托管人又称基金保管机构,通常由商业银行等金融机构承担。其主要职责是:保管基金资产,监督基金管理公司在基金投资运作中的各项资产活动,办理基金资产变动的有关事项。

为了充分保障基金投资者的权益,防止基金资产被挪作他用,各国的证券投资信托法规都规定:基金都要由某一托管机构,即基金托管人来对基金管理机构的投资操作进行监督和保管基金资产。如美国1940年的《投资公司法》规定,投资公司（即基金公司）应将基金的证券、资产及现金存放于托管公司,托管公司应为基金设立独立账户,分别管理,定期检查。

复习思考题

一、判断题

1. 在股份公司盈利分配和破产清理时,优先股股东优先于普通股股东。(　　)
2. 有价证券从发行者手中转移到投资者手中,这类交易属于二级市场交易。
(　　)
3. 一般来说,当市场利率上升时,债券的市场价格也会上升。(　　)
4. 凭证式国债具有标准格式,无记名,可挂失。(　　)
5. 以低于债券面值的价格发行,到期按面值归还的债券是贴现债券。(　　)
6. 股票的账面价值又可称为股票的票面价值。(　　)
7. 我国证券交易所的组织形式为会员制。(　　)
8. H 股是指带有中国内地概念的股份公司注册地在境外、上市地在香港的外资股。(　　)
9. 投资基金按照基金单位是否可赎回可分为私募基金和公募基金。(　　)
10. 股票溢价发行是指发行人按高于净值的价格发行股票。(　　)

二、简述题

1. 简述普通股股票和优先股股票的区别。
2. 影响股票价格变动的因素有哪些?
3. 影响债券价格变动的因素有哪些?
4. 投资基金的特点有哪些?
5. 封闭式基金与开放式基金的区别有哪些?

三、案例与阅读

证券投资基金

广发基金管理有限公司于 2008 年 6 月 12 日至 2008 年 7 月 11 日推出广发核心精选股票型证券投资基金,基金为契约型开放式股票型基金。基金托管人为中国工商银行。发售面值:人民币 1 元;认购价格:人民币 1 元;最高认购费率不超过 2.0%。工商银行的销售网点每个基金账户首次认购的最低限额为 5 000 元(含认购费),追加认购最低金额为 1 000 元,投资金额级差为 1 000 元;除工商银行以外的代销网点每个基金账户首次认购的最低限额为 1 000 元(含认购费),直销机构网点每个基金账户首次认购的最低限额为 50 000 元(含认购费)。投资者可自《基金合同》生效后不超过 3 个月的时间开始办理本基金的日常申购和赎回。投资者在申购本基金时按级差费率交纳申购费用。在赎回基金份额时应交纳赎回费,赎回费率随赎回基金份额持有年份的增加而递减。

资料来源:翟建华、李军燕主编:《金融学概论》,东北财经大学出版社 2008 年版。

问题:
(1) 什么是契约型基金?
(2) 什么是开放式基金?
(3) 什么是股票基金?

第 十 章

金融衍生市场

第一节 金融期货市场

一、期货市场的发展

期货交易由现货交易发展而来,并与现货交易相对。现货交易是指买卖双方一手交钱、一手交货,钱货立即交割结清的交易方式;而期货交易则是一种集中交易标准化远期合约的交易形式。早在13世纪比利时的安特卫普、17世纪荷兰的阿姆斯特丹和18世纪日本的大阪,就已经出现了期货交易的雏形。现代意义的期货诞生于19世纪的美国,以1848年芝加哥期货交易所(CBOT)的创立作为现代有组织的期货交易市场建立的标志,至今已有150多年的历史。我们在这里要讨论的主要是金融期货,即以传统的金融商品如证券、货币、汇率、利率等为标的物的期货合约。金融期货是期货交易的一种,与商品期货(即以实物商品为标的物的期货合约)相对,产生于20世纪70年代。1972年,美国芝加哥商业交易所(CME)的国际货币市场开始国际货币的期货交易。1975年,芝加哥商业交易所开展房地产抵押券的期货交易,标志着金融期货交易的开始。目前,世界上有数十个金融期货市场,主要分布在北美、欧洲和亚太地区,市场上都进行各种金融工具的期货交易,货币、利率、股票指数等都被作为期货交易的对象。金融期货交易在许多方面已经走在商品期货交易的前面,占整个期货市场交易量的80%以上,成为西方金融创新成功的例证。

二、金融期货的含义、特征及分类

(一) 金融期货的含义

金融期货也称金融期货合约。它是一种标准化合约,上面载明买卖双方同意在约定的将来某个日期按约定的条件(包括价格、地点和交割方式)买进或卖出一定数量的某种金融商品。

(二) 金融期货的特征

第一,合约的交易单位、交割日期和交割地点等均为标准化,在合约上明确载明,无须双方再商定。价格是期货合约的唯一变量,买卖双方在交易中所做的唯一工作便是商定交易价格。

第二,不需实际交割。期货合约的买卖双方可在交割日之前分别采取对冲交易以结束其期货头寸,而无需进行实物交割,即期货的买方可在交割日之前卖出相同的期货合约,而期货的卖方可在交割之前买入相同的期货合约,从而轧平交易头寸。在实际中,绝大多数期货交易都是通过对冲交易来结清头寸的,最终进行实物交割的期货合约不到2%。

但对于进行实物交割的期货合约,一般是指定固定的银行作为交收地点,届时按合约双方交易的金融资产和货币额相互收受,或仅有一方在交割日将合约价格与当时市场的现货价格之差补给对方。

(三) 金融期货类型

按照用于交易的金融商品来划分,金融期货主要分为四大类。

1. 外汇期货

外汇期货也称货币期货。它是最早的金融期货品种,是指买卖双方同意在将来某一日期按约定的汇率买卖一定数量某种外币的合约。国际货币市场上较为活跃的交易货币主要有英镑、日元、加拿大元和瑞士法郎四种。

2. 利率期货

利率期货是指买卖双方同意在约定的将来某个日期,按双方约定的条件,买卖一定数量的某种信用工具(长期或短期)的合约。这些信用工具主要包括短期国库券、中期国库券、长期国库券、政府住宅抵押证券、免税地方债券、国内定期存单、欧洲美元存款和商业票据等。由于各种信用工具的价格与利率水平密切相关,因此被称为利率期货。

3. 股票指数期货

股票指数期货是指买卖双方同意在将来某一时期,按约定的价格买卖股票指数的合约。由于股票指数没有具体的实物形式,因此双方在交易时将股票指数换算成货币单位进行结算而没有实物交割。股票指数期货的交易对象主要是世界股票市场上有代表性的股票价格指数,如日本的日经指数,我国香港的恒生指数,美国的道·琼斯指数、标准普尔指数和英国的《金融时报》指数等。

4. 黄金期货

黄金期货是指买卖双方同意在将来某一日期按约定的价格买卖一定数量黄金的合约。黄金期货是金融期货中唯一有实物形态的交易,其交易对象为金块。

三、金融期货市场的构成

(一) 期货交易所

期货交易所是期货合约买卖的场所,与证券交易所一样,是有固定交易地点、严格交易时间的高度组织化的交易市场。期货交易所通常采取会员制形式,通过收取会员的会费、席位费和交易手续费作为交易所的日常管理费用及各种活动的经费。其主要功能是:为期货交易提供场所及必需的设施,制定期货交易规则和操作规范,监督交易所内的业务活动以及收集和分发有关期货市场的信息资料,从而保证期货交易公平、连续、活跃地进行。

(二) 清算所

清算所是附属于期货交易所的专门清算机构,但它又以独立的公司形式组建,并以会员公司的名义加入交易所。其主要职能是:负责对每日成交的期货合约进行清算,对清算所会员的保证金账户进行调整平衡,负责收取和管理保证金、监督管理到期合约的实物交割、报告交易数据以及提供会员间的风险担保等。

(三) 经纪公司

经纪公司是代理客户进行期货交易的公司。一般而言,除了一些实力雄厚、自身在交易所拥有交易席位的大公司或个人外,大部分期货交易者都是通过在经纪公司开立账户并委托后者来买卖期货合约的。经纪公司通常通过委派场内经纪人在交易所内具体执行客户交易指令,代理进行期货合约的买卖。

(四) 市场交易者

按交易目的划分,市场交易者可分为套期保值者和投机者两大类。

套期保值者出于对其持有的证券资产或现货市场交易活动的风险规避和保值的目的而参与期货市场,具体包括证券商、商业银行、养老基金会、保险公司、企业等。投机者则主要为了投机获利而入市,具体包括期货商、期货市场上的投资信托者以及个人投资者等。

四、金融期货市场的功能

(一) 套期保值功能

所谓套期保值,是指在期货市场上进行与现货市场反向的交易,以减轻或消除未来现货市场的风险,从而达到对现货保值的目的。具体地说,在现货市场买进或持有一种金融资产的同时,又在期货市场上卖出同种金融资产的期货,或作相反的交易。这样,在价格发生变化时,由于期货价格和现货价格具有呈同方向变动的特点,而两者却是相反的交易,其结果必然是一盈一亏,盈亏相抵后可以减少损失,从而达到保值的目的。套期保值的基本原理在于某一特定商品或金融资产的期货价格和现货价格受相同经济因素的制约和影响,从而它们的变动趋势是一致的,而且越临近到期日,期货价格就越接近于现货价格。套期保值的基本做法是"方向相反、数量相当"。套期保值是期货市场最重要和最基本的功能之一。

（二）价格发现功能

所谓发现价格，是指期货市场能够准确、合理地产生未来的现货价格。期货价格是以公开竞价的方式产生的。在现代技术条件下，一般通过大型计算机网络交易系统按照"价格优先、时间优先"的原则自动撮合而成。期货市场之所以具有价格发现功能，是因为期货市场的数量相对集中，市场中聚集了大量的交易者，期货市场价格的产生可以说反映了广大交易者的供给与需求信息，因而期货价格具有一定的权威性、代表性、合理性、预期性。这一价格一旦形成，就代表了未来现货价格的走势，可立即通过电讯媒体传输到世界各地，并影响供求关系，从而形成新的价格。如此循环往复，使价格不断趋于合理，因而成为指导生产、合理配置社会生产要素的重要依据，大大克服了生产经营的盲目性。当然，期货价格并非时时刻刻都能准确地反映市场的供求关系，但是这一价格克服了分散、局部的市场价格在时间上和空间上的局限性。应该说，它比较真实地反映了一定时期世界范围内供求关系影响下的商品或金融资产的价格水平。价格发现也是期货市场的基本功能之一。

第二节 金融期权市场

一、期权市场的形成和发展

期权交易是一种古老的商品交易方式。相传在17世纪甚至更早就有期权交易方式的记载。18世纪至19世纪，美国及欧洲相继出现了有组织的以农产品为标的物的期权交易。19世纪，美国开始出现以股票为标的物的期权交易，但这只是金融期权的雏形，尚未形成统一规范的市场。

现代的期权交易是20世纪70年代以来西方金融市场金融创新的重要成果之一。它从有形商品发展到金融领域，从分散的、非标准化的一对一交易发展到在集中的交易所内通过公开竞价进行交易。金融期权的创新首推美国，以1973年4月26日芝加哥期权交易所（CBOE）的成立和16种以股票为标的物的买入期权合约的推出为标志。1977年6月，各交易所开始交易卖出期权。1982年，CBOE推出期货期权交易，1983年，又推出股票指数期权交易，都相继取得成功。目前世界上除了美国之外，英国、荷兰、新加坡、加拿大、澳大利亚、法国、日本、德国、马来西亚、中国香港等国家和地区都相继开始了期权交易，形成了世界性的期权市场。

二、金融期权的概念与特征

（一）金融期权的概念

期权又称选择权。它是指其持有者能在规定的时间内按交易双方商定的价格购买或出售一定数量的某种特定商品的权利。这种选择权又分为两种：一是买入权，即拥有在未来某一时间按照约定的价格买入特定的标的物的权利；二是卖出权，即拥有在未来某一时间按照约定的价格卖出特定的标的物的权利。期权交易就是对这种选择权的买卖。

所谓金融期权，是指在未来某一时间内拥有的对某种金融资产的选择权。具体地说，金融期权是这样一种标准化合约，在合约中规定买方向卖方支付一定的权利金后就赋予了买方在规定的时间内按照约定的价格买入或卖出一定数量的某种金融资产的权利。所谓金融期权交易，就是对金融期权即金融资产的选择权的标准化合约的买卖。在实际交易中，要拥有选择权，就必须通过购买才能获得。购买者要向卖出者支付一定的权利金后，才获得选择权。对买方来说，合约赋予他的是权利而不是义务；对卖方来说，合约赋予他的是义务而不是权利。

（二）金融期权的构成要素

（1）期权性质：指是买入权还是卖出权。

（2）期权价格又称权利金、期权费等：指买方为得到某种权利而支付的费用。对卖方来说，期权费是他卖出期权的报酬。

（3）执行价格又称履约价格、敲定价格或行使价格等：指合约中事先约定的买卖某金融资产的价格。

（4）期权合约金额：指在期权合约中规定的交易限额。

（5）期权的开始日、到期日和交割日：开始日是指合约生效的第一日；到期日是指合约中指定的买方执行权利的最后一日，超过这一日将意味着买方放弃了选择权；交割日是指买方行使期权，而卖方履行合约义务的清算日。

（三）金融期权的特征

金融期权最显著的特点是它交易的对象非常特殊，即是对选择权的一种买卖。同金融期货交易的区别主要有以下几个方面。

1. 交易的标的物不同

期货交易的标的物是代表具体形态的金融资产合约，而期权交易的标的物则是一种抽象的选择权。

2. 买卖双方的权利和义务不同

期货合约买卖双方的权利和义务是对等的，双方都有要求对方履约的权利，且双方在履约方面都带有强制性；期权交易的双方享有的权利和承担的义务是不对等的，期权的买方享有选择权而没有义务，期权的卖方则只有履约义务而无权利，期权合约履约的强制性是单方面的。

3. 合约的定价方式不同

期货合约中并不明确规定未来交易的价格，其价格在交易时通过双方竞价形成,因此期货价格是不固定的,随时在变化;期权价格指的是权利金,而不是合约中标的物的买卖价格。权利金事先确定,并载于合约中,在合约有效期内不会改变。

4. 履约保证不同

期货交易的买卖双方都有履约义务,双方都需交纳保证金;期权的义务是不对称的,买方没有必须履约的义务,通过交付权利金获得权利,无须交纳保证金,卖方则需要交付保证金来保证履约。

5. 买卖双方的盈亏特点不同

期货合约到期或平仓前,买卖双方的盈亏随市场行情的变化而变化;期权交易中的买方盈利是无限的而亏损(即权利金)则是有限的,卖方的盈利(即权利金)是有限的而亏损是无限的。

6. 交易的成本不同

在期货合约交易中,一旦市场价格的走势与交易者的预测相反,交易者将会遭受惨重的损失,交易成本可能很高;在期权交易中,如果发生上述情况,则买方可以选择放弃执行期权,这样不管实际市场价格的变化如何不利,期权买方的损失总是限定在权利金范围内,交易成本有限。

7. 现金流转不同

金融期货交易双方在成交时不发生现金收付关系,但在成交后,由于实行逐日结算制度,交易双方将因价格的变动而发生现金流转,即盈利一方的保证金账户余额将增加,而亏损一方的保证金账户余额将减少。当亏损保证金账户低于规定的维持保证金时,就必须按规定及时交纳追加保证金。因此,金融期货交易双方都必须保有一定的流动性较高的资产,以备不时之需。

而在金融期权交易中,在成交时,期权购买者为取得期权合约所赋予的权利,必须向期权出售者支付一定的期权费;但在成交后,除了到期履约外,交易双方将不发生任何现金流转。

三、金融期权的类型

金融期权的分类标准有很多,按照不同的标准可分为以下几类。

(一) 按照权利不同,金融期权可分为买方期权、卖方期权和双向期权

买方期权也称看涨期权。它是指期权的买方具有在未来一定时间内根据合约确定的价格购买某种金融资产的权利。它是人们预期某种金融资产的未来价格上涨时所购买的期权。

卖方期权也称看跌期权。它是指期权的买方具有在未来一定时期内根据合约确定的价格卖出某种金融资产的权利。它是人们预期某种金融资产的未来价格下

跌时所购买的期权。

双向期权是指购买者在同一时间内既购买了看涨期权又购买了看跌期权的情况。当预期某种金融资产的未来价格将大幅度波动,并对波动把握不住时,人们乐于购买双向期权。无论未来市场价格是升是降,双向期权购买者都可以达到降低风险的目的。

(二) 按照交易环境不同,金融期权可分为场内(交易所)期权和场外期权

场内期权是一种标准化的期权,在交易所大厅内以正规的方式进行交易。

场外期权又称柜台期权。它是在交易所以外的众多金融机构、中间商和客户之间进行的交易。期权是非标准化的,交易的金额、期限以及履约的价格等均由买卖双方商定,也可根据个别客户的需要进行"特制",一般通过电话、电传等电讯设备的联系来完成交易。

(三) 按照执行时间不同,金融期权可分为欧洲式期权和美国式期权

欧洲式期权是指期权的购买者只能在到期日那一天执行期权,既不能提前,也不能推迟。由于欧洲式期权的规定过于严格,目前又出现了一种"改变的欧洲式期权",即允许期权购买者在一定的时间范围内进行交易。

美国式期权允许期权购买者在到期那一天或到期日之前的任何一天进行交易。美国式期权为期权购买者提供了更多的选择机会,但购买时往往需要交付较多的权利金。

(四) 按照载体不同,金融期权可分为股指期权、外汇期权和利率期权

股指期权是指对股票指数变化的一种选择权。它包括指数期权和指数期货期权两种。

外汇期权是指对汇率变化的一种选择权。它包括现汇期权、外汇期货期权和期货式期权三种类型。

利率期权是指对利率变化的一种选择权。它包括利率现货期权和利率期货期权两种。

四、金融期权的运作机制

金融期权的运作机制可以概括为以下三个方面。

(一) 对冲机制

期权交易与期货交易一样,也多以对冲交易为主。即期权合约的买方买进一个期权合约后,在合约到期之前再卖出一个期权合约将原有的合约对冲了结,只有少量的合约到期履约交割。交易者通过对冲交易可以收回全部的权利金。

(二) 履约机制

期权的履约由期权的买方提出,由期权清算公司按照随机原则或按照先进先

出原则选择一个或多个卖方来完成履约。对于已经到期而没有作对冲了结和已经到期买方没有提出履约要求的合约，期权清算公司将通过自动履约机制，帮助客户赚到应有的利润。

（三）保证机制

期权交易的保证由期权清算公司提供，当期权买方向卖方支付了权利金，而卖方向期权清算公司交纳足额的保证金后，期权清算公司便向买卖双方提供100%的交易保证。期权清算公司设有结算会员基金、联保制度等。如果某一交易者出现了违约的情况，清算公司便向其交易对方提供履约担保。因此，期权交易的信用风险极小，具有充分的安全性。

金融期权交易也分为套期保值交易和投机交易两种，其交易原理和过程同金融期货交易相似。

第三节　金融互换市场

一、金融互换的概念

所谓金融互换，是指将不同货币的债务、不同利率的债务或交割期不同的同种货币的债务，由交易双方按照市场行情签订预约，在约定的期限内互相交换，并进行一系列支付的金融交易行为。

最早的互换交易始于20世纪70年代初期，当时大多数国家还实行外汇管制，公司的跨国界的资金融通和向海外投资都还有许多障碍。在这种背景下，一些跨国公司为了业务的需要，绕过各国政府的外汇管制，发展出了"背靠背"式贷款。其基本做法是：假定有两家跨国公司，一家公司的总部在美国，在英国有子公司；一家公司的总部在英国，在美国有子公司。如果两家子公司都需要融资，最好的办法是各自的母公司从银行贷款后再提供给各自的子公司。但是，由于存在着外汇管制，使这种融资方式很难行得通，因此发展出了"背靠背"贷款方式。即两家母公司分别从银行获得贷款后，美国母公司向在美国的英国子公司提供融资，而英国母公司向在英国的美国子公司提供融资，这样，就绕过了外汇管制的障碍。但是，这样做的交易成本很高。因为这需要一定的前提条件，即两家母公司恰好在对方国家里有子公司，并且子公司所需要的资金数额和时间长度要大致一致，双方还都愿意承担可能的风险。随着外汇管制的逐步取消，"背靠背"贷款方式渐渐地显得没有必要了，各国的母公司可以直接向那些已取消外汇管制的国家的子公司提供融资了。但是，又出现另一个问题，即这种融资方式还存在着汇率波动的风险。例如，一家美国的跨国公司向英国的子公司提供英镑贷款，以后陆续得到的利息和最后得到的本金都是以英镑支付的,而美国公司最后的财务核算要以美元为准,还需要把陆续得到的英镑换回美元,在此期间,如果发生美元兑英镑的汇率不利于美元的变化,即英镑贬值了,美国公司就会因汇率风险而遭受损失。而货币互换合约的产生就解决了这个问题。

二、金融互换的种类

金融互换的基本种类可分为两种:货币互换和利率互换。

(一)货币互换

货币互换又称外汇互换。它是指交易双方互相交换不同币种、相同期限、等值资金债务或资产的货币及利率的一种预约性业务。货币互换的前提是要存在两个期限和金额相同而对货币需求相反的伙伴,双方按照预先约定的汇率进行资本额互换,而后每年以约定的利率和资本额进行利率支付和互换,协议到期时则按原约定汇率再将资本额换回。

(二)利率互换

利率互换是指交易双方在债务币种相同的情况下,互相交换不同形式利率的一种预约性业务。利率互换一般不进行本金交换,只是互换以不同利率为基础的资本筹集所产生的一连串利息,包括计息方法不同(如一方以固定利率计息,另一方以浮动利率计息)或计息方法相同但利率水平不一致的互换。利率互换由于双方交换的利率币种是相同的,故一般采用净额支付的方法来结算。利率互换合约的双方是基于对利率变化前景的不同估计而签约的,签约后的利率变化,无论方向如何,总是一方受损,一方受益。具体地说,签约后利率上升,固定利率支付方将收益,浮动利率支付方将受损;签约后利率下降,固定利率支付方将受损,浮动利率支付方将受益。

三、金融互换的功能

(一)规避风险功能

当某种货币的币值极不稳定,而该货币又是某交易者想要的货币时,通过货币互换就可以用一种货币换得想要的币值相对稳定的货币,结果避免了因币值不稳定而带来的损失。由于交易者们对币值变动预测不同,且有甘愿承担风险的投机者参与,这种为保值、规避风险而进行的互换是能够完成的。另外,金融互换是一种表外业务,可以逃避外汇管制、利率管制和税收管制等。

(二)降低筹资成本功能

互换交易是基于比较优势而成立的。交易双方最终分配由比较优势而产生的全部利益是互换交易的主要动机。当一家企业在某一市场具有筹资优势,而该市场与该企业的所需不符时,通过互换可以利用具有优势的市场地位筹措而得到在另一个市场上的所需。这样,互换交易的双方利用各自的筹资优势,可以大幅度降低筹资成本,这是其他金融衍生工具所不具备的一个优势。互换是比较优势理论在金融领域最生动的运用。根据比较优势理论,只要满足以下两种条件,就可以互换:一是双方对对方的资产或负债均有需求,二是双方在两种资产或负债上存在比较优势。

（三）优化资产负债结构功能

互换交易可以使筹资者很方便地筹措到任何期限、币种、利率的资金,方便了资产和负债的货币结构管理,实现了资产和负债的最佳搭配,从而减少了中长期利率和汇率变化的风险。

（四）拓宽融资渠道功能

互换交易可以使某些筹资人进入原本很难进入的市场上获得优惠的资金,通过互换可以拓宽融资渠道。例如,日本一家企业准备筹集一笔美元资金,原计划到美国市场或欧洲美元市场发行美元债券,但由于这两个市场的评级机构对该企业的信用评级很低,因而不太容易进入这两个市场发行债券。在这种情况下,日本企业可以选择先在日本发行日元债券（因为日本的评级机构给予该企业较高的信用评级）,然后做一笔日元和美元的互换交易,从而就获得了所需要的美元资金。

复习思考题

一、判断题

1. 期权的买方最大的损失是期权费。（　）
2. 现代意义的期货诞生于19世纪的美国芝加哥。（　）
3. 绝大多数期货交易都是通过实物交割来结清头寸的。（　）
4. 套期保值是指在期货市场上进行与现货市场方向相同、时间相同、数量相当的交易,以减轻或消除未来现货市场的风险。（　）
5. 股票指数期货是一种以股票作为标的物的金融期货合约。（　）
6. 美式期权是指那些只能在期权到期日才能行权并清算的期权。（　）
7. 期货交易按照"价格优先、时间优先"的原则撮合成交。（　）
8. 期权的买卖双方都需要交付保证金。（　）
9. 金融期货市场具有价格发现的功能。（　）
10. 期货合约的唯一变量是价格。（　）

二、简述题

1. 金融期货有哪些特征和类型？
2. 简述金融期货市场的基本功能。
3. 金融期权交易与期货交易的区别有哪些？
4. 金融期权交易有哪些类型？
5. 简述金融互换的功能。

三、案例与阅读

327 国债期货事件

20 世纪 90 年代，我国曾经出现过金融期货，即国债期货。然而，1995 年 2 月 23 日的 327 国债期货事件对我国国债期货市场造成重创。1995 年 5 月 17 日，中国证监会作出了暂停国债期货交易试点的决定，中国第一个金融期货品种宣告夭折。

"327"是"92C 国债 06 月交收"国债期货合约的代号。其标的是 1992 年发行、1995 年 6 月到期一次性兑付本息的 3 年期国库券，其年票面利率为 9.5%，到期兑付的利息为票面利率再加上保值贴补率。由于到期保值贴补率的高低取决于通货膨胀率，因此该债券的到期现金流存在很大的不确定性。正是这种不确定性引发了多空双方的巨大分歧。市场分化为以万国证券公司为代表的空方阵营和以中国经济开发信托投资公司（"中经开"）为代表的多方阵营。以财政部下属的"中经开"为首的多方利用 327 国债现货规模有限的有利条件，不断拉抬价格，制造逼空行情。而以万国证券为首的空方则认为通货膨胀已经见顶，期货价格严重高估，顽强抵抗。由于看法严重分歧，1995 年 2 月后多空双方均在 48 元附近大规模建仓，327 品种未平仓合约数量不断增加。

在多空双方僵持不下的情况下，1995 年 2 月 23 日，财政部突然宣布将 327 国债票面利率提高 5 个百分点。这个公告大大出乎市场预料之外，因为在该国债的发行条款中除了保值贴补率之外并未规定财政部可以提高票面利率的条款。财政部的这一公告使 327 国债的到期价值突然提高 5%！而当时国债期货的初始保证金才 2.5%，这相当于强令空方向多方支付相当于初始保证金 200% 的赔偿！在这从天而降的特大利好鼓舞下，"中经开"率领的多方借利好用 300 万口买盘将 327 国债期货价格从前一天的收盘价 148.21 元上攻至 151.98 元。而对于空方主力万国证券来说，327 国债期货每上涨 1 元，其在盘后结算时就要损失十几个亿。为了减少损失，万国证券巨额透支交易，在交易所下午收盘前 8 分钟内抛出了 1 056 万口卖单,最后一单以 730 万口(合人民币 1 460 亿元)将价格封在 147.50 元。当日上交所国债期货的成交金额达到创纪录的 8 536 亿元,其中 327 合约占了 80%左右。

327 国债交易中的异常情况,震惊了证券市场。当晚上海证券交易所经紧急磋商,确认空方主力恶意违规,宣布最后 8 分钟所有的 327 品种期货交易无效,当日 327 品种的收盘价为违规前最后一笔交易价格 151.30 元,各会员之间实行协议平仓。这就是著名的 327 国债期货事件。

资料来源:陈秀花主编:《金融概论》,立信会计出版社 2007 年版。

问题:

请你谈谈监管金融衍生品市场的重要性。

第三篇　金融调控与风险管理

随着市场经济的进一步发展，以商业银行为主体的间接金融和以资本市场为基础的直接金融对国民经济的影响越来越大。经济活动中的金融问题也越来越引起政府和其他经济主体的重视，如通货膨胀、金融风险与金融危机、货币政策的调整等问题。如何使这些问题得到较好解决，降低金融风险，防范金融危机，使金融活动的秩序得以正常化，以符合国民经济发展的需要，是中央银行和政府管理当局所面临的重要课题。

中央银行是一国金融业的最高管理当局，是组织和实施宏观调控的金融机构。中央银行负责制定货币政策，解决因货币不均衡而出现的通货膨胀与通货紧缩等问题。同时，中央银行可以通过宏观调控与监管应对金融风险。

本篇第十一章中央银行，主要介绍中央银行的业务与职能；第十二章货币政策，主要介绍货币政策目标与实现货币政策目标的手段；第十三章通货膨胀与通货紧缩，主要介绍通货膨胀的类型、成因及治理对策；第十四章金融风险及其管理，主要介绍金融风险和管理以及金融危机的内涵等。

第十一章

中央银行

第一节 中央银行的产生与类型

一、中央银行的产生

中央银行的产生有两个基本前提：一是商品经济的发展比较成熟，二是金融业的发展对此有客观需求。在银行业发展的初期，并没有中央银行，随着商品生产和流通的发展，市场不断扩大，银行业的竞争也日趋激烈。在这一背景下，建立中央银行制度的必要性逐渐凸显出来。于是，在一些商品经济较为发达的国家，一些原本是商业银行的金融机构开始承担起中央银行的职能，并逐步向中央银行转化。以后，中央银行制度越来越受到各国的认同和重视，各国纷纷建立本国的中央银行，中央银行不断产生和发展。

建立和发展中央银行的必要性主要体现在以下四个方面。

(一) 统一货币的需要

在中央银行制度确立之前，众多银行都有权发行自己的银行券，市场上流通的是五花八门的银行券。随着货币信用业务的迅速扩展，银行数量不断增多，这种分散的银行券发行也越来越暴露出它的缺陷：

(1) 如果各家银行的银行券都能随时兑换，它们之间的比价就只需要简单地根据各自所代表的金属货币量加以确定。但事实上为数众多的中小银行信用能力薄弱，其发行的银行券常常不能兑现。这不仅导致这些银行券以低于面值的价值流通，使得各银行券之间的比价难以确定，扰乱货币流通的秩序，更严重的是，由兑现引起的信用纠葛还很容易引起银行业的挤兑风潮，给社会和经济的发展带来混乱。

(2) 大量的不同种类的银行券同时在市场流通，迫使交易双方不得不花费大量的精力去辨别它们的真伪，社会流通成本大大提高，也为许多不法之徒的欺诈行为提供了机会。

(3) 一般中小银行的业务和影响都局限在一定的地区内，其发行的银行券也很难为外地所接受，因而不利于大范围的商品流动。

这些问题表明，多家银行分散发行银行券的做法已经对迅速发展的商品经济构成障碍，由一家大银行来统一发行银行券势在必行。事实上，这一过程在最开始时是自发的，某些大银行依托自身的优势，在银行券的发行中不断排挤其他的中小银行，并最终在政府的扶持下，成为独占银行券发行权的中央银行。早期的中央银行大都有这一经历。英国的中央银行英格兰银行便是一个典型的例子。

（二）票据清算的需要

银行制度的建立和发展带来了支票等银行票据的流通，依托于银行的转账结算也成为货币流通的主要渠道。资金是经济运作的血液，票据交换及清算若不能得到及时、合理的处置，就会严重阻碍经济的顺畅运行。因此，需要有一个更权威的、全国性的、统一的清算中心。中央银行建立起来以后，这一职责非常自然地就由有政府背景的中央银行承担起来。

（三）最后贷款人的需要

商业银行在经营过程中，经常会出现某些临时性的资金不足，这时，它也许可以通过发行银行券、同业拆借或回购协议方式筹资，但有时这些方式并不能满足需要。这时，客观上就需要一个经济实力雄厚的部门向商业银行提供资金支持，充当商业银行的最后贷款人，以帮助银行渡过暂时的难关，这对于维护银行体系的稳定是非常重要的。中央银行由于其特殊的地位及资金来源在承担最后贷款人职能上义不容辞。

（四）金融宏观调控与监管的需要

现代经济是货币信用经济，货币信用的运行状况对国民经济的稳定与发展具有至关重要的影响，因而对货币信用的调控也成为政府宏观调控的主要内容。通过制定和实施货币政策，对经济运行进行干预和调节，是中央银行的主要职责。同时，银行业经营竞争激烈，银行的破产倒闭会给经济造成极大的震动和破坏。为了建立公平、效率和稳定的银行经营秩序，尽可能避免和减少银行的破产和倒闭，政府需要对金融业进行监督管理。中央银行是最早承担起金融监管职责的机构，也是目前许多国家金融监管的主要机构。

由上可见，中央银行的出现有其客观性，它是为适应商品货币经济发展的要求而逐渐形成的。

从历史上看，最早冠以国家银行名称的是瑞典国家银行，成立于1656年。建立于1694年的英格兰银行，要比瑞典银行晚成立三四十年，在金融史上被称为近代中央银行的先驱。英格兰银行的设立，在中央银行制度发展史上可以说是一个重要的里程碑。但英格兰银行在早期并没有真正履行中央银行的职能。直到1844年，英国通过了《英格兰银行条例》(亦称《比尔条例》)，才正式确立了它作为中央银行的地位。

到19世纪,继英格兰银行之后,欧洲各国纷纷设立中央银行。到了20世纪,西方国家大都采用了中央银行制度。第二次世界大战后,随着国家干预经济的加强,中央银行制度又有了进一步的发展。当今世界各国,几乎都设立中央银行,但其名称不一定都直接称为中央银行。有的直接用国家名称命名,如英格兰银行、法兰西银行、日本银行等;有的称之为国家银行,如比利时国家银行、希腊国家银行、俄罗斯国家银行;有的称之为储备银行,如美国联邦储备银行、印度储备银行、新西兰储备银行;有的则直接称为中央银行,如土耳其中央银行、阿根廷中央银行、乌拉圭中央银行;等等。

二、中央银行制度的类型

中央银行制度根据各国具体国情的不同而存在较大差异。根据中央银行组织形式和组织机构不同,可以将中央银行制度大致分为四种类型。

(一)单一的中央银行制度

单一的中央银行制度是主要的也是最典型的中央银行制度形式。它是指国家设立专门的中央银行,使之与一般的商业银行业务相分离,纯粹地行使各项中央银行职能。单一的中央银行制度又有两种类型,即一元制和二元制。

(1)一元制:指一国由独家中央银行及其众多的分支机构来执行中央银行职能。这种由总分行构成的中央银行的特点是:权利集中,职能齐全,分支机构众多。世界上大多数国家,如英国、日本、法国的中央银行都采用这种模式。中国自1984年明确由中国人民银行承担中央银行职能后也实行这种中央银行制度。

(2)二元制:指在一国内部建立中央和地方两级中央银行机构,中央级机构是最高权力或管理机构,地方级机构受中央级机构的监督管理,但它们在各自的辖区内有较大的独立性。实行联邦制的国家多采用这种中央银行制度,如美国、德国等。

(二)复合的中央银行制度

复合的中央银行制度是指在一国之内,不设立专门的中央银行,而是由一家大银行来扮演中央银行和商业银行两个角色,即"一身二任"。复合中央银行制度主要存在于过去的苏联和东欧国家。我国在1983年以前也实行这种中央银行制度。

(三)跨国中央银行制度

跨国中央银行制度是指两个或两个以上的国家设立共同的中央银行,它通常是由参加某一货币联盟的国家共同设立。第二次世界大战后,许多地域相邻、经济上与某一发达国家联系密切的欠发达国家,为促进共同的经济发展,组建了货币联盟,并在联盟内成立参加国共同拥有的统一的中央银行。这种跨国的中央银行发行共同的货币,执行一致的金融政策。如西非货币联盟、中非货币联盟等设立的跨国中央银行以及欧盟成员国设立的欧洲中央银行。

(四)准中央银行制度

准中央银行制度是指某些国家或地区没有建立通常意义的中央银行,而只设立类似中央银行的机构,或由政府授权某个或某几个商业银行行使部分中央银行职能的制度。如新加坡、中国香港、马尔代夫、利比里亚等国家和地区。实行这种制度的,通常都是国家和地区较小,同时又有一家或几家银行在本国处于垄断地位。

第二节 中央银行的性质与职能

一、中央银行的性质

中央银行的性质是指中央银行自身所具有的特有属性。这是由其在国民经济中的地位所决定的,并随着中央银行制度的发展而不断变化。它已由过去集中发行银行券、解决国家财政困难的政府银行,逐步发展成为代表国家调节宏观经济、管理金融的特殊机构,处于一国金融业务的核心和领导地位。总之,中央银行的性质可从以下几个方面来分析。

(一)中央银行是特殊的金融机构

首先,中央银行的主要业务活动具有银行固有的办理"存、贷、汇"业务的特征;其次,它的业务活动又与普通金融机构有所不同,主要表现在:

(1)其业务对象仅限于政府和金融机构,不是一般的工商客户和居民个人。

(2)享有政府赋予的一系列特有的业务权利,如发行货币、代理国库、保管存款准备金、制定金融政策等。

(3)与政府有特殊关系。中央银行既要与政府保持协调,又要有一定的独立性,可独立地制定和执行货币政策,实现稳定货币的政策目标。

(二)中央银行是保障金融稳健运行、调控宏观经济的工具

(1)中央银行通过改变基础货币的供应量,保障社会总需求和总供给在一定程度的平衡。

(2)承担着监督管理普通金融机构和金融市场的重要使命,保障金融体系稳健运行。

(3)中央银行是最后贷款者。它通过变动存款准备金和贴现率对商业银行和其他信用机构进行贷款规模和结构的调节,间接地调节社会经济活动。

(三)中央银行是国家最高的金融决策机构和金融管理机构,具有国家机关的性质

中央银行国家机关的性质与一般国家行政机关的性质有很大不同:

(1)中央银行履行其职责主要是通过特定金融业务进行的,对金融和经济管理调控基本上是采用经济手段,这与主要靠行政手段进行管理的国家机关有明显的不同。

(2)中央银行对宏观经济的调控是分层次实现的。通过操作货币政策工具调节金融机构的行为和金融市场运作,然后再通过金融机构和金融市场影响到各经济部门,市场回旋空间较大,作用也较平缓;而国家机关一般是用行政手段直接作用于各微观主体。

(3)中央银行在政策制定上有一定的独立性。

二、中央银行的职能

中央银行的职能,一般被概括为发行的银行、银行的银行和政府的银行三方面。

(一)发行的银行

中央银行是发行的银行,具有两方面的含义:首先,它是指垄断银行券的发行权,是全国唯一的现钞发行机构;其次,它是指中央银行作为货币政策的最高决策机构,在决定一国的货币供应量方面具有至关重要的作用。

目前,世界上几乎所有国家的现钞都由中央银行发行。至于硬辅币的铸造、发行,有的由中央银行进行,有的则由财政部负责,发行收入归财政。

发行银行券是中央银行最重要的资金来源。由中央银行发行出来的银行券,一部分形成银行等金融机构的库存现金,大部分则形成流通中现金,它们与存款机构在中央银行的准备金存款一起,共同构成了基础货币,是中央银行货币控制的主要方面之一。

(二)银行的银行

中央银行作为银行的银行主要体现在:中央银行也像其他银行一样,办理存款、贷款等业务,只不过它的业务对象不是一般的企业和个人,而是商业银行和其他金融机构。中央银行各项业务活动的目的不仅在于为商业银行和其他金融机构提供服务,以提高金融服务的效率,而在于对商业银行和其他金融机构的活动施加有效的影响。具体来说,这一职能主要包括以下内容。

1. 集中存款准备

为了保证存款机构的清偿能力,也为了有利于中央银行调节信用规模和控制货币供应量,各国的银行法律一般都要求存款机构必须对其存款保留一定比率的准备金,即法定准备金。这些准备金(包括一部分超额准备金)除一小部分可以库存现金的形式持有外,大部分要交由中央银行保管,即各存款机构在中央银行开立准备金账户,存入准备金。这样做有两个好处:一是便于中央银行了解和掌握各存款机构的准备金状况,为货币政策的制定和实施提供参考依据;二是可使中央银行组织全国的资金清算。在多数国家,存款机构在中央银行的存款是没有利息收入的;但在我国,中央银行对存款机构的存款支付利息。

2. 组织全国范围的资金清算

由于各存款机构都在中央银行设有准备金账户,中央银行就可以通过借记或贷记它们的准备金账户来完成存款机构之间的款项支付。

3. 最后贷款人

当某一金融机构面临资金困难,而别的金融机构又无力或不愿对其提供援助时,中央银行将扮演最后贷款人的角色。传统上,中央银行对商业银行贷款主要以再贴现方式进行。此外,在某些情况下,再抵押或直接取得贷款,也是商业银行从中央银行融资的形式。

(三) 政府的银行

所谓政府的银行,并非指中央银行一定归政府所有,而是指它同政府有着密切的联系,包括为政府提供各种金融服务、代表政府执行金融管理职责等。具体表现在以下几个方面。

1. 代理国库

所谓代理国库,即经办政府的财政预算收支,充当政府的出纳。政府的收入和支出都通过财政部在中央银行开设的各种账户进行。

2. 充当政府的金融代理人,代办各种金融事务

中央银行作为政府的金融代理人,可以代理国债的发行和还本付息,代理政府保管黄金及外汇储备或代理政府黄金外汇的买卖业务;代表政府参加国际金融组织,出席国际会议,从事国际金融活动;充当政府的顾问,提供有关金融方面的信息和建议、对金融实施监管等。

3. 为政府提供资金融通,以弥补政府在特定时间的收支差额

为政府提供资金融通的方式有两类,即直接向国家财政提供贷款或透支以及在证券市场上购买国债。通常,中央银行对财政的直接贷款或透支在期限和数额上都受法律的严格限制,以避免中央银行沦为弥补财政赤字的工具,导致货币发行失控。因此,政府弥补赤字的主要手段是发行国债。中央银行可以在一级市场或二级市场上买入国债。若中央银行在一级市场上购买国债,资金直接形成财政收入,流入国库;若中央银行在二级市场上购买国债,则资金是间接流向财政。在二级市场买卖国债的行为,即是所谓的公开市场业务,它是中央银行调控货币供给的重要方式。

4. 制定和实施货币政策

由于中央银行垄断了货币发行和具有"银行的银行"的特殊性质,因此中央银

行也就具备了实施货币政策的手段。虽然货币政策具有相对的独立性,但是货币政策也需要与政府的总体宏观经济政策相配合。所以,制定和实施货币政策也是中央银行作为"政府的银行"的具体体现。

第三节 中央银行的业务

一、中央银行的资产业务

中央银行资产业务是指其资金运用业务,即对政府、商业银行等金融机构提供特殊金融服务,实现宏观调控的业务。它主要包括贴现及放款、各种证券、黄金外汇储备和其他资产。

(一) 再贴现业务

在商业票据流通盛行、贴现市场发达的国家,这是中央银行向商业银行融通资金的重要方式。

所谓再贴现,是指商业银行买进客户未到期的票据,请求中央银行再办理贴现的资金融通行为。在这里,中央银行买进商业银行的票据,形成了自己的资产,并作为"最后贷款人"向商业银行融通了资金;商业银行获得了资金,就可以为自己购买新的资产。再贴现利率是中央银行购进其资产——票据的"价格",换句话说,就是商业银行获得资金的成本。这样,中央银行通过对再贴现率的调节,来影响商业银行借入资金的成本,刺激或抑制资金需求,实现对货币供应量的控制。

(二) 贷款业务

中央银行的贷款主要有以下几类:第一,对商业银行的贷款,这种贷款一般是短期的,而且多是以政府债券或商业票据作为担保的抵押贷款,这是中央银行贷款中最主要的部分。第二,对财政部的贷款,主要包括对财政部的正常借款和透支。第三,其他放款,其中包括中央银行对外国银行和国际性金融机构的贷款以及对国内工商企业少量的直接贷款等。

(三) 证券买卖业务

在证券市场比较发达的国家,证券买卖业务是中央银行最重要的资产业务。买卖证券的种类主要有政府公债、国库券以及其他市场性很高的有价证券。中央银行在公开市场上买卖证券:一是可以调节和控制货币供应量,进而对整个宏观经济产生积极的影响;二是可以与准备金政策和再贴现政策进行配合运用,并抵消或避免后两种效果猛烈的政策对经济金融的强烈震荡和影响。

(四) 保管黄金外汇储备

中央银行作为政府的银行,替政府保管黄金外汇储备是其职责之一,也是中央银行主要的资产业务。中央银行在保管黄金外汇储备时,必须从安全性、收益性、可兑现性三个方面考虑其构成比例问题。中央银行保管黄金外汇储备,可以起到稳定币值和汇率,调节国际收支的作用。

二、中央银行的负债业务

中央银行的负债指金融机构、政府、个人和其他部门持有的对中央银行的债权。中央银行的负债业务主要有存款业务、货币发行业务以及其他负债业务。

（一）中央银行的存款业务

存款业务是中央银行的主要负债业务之一。中央银行的存款一般可分为商业银行等金融机构的准备金存款、政府存款、非银行金融机构存款、外国存款、特定机构和私人部门存款等。

1. 准备金存款业务

准备金存款是中央银行存款业务中最为主要的一项。存款准备金分为法定准备金和超额准备金两部分。根据法律规定,商业银行按某一比例转存中央银行的部分称为法定准备金,而在中央银行存款中超过法定准备金的部分称为超额准备金。

2. 中央银行的其他存款业务

中央银行的其他存款业务主要包括政府存款、非银行金融机构存款、外国存款和特定机构和私人部门存款。

（二）中央银行的货币发行业务

货币发行有两重含义:一是指货币从中央银行的发行库通过各家商业银行的业务库流到社会,二是指货币从中央银行流出的数量大于从流通中回笼的数量。

货币发行按其性质划分,一般分为经济发行和财政发行两种。货币的经济发行是指中央银行根据国民经济发展的宏观需要增加现金流通量。货币的财政发行是指因弥补国家财政赤字而进行的货币发行。财政性质的货币发行有两种情况:在国库可以直接发行货币的情况下,政府可以通过发行货币直接弥补财政赤字;但是现代信用货币制度下,国家财政发生赤字,不再是以直接发行货币来弥补,而是通过向银行借款或发行公债,迫使银行额外增加货币发行。

中央银行的货币发行通过再贴现、贷款、购买证券、购买金银和外汇等中央银行的业务活动,将货币注入流通,并通过同样的渠道反向组织货币的回笼,从而满足国民经济发展以及商品生产与流通的扩张和收缩对流通手段和支付手段的需求。

(三) 中央银行的其他负债业务

1. 发行中央银行票据

发行中央银行票据是中央银行的一种主动负债业务。中央银行发行票据的目的：一是针对商业银行和其他金融机构超额储备过多的情况，发行票据以减少它们的超额储备，以便有效地控制货币供应量；二是以此作为公开市场操作的工具之一，通过中央银行票据市场买卖行为，灵活地调节货币供应量。许多发展中国家在由直接调控转向间接调控的过程中，由于金融市场不发达，尤其是国债市场不发达，中央银行票据往往成为公开市场操作的主要工具。

2. 对外负债

中央银行的对外负债业务主要包括从国外银行借款、对外国中央银行负债、向国际金融机构贷款以及在国外发行中央债券等。各国中央银行对外负债的目的一般是：为了平衡国际收支，无论何种原因出现国际收支逆差时，都需要采取措施弥补。

3. 资本业务

中央银行的资本业务实际上就是筹集、维持和补充自有资本的业务。中央银行自有资本的形成主要有三个途径：政府出资、地方政府或国有机构出资、私人银行和部门出资。

第四节　中国的中央银行

一、中国人民银行的建立

新中国的中央银行为中国人民银行。1948年12月1日，在原解放区的华北银行、北海银行、西北农民银行的基础上，在石家庄正式成立了中国人民银行，同时发行了第一套人民币。1949年2月，中国人民银行随军迁入北京。随后，各解放区银行逐步合并改组为中国人民银行的分行。中华人民共和国成立后，采取有效措施，接管了敌伪金融机构，没收了官僚资本银行，取缔了外国资本银行在华的一切特权，整顿改造了民族资本银行，并在全国各地设立了中国人民银行的分支机构。中国人民银行作为发行的银行和政府的银行成为新中国的中央银行。

二、中国人民银行的发展

中国人民银行成立60多年来，经历了几个不同的发展阶段。

(一) 建国初期至1978年年底以前的中国人民银行

这段时期，我国实际上只有中国人民银行一家银行，虽然也出现过一些专业银行和金融机构,如中国农业银行、中国银行、中国人民保险公司,但时间都不长,它们没有真正意义上的金融业务。中国人民银行同时具有中央银行和商业银行的双重职能,既执行中央银行职能,如发行货币、代理国库、管理金融等,又从事一般商业银行业务,如信贷、储蓄、结算、外汇等,并在金融业中具有高度垄断性。因此,这一时期的中国银行体系被称为"大一统"的银行体系,从中央银行制度来看,属于复合性的中央银行制度。这种"大一统"的银行体系和复合的中央银行制度,是与当时国家实行的高度集中的计划经济体制相适应的。

(二) 1979 年至 1983 年的中国人民银行

中共十一届三中全会以后,随着经济体制和金融体制改革的不断深入,各专业银行以及其他金融机构相继恢复和建立。1979 年 2 月,原中国人民银行农村业务部和国外业务部分别独立出去,成立了中国农业银行和中国银行。1980 年 1 月 1 日,中国人民保险公司从中国人民银行中独立出来,并恢复了中断 20 年之久的国内保险业务;同时,还成立了信托投资公司和城市信用社等其他金融机构。中国人民银行的经营性业务逐渐减少,双重职能开始逐步剥离,中央银行职能逐步增强。1983 年,国务院作出《关于中国人民银行专门行使中央银行职能的决定》,对中国人民银行的基本职能、组织机构、资金来源及其与其他金融机构的关系作出了比较系统的规定,以利于中央银行职能的强化。

(三) 1984 年至今的中国人民银行

1984 年 1 月 1 日,中国工商银行正式成立,承办原来由中国人民银行办理的城市工商信贷和储蓄业务。至此,我国结束了复合的中央银行体制,转而实行单一的中央银行制度。1986 年 1 月 7 日,国务院发布《中华人民共和国中国人民银行法》,标志着中国现代中央银行制度正式形成并进入了法制化发展的新阶段。这一阶段,中国人民银行的基本特征是:

(1) 有了明确的货币政策目标及宏观金融调节手段,彻底改变了过去中国人民银行货币政策模糊的状况,明确提出了"稳定币值、发展经济"的货币政策目标,并根据经济发展状况,于 1995 年将货币政策目标修订为"保持货币币值稳定,并以此促进经济的增长";同时,还先后实行了存款准备金制度、再贴现等宏观金融控制手段。

(2) 宏观调控方式逐渐由直接控制转向间接控制。过去由于中国人民银行"一身二任",所以金融控制主要依赖严格的计划管理指标进行直接控制。随着经济体制改革和对外开放的深入,中国人民银行的宏观调控更多地使用经济手段和法律手段,更好地发挥了市场体制的作用,从而实现以直接控制为主向以间接控制为主的转变。

复习思考题

一、判断题

1. 中央银行从性质上看与其他商业银行无本质区别。（　）
2. 中央银行是不以营利为目的的金融管理部门，按照自愿的原则吸收法定存款准备金。（　）
3. 中央银行办理再贴现业务是已经到期的票据。（　）
4. 中国人民银行建立于1948年12月1日，同时发行了第一套人民币。（　）
5. 我国的中央银行属于复合的中央银行制度。（　）
6. 中央银行的货币发行通过再贴现、贷款、购买证券、购买金银和外汇等业务活动，将货币注入流通。（　）
7. 美国联邦储备银行是美国的中央银行。（　）
8. 中央银行证券买卖业务的主要对象是公司债券。（　）
9. 中央银行是国家的银行，代理政府保管黄金及外汇储备。（　）
10. 我国的中央银行是中国银行。（　）

二、简述题

1. 建立和发展中央银行有哪些必要性？
2. 中央银行的制度有哪四种类型？
3. 简述中央银行的性质和职能。
4. 简述中央银行的资产业务。
5. 简述中央银行的负债业务。

三、案例与阅读

英格兰银行

英格兰银行是伦敦城区最重要的机构和建筑物之一。自1694年英国银行法产生，英格兰银行开始运作，之后逐步转换职能。1964年至今作为英国的中央银行，是全世界最大、最繁忙的金融机构。

英国的中央银行作为世界上最早形成的中央银行，为各国中央银行体制的鼻祖。1694年，英格兰银行根据英王特许成立，股本120万英镑，向社会募集。成立之初即取得不超过资本总额的钞票发行权,主要目的是为政府垫款。到1833年,英格兰银行取得钞票无限法偿的资格。1844年,英国国会通过《银行特许条例》(《比尔条例》),规定英格兰银行分为发行部与银行部。发行部负责以1400万英镑的证券及营业上不必要的金属储藏的总和发行等额的银行券。其他已取得发行权的银行的发行定额也被规定下来。

此后,英格兰银行逐渐垄断了全国的货币发行权,至1928年成为英国唯一的发行银行。与此同时,英格兰银行凭其日益提高的地位,承担商业银行间债权、债务关系的划拨冲销、票据交换的最后清偿等业务,在经济繁荣之时,接受商业银行的票据再贴现,在经济危机的打击中,则充当银行的"最后贷款人",由此取得了商业银行的信任,并最终确立了"银行的银行"的地位。

资料来源:张伟芹主编:《金融基础》,中国人民大学出版社2009年版。

问题:

请从英国中央银行的建立,体会中央银行建立的必要性。

第十二章

货币政策

第一节 货币政策目标

一、货币政策的构成要素

货币政策是中央银行为实现其特定的经济目标而采用的各种控制和调节货币供应量或信用量的方针和措施的总称。货币政策的构成要素有五个：目标、政策工具、中介指标、传导机制、效果等，这构成了货币政策体系的总体框架。它们之间的关系如图 12-1 所示。

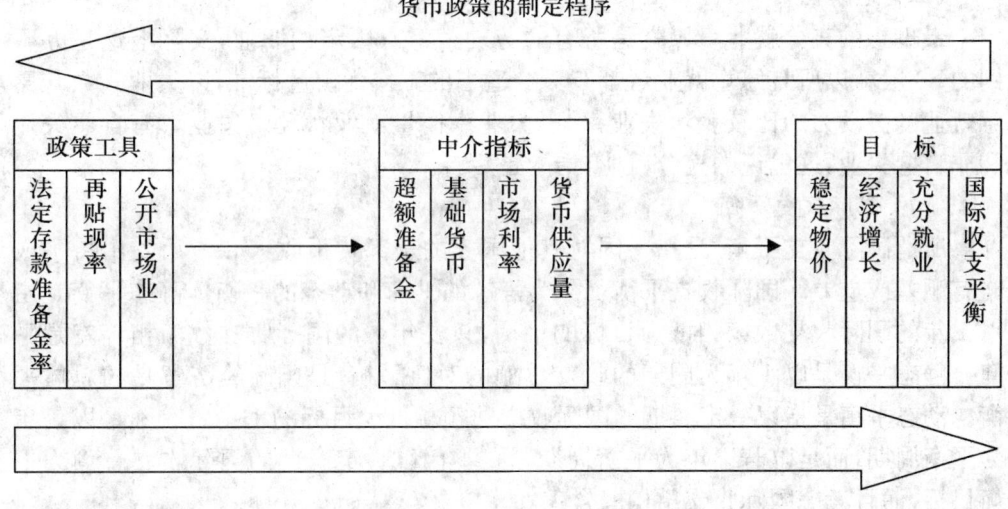

图 12-1 货币政策的构成要素

货币政策具有不同于其他经济政策的显著特征：既有目标，也有中介指标；既以经济手段、指导性工具为主，又兼有行政干预、强制性工具；既有公开手段，又有隐蔽手段。因而，中央银行实施的货币政策对宏观经济的调控力度较大、效果较好，且有回旋余地，较为灵活，是各国进行宏观调控的主要手段。

二、货币政策目标的内容

中央银行的货币政策目标就是中央银行通过调节货币和信用所要解决的经济问题,这些经济问题有稳定物价、经济增长、充分就业和国际收支平衡四项。

(一) 稳定物价

稳定物价,一是使一般物价水平在短期内不发生显著的或急剧的波动,这里指的是一般商品和劳务的价格水平,而不是个别商品和劳务的价格水平。二是稳定物价不是说把物价冻结在一个绝对不变的水平上,这是不可能的,也是不正常的,关键是应把物价控制在一个可承受的限度内。各国各地区因为各自的承受能力不同而对这个可承受的限度的理解各有不同,但是把物价水平控制在最低程度上,则是大众所希望的。控制物价,就必须控制通货膨胀。

(二) 经济增长

经济增长是指一国国民生产总值的增加,即生产商品和劳务能力的增长,或指人均国民生产总值的增长。现在世界各国一般是以扣除价格变化因素后的人均实际国民生产总值或国民收入来近似地衡量一国经济增长状况。

(三) 充分就业

最理想的充分就业境界就是所有的劳动力都有固定的职业,实际上这是办不到的,一般就以所有愿意就业者都有一个适当的工作为衡量标准,以失业人数与愿意就业的劳动力的比较表示失业率,以失业率衡量就业状况。失业率有自愿失业和非自愿失业,这里说的充分就业,指的是后者。

(四) 国际收支平衡

所谓国际收支平衡,是指一国对其他国家的全部货币收入和货币支出持平或略有顺差或逆差。国际收支平衡可分为静态的平衡和动态的平衡。静态平衡是指以1年的国际收支数额相抵为目标的平衡,只要年末的国际收支数额相等就是平衡。静态平衡是以1年为周期的收支总额的对比平衡,是国际经济贸易的总体平衡。动态平衡是指以一定时期的国际收支数额相抵为目标的平衡。它不是以1年为平衡周期,而是以若干年为平衡周期。它不仅以一定时期的国际收支总额为平衡目标,而且考虑国际收支结构的合理性。

由于在不同时期,经济运行中所存在的主要问题是不同的,在实际执行货币政策时很难同时做到上述四项目标,一般只能有所侧重,选定一项或两项主要目标,再兼顾其他目标。

三、货币政策各目标的关系

货币政策各目标之间的关系是比较复杂的,有的在一定程度上具有一致性,如充分就业与经济增长,两者呈正相关关系;有的则相对独立,如充分就业与国际收支平衡更多地表现为目标间的冲突性。货币政策各目标的矛盾主要表现为以下几个方面。

(一) 物价稳定与充分就业的矛盾

这是因为两者之间通常存在着一种此高彼低的替代关系。如果失业过多,货币政策要实现充分就业的目标,就需要扩张信用和增加货币供应量,以刺激投资需求和消费需求,扩大生产规模,增加就业人数。然而,伴随而来的是一般物价水平的上涨,若超过一定限度就会造成通货膨胀,所以必然会以牺牲稳定物价的货币政策目标为代价。同理,如果物价过高,货币政策要追求物价稳定的目标,就需要紧缩信用和减少货币供应量,抑制投资和消费需求,平抑通货膨胀,于是生产规模就会缩小,就业人数就会趋于减少。这种减少一旦达到一定程度,又会产生失业率偏高,即以牺牲充分就业的货币政策为代价。因此,物价稳定与充分就业之间是相互矛盾的,很难做到两者兼得。

物价稳定与充分就业的矛盾可用菲利普斯曲线加以说明。澳大利亚的英国经济学家菲利普斯研究了1861—1975年英国的失业率和工资、物价变动之间的关系,并得出结论:在失业率和物价上涨率之间存在着此消彼长的置换关系。他把这种现象概括为一条曲线,人们称之为菲利普斯曲线,如图12-2所示。

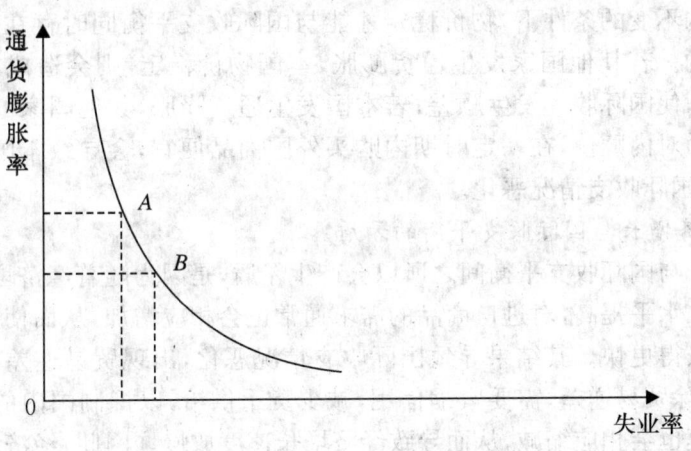

图12-2 菲利普斯曲线

从图12-2中可以看出,要么是失业率低而物价上涨率高(如 A 点),要么是失业率高而物价上涨率低(如 B 点)。可能面临的选择只有:

(1) 失业率较高的物价稳定。

(2) 通货膨胀率较高的充分就业。

(3) 在物价上涨率和失业率的两极之间进行权衡或相机抉择。所以,按照菲利普斯曲线,作为中央银行的货币政策目标只能是分析当时的社会经济条件,以寻求物价上涨率和失业率之间某一适当的结合点。

(二)物价稳定与经济增长的矛盾

物价稳定是经济增长的前提,经济增长则是物价稳定的物质基础,两者既统一,又有矛盾,因为其中一个目标的实现,往往以牺牲另一个目标为条件。要刺激经济增长,就应促进信贷和货币发行的扩张,结果会带来物价上涨和通货膨胀;而为了防止通货膨胀和物价上涨,就需要采取信用收缩的措施,这必然会对经济增长产生不利的影响。对此种矛盾人们也有不同的看法,一种见解是:适度的物价上涨能够刺激投资和产出的增加,从而促进经济增长;经济增长又取决于新生产要素的投入和劳动生产率的提高,而在劳动生产率提高的情况下,产出的增加定会伴随着单位产品生产成本的降低。因此,随着经济的增长,价格可能趋于下降或稳定。也就是说,稳定物价目标与经济增长目标并不矛盾。另一种见解是:物价稳定也完全能够维持经济增长。理由是:由于生产率是随着时间的前进而不断提高的,生产率的提高自然会伴随着经济的增长,而只有物价稳定才能使整个经济正常运转并维持其长期增长的势头。

(三)物价稳定与国际收支平衡的矛盾

从理论上讲,只有各国都维持基本相同的物价水平,并且在贸易形态和商品输出和输入结构不变的条件下,物价稳定才能与国际收支平衡同时存在。但事实上这是不可能的。若其他国家发生通货膨胀,本国物价稳定,则会造成本国输出增加,输入减少,使国际收支发生顺差;若本国发生通货膨胀,其他国家的物价稳定,表明本国货币对内贬值,在一定时期内购买外国商品便宜,会导致本国输出减少,输入增加,使国际收支情况恶化。

(四)经济增长与国际收支平衡的矛盾

经济增长与国际收支平衡间之所以会产生矛盾,是因为随着经济增长、就业人数增加和收入水平提高,对进口商品的需求通常也会相应增加,从而使进口贸易比出口贸易增长得更快。其结果导致国际收支情况恶化,出现贸易逆差。为了平衡国际收支,消除贸易逆差,需要紧缩信用,减少货币供给,以抑制国内的有效需求。但是生产规模也会相应缩减,从而导致经济增长速度放慢。因此,经济增长与国际收支平衡两者之间也相互矛盾,存在着一定程度的替代性,难以同时兼得。

四、货币政策的中间目标

货币政策的作用过程是指货币政策各种措施的实施。即通过经济体系内的各种经济变量,影响整个社会的经济活动。这是一个十分复杂的过程,包括货币政策的实施、货币政策的工具、货币政策的中间目标的选择和控制、货币政策的传导等。

为什么在实施货币政策目标时还要选择货币政策的中间目标?因为货币政策目标实际上是一国长期的、涉及面很广的、非数量化的最终目标,不是中央银行所能独家直接控制的。它能为中央银行制定货币政策提供指导思想和方向,但不能提供现实的数量依据,以反映和判断货币政策最终目标的实现情况。所以,中央银行需要增设货币政策的中间目标,以充当货币政策作用传导的桥梁,成为与货币政策最终目标相关联的能有效测定货币政策效果的金融变量。因此,货币政策的中间目标就是指实现货币政策最终目标而选择的调节变量或调控指标。

(一)货币政策中间目标选择的条件

1. 可测性

中央银行选择的中间目标,应能对中央银行各种货币政策工具运用后的各种金融变量进行有效的反映,应能迅速收集有关的数据资料,以便于定性和定量分析。

2. 可控性

中间目标应能使中央银行对金融变量的变动状况和变动趋势进行有效的、准确的控制和调节。

3. 相关性

中间目标必须与货币政策最终目标有密切的相关性,中央银行对中间目标进行控制和调节,能促使货币政策最终目标的实施。

(二)货币政策中间目标的体系

货币政策的中间目标要同时具备上述条件是比较困难的,往往需建立几个金融变量,组成一个中间目标体系。该体系主要包括两类:一类是操作手段。在货币政策实施过程中,这一手段为中央银行提供直接的和连续的反馈信息,以衡量货币政策实施的初步影响。另一类是效果指标。在货币政策实施的后期,这一指标为中央银行进一步提供反馈信息,以衡量货币政策达到最终目标的效果。现分述如下。

1. 超额准备金和基础货币

这是操作手段。超额准备金可以反映银行体系扩大放款和投资的能力,是未来货币供应量和利率运动的预测工具。中央银行通过调节银行体系的超额准备金,来实现对货币信贷的调控。基础货币是流通中的现金和银行存款准备金的总和,是中央银行能够直接控制的,也是商业银行存款扩张和货币创造的基础,其数额的大小会影响货币供应量的增减变化。

2. 利率和货币供应量

这是效果指标。利率随中央银行直接控制的再贴现率的升降而升降,再贴现率变动,会引起市场利率的变动,影响消费和投资行为,从而调节总供应和总需求。货币供应量分为 M_0、M_1、M_2 等,这几项都反映在中央银行、商业银行和其他金融机构的资产负债表中,中央银行很容易取得资料并进行分析。M_0 是中央银行直接发行的,中央银行能直接掌握。中央银行只要控制了基础货币的投入,就能控制 M_1、M_2 的供应量。这几项指标代表了一定时期不同层次的社会购买力,中央银行控制住这几项指标的水平,就控制住了社会总需求,从而能促进货币政策最终目标的实现。

第二节 货币政策工具

中央银行通过运用货币政策工具来对经济进行宏观调节。货币政策工具就是中央银行为实现政策目标、进行金融控制和调节所运用的策略手段。中央银行的货币政策工具有一般性货币政策工具、选择性货币政策工具、直接信用管制和间接信用管制。

一、一般性货币政策工具

一般性货币政策工具,即法定存款准备金率、再贴现政策和公开市场业务,被称为传统的三大货币政策工具,或称之为"三大法宝"。因为这些手段的实施对象是整个经济领域,而非个别领域、部门或企业。

（一）法定存款准备金率

法定存款准备金率是指中央银行在法律所赋予的权力范围内,通过调整商业银行交存中央银行的法定存款准备金比例,改变货币乘数,控制金融机构的信用扩张能力,间接控制社会货币供应量,从而影响国民经济活动的一种制度。存款准备金与金融机构存款总额的比例就是存款准备金率。

存款准备金政策的效果包括:第一,可以将金融机构分散保管的准备金集中起来,防止存款人集中大量挤兑存款而导致支付能力削弱,从而防止对金融秩序产生破坏性影响,保证金融机构的清偿力和金融行业的稳定。第二,用于调节和控制金融机构的信用创造能力和贷款规模,控制货币供应量。第三,增强中央银行资金实力,使中央银行不仅有政治实力,还有强大的经济实力作后盾。

存款准备金政策的局限性:中央银行难以确定存款准备金率调整的时机和幅度,商业银行难以迅速调整准备金数额以符合提高的法定限额,如果少量的超额准备金难以应付,会使商业银行资金周转不灵。因此,这一工具是一件威力巨大但不能经常使用的武器。

（二）再贴现政策

所谓再贴现政策,是指中央银行通过制定或调整再贴现利率,来干预和影响市场利率以及货币市场的供应和需求,从而调节市场货币供应量的一种货币政策。再贴现率是中央银行对商业银行的票据进行贴现所收取的利率。

再贴现政策的效果包括:第一,可以影响商业银行的资金成本和超额准备金,从而改变其放款和投资活动。第二,贴现政策可以产生告示性效果,从而影响商业银行和公众的预期,引导金融市场利率。第三,通过决定何种票据具有再贴现资格,从而影响商业银行的资金运用方向,起到抑制或扶持的效应。第四,再贴现率的调整,对货币市场具有较广泛的影响。

再贴现政策的局限性包括:第一,如果再贴现率过高,商业银行就不会去中央银行再贴现,而通过其他渠道获得资金,中央银行不能强迫商业银行一定要到中央银行申请再贴现,中央银行将处于被动地位。第二,中央银行调整再贴现率,只能影响利率水平,不能改变利率结构。第三,中央银行的再贴现政策缺乏弹性,因为中央银行如经常调整再贴现率,会引起市场利率的经常性波动,使企业和商业银行无所适从。

(三)公开市场业务

公开市场业务是指中央银行在公开市场上买进或卖出有价证券和外汇,以吞吐基本货币,实现货币政策目标的行为。

公开市场业务的效果包括:第一,中央银行在市场上大量买进有价证券,相当于向市场上投放了一笔资金,增加了市场货币供应量。如果是流入商业银行手中,可以导致信用的扩张,货币供应量成倍增加;反之,当中央银行大量卖出有价证券,使市场资金流回中央银行时,会引起信用规模的收缩,货币供应量减少。因此,公开市场业务可以达到适时适量地按任何规模扩张和收缩信用,从而调节货币供应量的目的。此方法比调整法定存款准备金率要灵活。第二,公开市场业务政策比贴现政策具有"主动权",可以根据不同的情况和需要,随时主动出击,而不是被动等待。第三,中央银行可以根据金融市场的信息不断调整业务,从而产生一种连续性的效果,这种效果使社会对货币政策不易作出激烈的反应,而其他两个政策只能产生一次性的效果,易引起社会的强烈反应。

公开市场业务的局限性包括:第一,传导机制较缓慢,其影响需经过一段时间后才能见效。第二,公开市场政策对各种有价证券的价格和收益率影响很大,需要发达的金融市场和多样的证券种类。第三,当商业银行的行动不配合中央银行货币政策时,公开市场政策的作用就不能得到充分的发挥。

二、选择性货币政策工具

选择性货币政策工具是中央银行针对不同部门、不同企业和不同用途的信贷而采取的政策工具。这些工具可以影响金融机构体系的资金运用方向以及不同信用方式的资金利率,能起到鼓励或抑制的作用,以达到结构调整的目的。这些工具所起的作用有:

(1) 对消费信用的支持或控制。中央银行对不动产以及各种消费品进行消费贷款和对销售融资与否,可以支持或控制对消费者提供的信用规模。

(2) 对房地产信贷的管制。为了限制房地产投机,限制金融机构对房地产的放款,中央银行可以对金融机构规定关于房地产信贷的最低付现额和最高偿还期。

(3) 信用分配。中央银行根据金融市场状况和客观经济需要,权衡轻重缓急,对商业银行的资金用途进行合理的分配和限制。

(4) 证券保证金比例。中央银行对证券交易的各种贷款规定贷款额与证券交易额的比例,以控制证券市场的信用规模。提高这一比例,意味着证券购买者靠借款购买证券的可能性减少,这一领域内的信用规模将紧缩;反之,证券购买者靠借款购买证券的可能性增加,这一领域内的信用规模将扩张。

(5) 优惠利率。优惠利率是中央银行对国家重点发展的经济部门或产业如出口工业、农业等采取的鼓励性措施。优惠利率不只是大多数发展中国家的政策,发达国家也普遍采用。

三、直接信用管制

直接信用管制是指中央银行以行政命令的方式,直接对银行放贷或接受存款的数量,以及存款利率进行控制。控制的方式主要有:

(1) 直接限制贷款数量。中央银行根据金融形势的变化,在必要时,可以对各金融机构或某一类金融机构规定贷款的最高发放额。

(2) 直接干涉对活期存款的吸收。中央银行可以对支票存款和活期存款的增加额另外制定存款准备金比率。该比率不受最高比率的限制,从而可限制信贷活动。

(3) 中央银行认为,业务活动不当的银行违背信贷政策时,可以拒绝为其提供贷款,拒绝其融通资金的要求,或者给予其贷款,但采用高于一般利率的惩罚性利率。

(4) 规定各银行放款及投资方针。可分为两种情况:一种是对资产项目的限制,如规定商业银行对不动产投资数量的限制;另一种是对贷款额度的限制,如对商业银行发放的中期贷款规定最高额度,对储蓄银行的股票投资、住宅融资规定最高额度等。

(5) 利率限制。中央银行规定商业银行的定期存款及储蓄存款所能支付的最高利率。例如,美国从20世纪60年代起曾用Q字条例,中央银行规定会员银行支付的存款利率不得超过限定标准,以间接限制商业银行的放款能力。

四、间接信用管制

(一)道义说服

道义说服也称窗口指导。它是中央银行向各家银行说明立场,加以劝勉,希望借助道义的影响和说服的力量,达到干预和控制各银行业务的目的。道义说服就采取温和的说服方式,适用范围较广。但因这种方式无强制性的约束力,能否发生作用取决于中央银行的声望及各银行的合作程度,也取决于要说服的金融机构的数量,说服的时机、内容及其详细程度等。当然在一般情况下,道义说服是有效的,因为中央银行处于特殊地位,它的说服具有权威性,商业银行不能不听,也不得不听。

(二)政策宣传

政策宣传是指中央银行利用各种机会向金融界及全国各界说明其金融政策的内容及意义,以求得各方面的理解和支持,从而使金融活动按照中央银行预期的目标发展。中央银行除每周或每月公布其资产负债表外,每年还发表年报,不仅公布其信贷活动、金融市场和金融机构的状况,而且发表有关财政、贸易、物价和经济发展趋势的详细统计分析。中央银行负责人可利用记者招待会、学术演讲及其他公共集会,说明金融政策的内容、动向及制定的依据。

复习思考题

一、判断题

1. 当经济处于衰退时,中央银行可以提高存款准备金率,缩小货币乘数。( )
2. 当经济过热时,金融市场上货币过多,中央银行可以通过公开市场业务卖出有价证券,减少货币供应量。( )
3. 中介指标是货币政策最终目标和货币政策工具之间的桥梁。( )
4. 著名经济学家菲利普斯认为,失业率与物价上涨之间是此消彼长的关系,降低失业率,将引起通货膨胀。( )
5. 货币政策诸目标呈一致关系的是经济增长与物价稳定。( )
6. 公开市场业务是指中央银行通过买卖股票以调控货币供应量。( )
7. 货币供应量和汇率是货币政策的中介指标。( )
8. 再贴现是中央银行与企业之间办理的票据贴现业务。( )
9. 紧缩性货币政策的功能在于抑制投资、刺激消费。( )
10. 货币政策的调节对象主要是货币需求量。( )

二、简述题

1. 货币政策的目标是什么?

2. 如何理解货币政策各目标之间的关系?
3. 货币政策的中介目标有哪些?
4. 何谓菲利普斯曲线?
5. 试述一般性货币政策工具及其政策效果。

三、案例与阅读

调整存款准备金率,回收流动性

据2007年国民经济发展形势报告显示,我国的固定资产投资仍保持快速增长,全年全社会固定资产投资137 239亿元,比上年增长24.8%,加快0.9个百分点。消费价格上涨较快,全年居民消费价格上涨4.8%,涨幅比上年提高3.3个百分点。报告显示我国经济趋于过热,面临通货膨胀的风险。

为了保持货币币值的稳定,回收过多的流动性,自2007年开始到2008年6月,中国人民银行累计连续14次上调存款类金融机构人民币存款准备金率,调整后的商业银行法定存款准备金率已达到17%。如表12-1所示。

表12-1
2007年以来法定存款准备金率的变化

次数	时间	调整前(%)	调整后(%)	调整幅度(%)
1	2007年1月15日	9	9.5	0.5
2	2007年2月25日	9.5	10	0.5
3	2007年4月16日	10	10.5	0.5
4	2007年5月15日	10.5	11	0.5
5	2007年6月5日	11	11.5	0.5
6	2007年8月15日	11.5	12	0.5
7	2007年9月6日	12	12.5	0.5
8	2007年10月25日	12.5	13	0.5
9	2007年11月26日	13	13.5	0.5
10	2007年12月25日	13.5	14.5	1
11	2008年1月25日	14.5	15	0.5
12	2008年3月25日	15	15.5	0.5
13	2008年4月25日	15.5	16	0.5
14	2008年6月15日、25日	16	17	1

资料来源:张伟芹主编:《金融基础》,中国人民大学出版社2009年版。

问题:
结合我国存款准备金率的变化,谈谈我国现行的货币政策。

第十三章

通货膨胀与通货紧缩

第一节 通货膨胀的含义与度量

一、通货膨胀的含义

通货膨胀是指在纸币流通的条件下,流通中的货币供应量超过了经济发展对货币的需求量,导致货币贬值,从而引起价格和成本普遍、持续上涨的经济现象。

在纸币流通的条件下,通货膨胀主要表现如下几个方面:

(1) 货币过量发行。通货膨胀与货币的数量有密切的关系,是流通中的货币供应量超过了经济发展对货币的需求量,从而引起价格和成本普遍、持续上涨的经济现象。通货膨胀是一种货币现象,它表现在货币过量发行。但是这并不是说,货币数量的增长一定会引起通货膨胀。因为,在流通领域中,随着经济的发展,生产规模的扩大,劳动生产率的提高,由货币需求量的增加而引起的货币发行量的上升,就不会发生通货膨胀。

(2) 货币贬值。通货膨胀是在纸币流通制度下的一种经济现象,纸币在其流通过程中伴随着必然的贬值过程。纸币的贬值是指单位纸币实际代表的金属货币量的减少,也是单位纸币的购买力的下降。当流通领域中货币发行量超过商品增长的需求量时,根据纸币流通规律,纸币所代表的金属量降低,带来纸币贬值。因为通货膨胀是由于过量的货币追逐过量的商品而产生的,过量的货币发行必然会引起纸币的贬值。

(3) 物价与成本上涨。通货膨胀是一种价格现象,在纸币流通条件下,纸币的贬值一般通过物价水平和成本的普遍、持续上涨表现出来。这里的物价水平是指商品和劳务的货币价格。即每单位商品用货币数量标出的价格,不包括股票、债券以及其他金融资产的价格变化。

关于通货膨胀的含义有如下误区:

(1) 通货膨胀是指货物昂贵。通货膨胀并不是指货物的价格变得昂贵,而是指物价在上升。

(2) 通货膨胀是指我们正在变得更加贫穷。一般来说,在通货膨胀时期,收入和物价都在迅速上升,但我们的实际收入可能不一定受影响。

(3) 在通货膨胀时期,挣工资的人受到投机商人有意识的剥削。一般来说,在通货膨胀时期有时有剥削情况,有时没有剥削情况,它们之间不存在必然的联系。

二、通货膨胀的度量

通货膨胀一般要通过物价水平和成本的上涨表现出来,最终要通过物价水平表现出来。因此,物价的上涨幅度就成为度量通货膨胀的主要指标。目前,世界上大多数国家均采取物价指数测量通货膨胀率。

(一) 消费物价指数

这是根据家庭消费的有代表性的商品和劳务的价格变动状况而编制的物价指数。用该指标度量通货膨胀,其优点在于:它直接与公众的日常生活相联系,资料容易取得,指数的变动直接反映消费品的供求关系。而其局限性在于:消费品只是社会最终产品的一部分,不能全面反映市场物价的变动情况。

(二) 批发物价指数

批发物价指数是指根据大宗批发交易为对象,按商品的批发价格编制的指数。用该指标度量通货膨胀,其优点在于:能反映工业投入和非零售消费品的价格变动情况;其缺点在于:不能反映劳务费用变化情况。

(三) 国民生产总值平减指数

国民生产总值平减指数是按现行价格计算的国民生产总值预案不变价格计算的国民生产总值的比率。其优点在于:包含的范围广泛,内容齐全,能较全面地度量各种商品价格变动对价格总水平的影响;其缺点在于:资料难以收集,容易受到结构因素的影响。

除了以上物价指数外,工资指数、利率指数和生活费用指数等也是常用的测量指标。由于各种衡量指标优缺点各有不同,在测量通货膨胀率时应采用各种指标的综合分析。

第二节 通货膨胀的成因与类型

一、通货膨胀的形成原因

通货膨胀的发生是一个复杂的过程。通货膨胀是纸币流通规律发挥作用的结果。在纸币流通的条件下,纸币本身在其发展过程中具有的贬值特性决定了通货膨胀有发生的可能。但是,在纸币流通条件下发生通货膨胀与纸币的必然贬值又没有必然的联系。因为通货膨胀的发生要依赖于各种不同的社会因素。不同的国家发生通货膨胀的原因也各有不同,但也存在一些共性的原因。形成通货膨胀的原因大致如下。

(一)财政性的货币过量发行是诱发通货膨胀发生的基本原因

财政发行是指国家为了弥补财政赤字或向银行透支而增加的货币发行量。这部分货币发行量是超出经济发展正常速度所需要的货币量,本身没有物资保证。过量的货币在流通领域中,引起货币贬值、物价上涨,而物价上涨又会增加财政支出,带来新的财政赤字。如此往复循环,加大了通货膨胀的发生几率,并且容易导致恶性通货膨胀的发生和扩展。

(二)信用的过度扩张是诱发通货膨胀发生的重要原因

国家金融体系的信用过度扩张包括两个方面:一方面是以刺激经济发展为目的的信用过度扩张,另一方面也有货币金融当局决策失当而引起的信用过度扩张。金融体系的信用扩张必然会带来货币供应量的增加,其中超出正常经济发展速度所需要的货币量就成为过量的货币。过量的货币将会带来货币贬值、物价上涨并诱发和加剧通货膨胀。

(三)需求过度是诱发通货膨胀发生的直接原因

通货膨胀是一种货币现象,其根本原因是货币超量发行,流通领域中货币过多。而引发货币发行过量的一个重要原因是社会总需求过大。总需求过大一般表现在投资需求和消费需求过度扩大两个方面。投资需求过大主要由于基本建设投资规模过大引起的。消费需求过大是指社会可用于消费的货币的支付能力超过了生产发展所能提供给市场的消费品和劳务总量,从而造成供不应求和物价上涨。消费需求是诱发通货膨胀的直接根源,它引起社会购买力的急剧上升,造成需求与供给不平衡。一般来说,需求过度还伴随着财政赤字和信用膨胀等现象,而财政赤字和信用膨胀又反过来会加剧需求过度。

(四)成本的超常增长是诱发通货膨胀常见的原因

工资和原材料等或劳动和物化劳动耗费构成产品成本,确定产品的价格需要考虑成本和适量的利润。一旦工资的增长率超过劳动生产率时,产品价格所包含的成本就会上升;并且,为了维持利润水平,就将引起商品价格的上涨。超常的工资上涨一般是指未能提供有效供给的工资的分配和使用的增加,这部分工资的超额分配形成对货币的超常规追求,引发货币供应量的过渡发行,从而诱发通货膨胀。

(五)国际收支不平衡是诱发通货膨胀的主要原因

国际收支不平衡也会诱发通货膨胀。一方面,长期的、大量的国际收支顺差形成巨额的外汇储备,带来巨额的货币投放;同时,大量的出口使国内商品数量不断下降。两者使得部分货币量缺乏实际的商品基础,带来通货膨胀。另一方面,长期的、大量的国际收支逆差则易引起输入性的通货膨胀。所谓输入性的通货膨胀,是指进口商品价格的上升带来国内物价上涨和货币发行量增加所引发的通货膨胀。

通货膨胀的原因是多种多样的,各个国家、各个不同发展阶段的通货膨胀的主导原因也各不相同。研究通货膨胀的形成原因,目的是找到合理有效的治理措施,抑制通货膨胀,稳定货币流通,促进经济发展。

二、通货膨胀的类型

按照不同的分类标准,通货膨胀可以分为以下各种不同的类型。

(一)按通货膨胀的表现形式以及政府的政策措施分类,可分为公开型通货膨胀和隐蔽型通货膨胀

1. 公开型通货膨胀

这种通货膨胀是指在市场经济充分运行、市场物价完全放开的情况下,整个社会物价水平明显上涨的通货膨胀。政府在通货膨胀期间对物价的上涨不施加任何干预和控制,物价可以随货币供应量的变化而自由浮动。

2. 隐蔽型通货膨胀

这种通货膨胀的表现形式是市场商品供不应求。它是指政府通过计划控制和行政管理手段来抑制物价的上涨,使物价水平上涨的趋势不明显。这些措施虽然能够暂时阻止物价的上涨,但是物价潜在的上涨趋势依然存在。一旦政府的管制放松,隐蔽型通货膨胀就会演变成公开型通货膨胀。

(二)按物价的上涨程度以及通货膨胀的严重程度分类,可分为温和的通货膨胀、奔腾式的通货膨胀和超级通货膨胀

1. 温和的通货膨胀

这种通货膨胀出现在价格缓慢上升的期间,一般年物价上升率在10%以下。在温和而稳定的通货膨胀条件下,相对价格不会过分不协调。也有一些学者把温和的通货膨胀分为两类:爬行式通货膨胀和步行式通货膨胀。爬行式通货膨胀一般发展缓慢,不宜觉察,物价上涨率低于3%;步行式通货膨胀的物价上涨率一般在4%以上或4%~5%。实践证明,这种类型的通货膨胀尽管在开始时物价上涨率保持在1位数以内,但如果不引起重视并进行治理,这种类型的通货膨胀可能会以更快的速度发展。

2. 奔腾式的通货膨胀

这种通货膨胀表现为物价上涨率在10%以上即达到两位数水平。奔腾式的通货膨胀一旦出现,物价上涨率往往呈加速直线上升的态势,几年之内物价上涨幅

度就可能超过100%,甚至可能出现跳跃式的通货膨胀率上涨趋势,并极易引发超级通货膨胀。

3. 超级通货膨胀

超级通货膨胀又称恶性通货膨胀。这种通货膨胀一旦发生,就会产生灾难性的影响:物价飞涨,货币大幅贬值,经济活动趋于混乱。超级通货膨胀是不能持久的,最终会导致货币制度与国民经济崩溃。

(三)按通货膨胀产生的原因分类,可分为需求拉动型的通货膨胀、供给推动型的通货膨胀、供给和需求的联合推动型通货膨胀、结构失调型的通货膨胀以及预期和惯性型的通货膨胀

1. 需求拉动型的通货膨胀

这种通货膨胀是指经济运行过程中总需求过度增加,超过了既定价格水平下商品和劳务等方面的供给,引起货币贬值,物价上涨。它表现为太多的货币追求太少的商品和劳务。需求过度主要包括投资需求过度和消费需求过度。

2. 供给推动型的通货膨胀

这种通货膨胀是指在商品劳务需求不变的情况下,因为生产成本提高而推动物价上涨的现象。其中主要有原材料价格推进、劳务成本推进、进口商品推动等;有时还表现为工资上涨率超过经济增长率,从而使成本提高而引起的通货膨胀。

3. 供给和需求的联合推动型通货膨胀

这种通货膨胀并非总是单独由需求或者单独由供给造成的,通常由供给和需求联合作用引起的通货膨胀。有时由需求拉动开始,继之由供给成本的推动,再后是交替作用。有时由供给拉动开始,继之供给和需求的推动,再后是交替作用。单方面的供给或者需求是难以使通货膨胀长期持续下去的。

4. 结构失调型的通货膨胀

这种通货膨胀是指国民经济结构比例关系失调而引起的通货膨胀。一般当国民经济结构不适应变化了的需求结构时,极易产生结构失调型的通货膨胀。这种通货膨胀主要发生在发展中国家。

5. 预期和惯性型的通货膨胀

人们的预期是建立在已有的知识和经验基础之上的。在产生通货膨胀的情况下,人们会根据过去的和现有的对通货膨胀的认识以及信息,对未来的通货膨胀率进行预期,而且会以预期的通货膨胀率来指导他们未来的经济行为。如提高工资等会带来成本推动的通货膨胀。惯性因素说明了通货膨胀的延续性。一般来讲,在通货膨胀情况下,不仅工资是刚性的,物价也是刚性的,工业水平的增加和物价水平的增加,将加剧通货膨胀。

第三节 通货膨胀的经济影响与治理

一、通货膨胀的经济影响

第一，通货膨胀将有利于债务人而不利于债权人。因为通货膨胀发生在无法预期的情况下，债权和债务契约是无法改变的。通货膨胀的发生导致人们的购买能力下降、货币贬值。债权人作为货币资产的回收者在通货膨胀期间收回的货币价值降低。

第二，通货膨胀将有利于企业而不利于工人。因为通货膨胀在无法预期时，工人的工资无法及时调整，造成实际工资下降，利润上升。这种情况会有利于投资者，但不利于工人。

第三，通货膨胀将有利于政府而不利于公众。在通货膨胀无法预期的情况下，工人的名义工资和企业的名义工资收入都有可能增加，这样征税的金额会加大，于是，政府税收增加，公众的实际收入减少。这样，政府实际上从不可预期的通货膨胀中，取得了"通货膨胀税"。

尽管通货膨胀在某种程度上，对经济的发展有一定的刺激作用。但从长远的发展来看，通货膨胀带来的后果是经济的滞涨与萧条，主要表现在如下几个方面：

（1）通货膨胀不利于生产发展。通货膨胀使生产资金贬值，使生产设备更新和技术改造难以进行。同时，原材料等初级产品的价格上涨，使企业生产成本增加，物价不断的上升会影响生产的积极性，影响劳动生产率。

（2）通货膨胀扰乱了流通秩序。通货膨胀使市场价格信号失真，商品价格的升降不能真正反映商品供求关系，造成资源浪费。同时，由于货币贬值，人们不愿持有货币而使人们尽量把手中的货币换成商品，导致商品供应紧张，加剧通货膨胀。

（3）通货膨胀会引发货币信用危机。通货膨胀有利于债务人而不利于债权人，使债务人降低成本，但债权人却因为货币贬值而遭受损失，破坏了正常的信用活动。此外，通货膨胀期间，由于人们为了避免持有货币而纷纷提取银行存款，造成挤兑风波，引发银行信用危机和金融风险。

（4）通货膨胀引发收入和财富不公平分配。通货膨胀的社会后果主要表现为：国民收入与社会财富盲目的、不公平的分配和再分配，从而引起社会各阶层之间经济利益关系的调整。在通货膨胀期间，人们的名义货币收入和实际货币收入之间存在很大的差距。由于社会各阶层收入来源不同，在物价总水平上涨的情况下，一部分人的实际收入水平会下降，一部分人的实际收入水平会上升，因此，也就发生了国民收入的又一次再分配。

二、通货膨胀的治理

从长期的观点来看,通货膨胀对一个国家的发展有明显的破坏性作用。但由于产生通货膨胀的原因不同,对控制通货膨胀的控制和治理也各有不同。一般从如下几个方面进行考虑。

(一) 调节和控制社会总需求

调节和控制社会总需求就是要保持社会总需求的适度性,要做到国民收入与国民支出相匹配,不进行超分配。要做到这一点,必须通过制定和实施正确的货币政策和财政政策。

紧缩的货币政策是治理通货膨胀的有效途径之一。紧缩的货币政策的手段有如下几种:

(1) 中央银行提高存款准备金率,即压缩存款货币的创造能力,缩小贷款规模、投资规模、减少货币供应量。

(2) 中央银行提高再贴现率,一方面,提高商业银行的借款成本,促使其提高贷款利率和贴现率,从而使企业利息负担加重,达到控制企业贷款需求、减少投资、减少货币供应量的目的;另一方面,提高存款利率,鼓励居民增加储蓄,从而减少流通领域中的货币量、减少通货膨胀的压力。

(3) 中央银行通过公开市场业务向商业银行或企业单位、居民个人出售手中持有的有价证券,以减少流通领域中的货币供应量。

紧缩的财政政策是治理通货膨胀的重要途径之一。紧缩的财政政策的主要手段有如下几种:

(1) 增加税收,减少个人可支配收入,从而减少消费需求;减少企业收入,从而减少投资需求。总需求的减少,可以使它以总供给接近或达到平衡,这样有利于抑制通货膨胀,稳定物价。

(2) 降低政府转移支出水平,减少政府的失业救济金和其他社会福利支出。降低个人可分配收入和消费支出水平,从而降低社会有效需求,抑制通货膨胀。

(3) 减少政府购买支出。政府购买支出是决定国民收入大小的主要因素之一,其规模和变动直接影响社会总需求水平。在通货膨胀时期,政府减少购买支出,可以降低社会总需求、抑制通货膨胀。

(二) 增加社会有效供给

增加社会有效供给是治理通货膨胀的另一个重要方面。增加供给是从扩大社会商品供应量入手来实现总需求与总供给的平衡。增加供给的主要手段是:降低成本,减少消耗,提高经济效益,提高投入产出的比例。同时,调整产业、产品结构,支持短缺产品的生产。

在治理通货膨胀的过程中,增加供给,不能依靠增加投资,而应当以最少的劳动耗费,取得最大的经济效益。通货能否稳定是衡量经济效益是否好的标志。稳定通货,只有在提高社会经济效益的基础上才能实现。投入资金少,产出财富多,才能保持通货的稳定;反之,投入资金多,而产出少、质量差,那么,通货膨胀的发生就不可避免。

通货膨胀的治理,除了要控制需求和增加有效供给外,还必须与调整产业、产品结构结合起来。因此,在实施控制需求、增加供给的各项措施时,必须下决心调整产业、产品结构,在紧缩长线产品生产的同时,积极发展短线产品生产,而"一刀切"的做法,只能产生短期效益,不能从根本上治理通货膨胀。

第四节 通货紧缩的含义与度量

一、通货紧缩的含义

通货紧缩是指一般物价水平的持续下跌。通货紧缩主要表现在如下两个方面:

(1) 一般物价水平下跌,即具有普遍意义的包括大部分商品和劳务的价格水平下降。通货紧缩与通货膨胀一样,也是一种宏观层次的问题。在实际操作中,通常也用一国的居民消费物价指数(CPI)来度量。

(2) 一般物价水平持续地下跌,即一般物价水平下跌不是一个短期现象。一般认为,当一般物价水平连续下降两个季度以上时,才被视作可能出现了通货紧缩迹象。当然,由于各国经济环境的不同,一般物价水平到底持续下跌多久才可判断为通货紧缩并没有一个统一的标准,应视各国的具体情况而定。

二、通货紧缩的成因

(一) 总需求不足是引发通货紧缩的主要原因

当市场达到均衡时,如果没有额外因素干扰,经济将维持均衡状态。但是,一旦出现总需求不足,原始的均衡将被打破。在市场规律作用下,供给开始作出相应的调整,市场均衡价格和均衡产量都会下降。在此情况下,市场的自发调整将进一步发挥作用:一方面,对于供给方来说,价格的下降不但会使其销售同等数量的商品和劳务的收入减少,而且还会因为实际利率的提高、增加利息成本支出以及工资刚性的存在相对地提高了实际工资水平,从而使企业的利润率下降。企业为了实现既定的预算利润目标和生存目的,必须以增加产出、扩大销量来弥补。但由于总需求的下降，大部分产出并没有形成有效需求。另一方面，对于消费者来说，由于价格持续下跌，持币待购欲望会更加强烈，再加上企业收益率下降，预期未来收入的不确定性增加，当期消费支出会不断减少，从而造成总需求进一步下降，最后均衡价格进一步下跌。如此循环下去，通货紧缩便会逐步形成。

（二）供给绝对过剩引起的通货紧缩

在市场规律的作用下，绝对过剩的供给可能导致物价偶然或持续地下降。企业为了保持在竞争中的优势和实现期初的预期目标，必然采取加大市场营销的力度来扩大销售量。但随着销售量的扩大，价格不断下降和成本不断上升，使得企业的实际利润低于其预期值。企业收益的不确定性加剧，社会上失业开始增多，人们预期未来的收入不确定性增大，消费开始变得谨慎。同时，投资由于利润率的持续下降而日趋稀少，整个社会的需求开始加速下滑，最后形成通货紧缩。

三、通货紧缩的度量

通货紧缩一般通过物价水平的下跌表现出来，因此，物价的下跌幅度就成为度量通货紧缩的主要指标。

（一）消费物价指数

消费物价指数是综合反映各种消费品和生活服务价格变动程度的重要经济指数，通常简称为 CPI。该指数直接与大众的日常生活有关，可用于分析市场物价的基本动态。CPI 是各国政府制定相关物价政策和工资政策的重要依据，也是测量一国通货紧缩和通货膨胀程度的最重要指标。

（二）生产者价格指数

生产者价格指数也是一国经济统计中的重要价格指数。它主要用来反映批发市场价格的变动情况。一般来说，批发价格的变动速度往往快于零售价格，所以，该指数具有优良的预测功能，也是其他指数的先导指数，它在一国的价格指数统计中占有十分重要的地位。

（三）国民生产总值缩减指数

国民生产总值缩减指数是按当年价格计算的 GDP 与按不变价格计算的 GDP 的比率，用来反映社会经济整体的价格变动程度，涉及范围最广，包括所有的生产资料、消费品和服务项目的价格变动。从理论上说，它更能反映一国物价变动的整体状况。但由于其统计涉及范围较广，编制程序较繁琐，时间较长，缺乏实效性，不利于迅速反映物价的变动趋势，因此，各国统计部门很少编制该指数，我国也是如此。

（四）商品零售物价指数

商品零售物价指数是反映各种商品零售价格变动趋势的重要指数。同消费者价格指数相比,该指数在计算中缺少了生活服务(劳务费)这一项,因此,所计算出来的价格指数在反映社会总体物价水平变动程度方面比CPI指数稍逊一筹。但在我国的各类物价指数中,该指数仍占有非常重要的作用。原因是:我国以前的国民生产总值构成中服务项目的比重较小,因此,该指数也可以近似地替代CPI。

一般物价水平及物价连续下跌的幅度有多大、时间有多久,是通货紧缩现象测度的两个重要方面。首先,从价格下降的幅度来看,一般只要通货膨胀率小于1,并且有进一步下降的趋势,就可以确认为出现了通货紧缩;其次,从物价下跌的时间来看,价格总水平连续下跌两个季度以上就可以认为已经出现了通货紧缩迹象。因为经验表明,物价持续下跌对投资、消费和生产活动的冲击达到两个季度以上时,常常会超出经济本身自我缓冲调节的能力。

第五节 通货紧缩的经济影响与治理

一、通货紧缩的经济影响

(一)通货紧缩对经济增长的影响

1. 促退论

通货紧缩会抑制经济增长,甚至使经济发生衰退。当物价的持续下降会使生产者利润减少甚至亏损,继而减少生产和投资;物价持续下降,企业亏损会导致失业增加,收入下降,消费者因对未来预期的不确定而缩减其消费支出,这样总需求不足进一步加剧,经济增长将会放缓。

2. 促进论

适度的通货紧缩有利于经济的增长。通货紧缩将会促使长期利率下降,有利于企业改善设备,进行技术创新,提高生产率。适度的通货紧缩可以延长经济扩张的时间,使得物价水平的下降与经济增长可以并存,更有力地推动经济增长。

(二)通货紧缩对债权人和债务人的影响

在通货紧缩状态下,债务人需要偿付更多的实际利息,它的再融资成本也会因为实际利率的不断上升而上升,从而使其处于更加不利的地位。相反,债权人不仅可以收回原有数量的名义本金额和利息,而且实际上他们也同时获得了通货紧缩所带来的收益。但是当通货紧缩进一步恶化时,尤其是在经济衰退发生时,债务人的原有债务成本越积越大,再融资发生困难,最终陷入无法偿债的境地而纷纷破产,债权人最终也必然会遭受损失。

(三)通货紧缩对财富收入再分配的影响

在通货紧缩状态下,由于物价下跌,实物资产的持有者受损,现金资产将升值;

由于通货紧缩使企业利润减少,一部分财富向居民个人转移;由于通货紧缩使政府开支增加,政府财富向公众转移。

二、通货紧缩的治理

由于通货紧缩存在着自我强化的机制,通货紧缩诱发经济衰退的可能性很大,它的危害性比通货膨胀还要严重。从长期的观点来看,通货膨胀对一个国家的发展有明显的破坏性作用。所以,一旦通货紧缩形成,就要及时采取有效的政策措施来加以治理。

（一）适度扩张的货币政策

在通货紧缩条件下,货币政策通常是低效的,甚至是无效的。一国货币当局不能实行过度膨胀的货币政策,但可以采用适度扩张的货币政策,适当增加流通中的货币量,从而刺激总需求。实施适度扩张的货币政策是一国货币当局在通货紧缩时期的合理选择。这里所谓的适度扩张,是指货币供给量增长速度适当地大于经济增长速度与货币流通变动速度之和,这可以从费雪的交易方程式中得到。这样,货币供给量的增加,既可以满足经济增长对货币的需求,又可以防范货币过多地滞留于私人部门导致后期通货膨胀的风险,从而为价格下降趋势的扭转、促其上升创造有利的货币环境。

（二）扩张的财政政策

在通货紧缩条件下,政府往往会更经常地使用扩张性财政政策。

1. 扩大公共支出

扩大公共支出能够比较有效地治理来自于收入水平下降所引起的需求不足,还可以通过投资的"乘数效应"带动私人投资的增加。

当一国私人部门因预期收入水平下降而导致投资和消费需求减少时,若政府部门能适时地扩大财政支出,那么在总供给保持不变的情况下,使得总需求上升,物价和收入水平也会随之出现上升。物价的上升使企业的利润空间向上拓展,从而刺激企业的投资动机,而且也会使消费者减弱持币待购的欲望,增加当期消费,从而引起整个私人部门需求的增加。私人部门需求的增加又会反过来促使物价进一步上涨和收入水平的提高,这样,整个私人部门又会进行新一轮的投资和消费,不断循环下去,形成新的需求。

2. 减税

减税可以直接影响私人部门的经济行为。它主要是通过降低私人部门的成本支出,增加企业的利润,提高收益,引导企业增加投资。而新增的投资又会通过乘数效应创造出多倍的新增收入,并进一步带动新的投资和消费支出,如此循环下去,形成更大倍数的收入增量,增加总需求。

3. 增发国债

增发国债既可以弥补减税带来的收入减少,又可以直接为政府支出融资,待经济启动后,再用增加的收入来偿还期初增发国债的本息。此外,国债还是连接财政政策与货币政策的媒介和桥梁,将扩张性财政政策与扩张性的货币政策有机地结合起来,提高政策本身的灵活性和有效性。

4. 转移支付

转移支付可以间接增加需求。所谓转移支付,是指一国经济主体间资金的无偿转移。它是一种非购买性的转移,主要通过对收入在一定程度上进行再配置,达到提升整个社会边际消费倾向的目的,但它不直接形成需求。此外,转移支付政策也具有稳定私人部门预期的作用,尤其是在通货紧缩严重、经济开始衰退的时候,政府适时地推出积极的转移支付政策,不仅可以为处于不利地位的微观主体在一定程度上提供保障,减弱预期不确定性因素对有效需求形成的不利影响,而且也可以为其他政策的顺利推出创造良好的政策环境,从而有利于经济平稳的发展。

(三)结构性调整

对由于某些行业的产品或某个层次的商品生产绝对过剩引发的通货紧缩,一般采用结构性调整的手段,即减少过剩部门或行业的产量,鼓励新兴部门或行业发展。从宏观层面上看,政府可以通过科学的决策,加大国债资金的投入比例来支持这些产业的发展;同时,也可以利用一些结构性政策措施,诸如财政贴息、税收优惠等手段来鼓励和支持这些产业部门的技术改造和创新,从而逐步实现我国产业结构和供给结构的合理化。从微观层面上看,企业主体必须真正树立以市场为导向的发展理念,加强风险意识和预算约束,以市场的即期需求和潜在需求为导向,及时调整企业供给结构,努力提高产品的生产质量、功能和品位;同时,又要加强产品技术开发和改造的投入,不断降低消费品的生产成本,从而不仅达到提高产品档次,增加销量和收入的目的,而且又可以促进企业自身增长机制的形成,提高其整体的市场竞争力。

治理通货紧缩还可以通过各种宣传手段,增强公众对未来经济发展趋势的信心,从而改变预期;建立健全社会保障体系,适当改善国民收入的分配格局,提高中下层居民的收入水平和消费水平,以增加消费需求,进而缓解通货紧缩压力。

复习思考题

一、判断题

1. 通货膨胀是指我们正在变得更加贫穷。   (   )

2. 通货膨胀是在纸币流通制度下的一种经济现象。（　　）
3. 财政性的货币过量发行是诱发通货膨胀发生的基本原因。（　　）
4. 通货膨胀将有利于债务人而不利于债权人。（　　）
5. 增加社会有效供给是治理通货膨胀的另一个重要方面。（　　）
6. 物价下跌就是通货紧缩。（　　）
7. 通货紧缩有利于政府。（　　）
8. 总需求不足是引发通货紧缩主要原因。（　　）
9. 消费物价指数是通常被用作度量通货膨胀的重要指标。（　　）
10. 在纸币流通的条件下，纸币的贬值特性决定了一定会发生通货膨胀。（　　）

二、简述题

1. 阐述通货膨胀对经济的影响。
2. 简述通货膨胀的成因。
3. 阐述通货紧缩对经济的影响。
4. 理解通货膨胀的类型。
5. 分析通货膨胀与通货紧缩的治理。

三、案例与阅读

法币风云

1935年11月4日，国民党政府为摆脱美国白银政策引起的白银上涨给采用银本位制的中国带来的严重影响，因而实行法币改革，规定由中央银行、中国银行、交通银行3家银行（后又加中国农民银行）发行的钞票为法币，禁止白银流通，将白银收归国有。法币是一种以外汇为本位的货币制度，它借助无限制买卖英镑来维持币值，后来又投靠美元，从而打上了深刻的殖民地货币制度的烙印。

1942年7月，法币的发行集中到中央银行。由于国民党政府完全控制了金融业，其发行法币又没有限制，这就为法币不断出现通货膨胀铺平了道路。在法币改革前，1934年年底，全国主要银行发行的兑换券总计约5.6亿元。到1936年1月，即法币改革后2个月，已增至7.8亿元。此后更是猛增，至1948年8月21日，已达6 636 946亿元。与此同时，物价上涨得更快。如以1937年6月重庆物价指数为例，1948年8月21日，物价上涨至1 551 000亿元。而上海物价比重庆更高。如以1937年6月为例，1948年8月21日，物价上涨为4 927 000亿元。当时有人说，战前能买1头牛，这时只能买1/3包火柴。

资料来源：胡乃红：《货币金融学基础习题与案例集》，上海财经大学出版社2008年版。

问题：

(1) 通货膨胀的本质是什么？

(2) 产生通货膨胀的原因是什么？有何影响？

第十四章

金融风险及其管理

第一节 金融风险与金融危机

一、金融风险概述

金融风险指任何有可能导致企业或机构财务损失的风险。金融机构在具体的金融交易活动中出现的风险,有可能对该金融机构的生存构成威胁,也有可能对整个金融体系的稳健运行构成威胁。一旦发生系统风险,金融体系运转失灵,必然会导致全社会经济秩序的混乱,甚至引发严重的政治危机。

金融风险主要包括市场风险、信用风险、流动性风险、作业风险、行业风险、法律法规或政策风险、人事风险、自然灾害或其他突发事件等。当前金融风险的主要表现在以下几个方面。

(一)金融机构自身带来的风险

(1)金融机构在贷款时,对贷款对象的信用状况没有进行合理评估,对还款能力与还款意愿等情况没有详细摸底和严格审查及评估鉴定,最终形成风险。

(2)金融机构缺乏对贷款单位贷款后的事后管理,对贷款资金运用情况不能进行及时而有效的监督和控制。

(3)负债结构不合理造成的风险。在金融机构资金负债中,定期与活期比例一般在60%以上,有些则高达85%以上。显然,金融机构资金负债结构不合理,这有传统观念的影响,也有内部环境的影响。

(二)贷款单位造成的风险

(1)贷款单位经营出现风险,无法按时归还金融机构贷款,导致金融资金产生风险。

(2)贷款单位出现信用风险,贷款到期后,拖欠本息不还,造成金融风险。

(3)贷款单位负责人出现诚信危机,故意隐瞒有关真相,把现有的资产转换出去,致使金融资产悬空,形成严重的金融风险。

(三)不正当的行政干预造成的风险

在贷款前,行政对于金融机构不该干预的进行了干预,而贷款后行政方面又缺乏事后干预,使得金融机构无法自主地、有效地控制金融风险。

(四) 金融机构资产结构单一的风险

金融机构的主营业务是信贷资产,它占总资产的比例一般在 80% 左右,是金融机构资产占有的主要表现形式。如果贷款单位出现风险波动,市场不景气,金融机构要被动地承担风险。

二、金融风险的测量

随着经济全球化和金融自由化的不断深化,金融市场的波动性日益加剧,金融风险日益增加。在这种情况下,金融机构和非金融机构都要对金融风险进行有效管理。进行金融风险管理的最重要的一个环节就是进行金融风险测量。目前的主要风险测量方法就是风险价值法(VaR)。风险价值法的三种模型:历史模拟法、分析方法和蒙特卡罗模拟法。

(一) 历史模拟法

历史模拟法的核心在于根据市场因子的历史样本变化模拟证券组合的未来损益分布,利用分位数给出一定置信水平下的 VaR 估计。历史模拟法是一种非参数方法,它不需要假定市场因子的统计分布,因而可以较好地处理非正态分布。该方法是一种全值模拟,可有效地处理非线性组合(如包括期权的组合)。此外,该方法简单直观,易于解释,常被监管者选作资本充足性的基本方法。实际上,该方法是1993 年 8 月巴塞尔委员会制定的银行充足性资本协议的基础。在历史模拟法中,市场因子模型采用的是历史模拟的方法——用给定历史时期上所观测到的市场因子的变化来表示市场因子的未来变化。在估计模型中,历史模拟法采用的是全值估计法,即根据市场因子的未来价格水平对头寸进行重新估值,计算出头寸价值的变化。最后,将组合的损益从小到大排序,得到损益分布,通过给定置信水平下的分位数求得 VaR。比如,有 1 000 个可能损益情况,95% 的置信水平对应的分位数为组合的第 50 个最大损益值。

历史模拟法的计算步骤如下:

(1) 映射,即识别出基础的市场因子,收集市场因子适当时期的历史数据(典型的是 3~5 年的日数据),并用市场因子表示出证券组合中各个金融工具的钉市价值(包含期权的组合,可使用 Black-Scholes 公式计算)。

(2) 根据市场因子过去 $N+1$ 个时期的价格时间序列,计算市场因子过去 N 个时期价格水平的实际变化。假定未来的价格变化与过去完全相似,即过去 $N+1$ 个时期价格的 N 个变化在未来都可能出现,这样结合市场因子的当前价格水平,可以直接估计市场因子未来一个时期的 N 种可能价格水平。

(3) 利用证券定价公式,根据模拟出的市场因子的未来 N 种可能价格水平,求出证券组合的 N 种未来钉市价值,并与对应当前市场因子的证券组合价值比较,得到证券组合未来的 N 种潜在损益，即损益分布。

(4) 根据损益分布，通过分位数求出给定置信水平下的 VaR。

(二) 分析方法

分析方法是 VaR 计算中最为常用的方法。它利用证券组合的价值函数与市场因子间的近似关系、市场因子的统计分布(方差-协方差矩阵)简化 VaR 计算。根据证券组合价值函数形式的不同，分析方法可分为两大类：Delta-类模型和 Gamma-类模型。在 Delta 模型中，证券组合的价值函数均取一阶近似，但不同模型中市场因子的统计分布假设不同。如 Delta-正态模型假定市场因子服从多元正态分布；Delta-加权正态模型使用加权正态模型(WTN)估计市场因子回报的协方差矩阵；Delta-GARCH 模型使用 GARCH 模型描述市场因子。在 Gamma-类模型中，证券组合的价值函数均取二阶近似，其中 Gamma-正态模型假定市场因子的变化服从多元正态分布，Gamma-GARCH 模型使用 GARCH 模型描述市场因子。

(三) 蒙特卡罗模拟法

分析方法利用灵敏度和统计分布特征简化了 VaR。但由于对分布形式的特殊假定和灵敏度的局部特征，分析方法很难有效处理实际金融市场的厚尾性和大幅波动的非线性问题，往往产生各种误差和模型风险。模拟方法可以很好地处理非线性和非正态问题。其主要思路是：反复模拟决定金融估计价格的随机过程，每次模拟都可以得到组合在持有期末的一个可能值，如果进行大量的模拟，那么组合价值的模拟分布将收敛于组合的真实分布。这样通过模拟分布会可以导出真实分布，从而求出 VaR。

蒙特卡罗模拟法亦称随机模拟法。其基本思想是：为了求解科学、工程技术和经济金融等方面的问题，首先建立一个概率模型或随机过程，使它的参数等于问题的解，然后通过对模型或过程的观察计算所求参数的统计特征，最后给出所求问题的近似值，解的精度可用估计值的标准差表示。

蒙特卡罗模拟法的基本步骤如下：

(1) 针对实际问题建立一个简单且便于实现的概率统计模型，使所求的解恰好是所建模型的期望值。

(2) 对模型中的随机变量建立抽样分布，在计算机上进行模拟试验，抽取足够的随机数，对有关的事件进行统计。

(3) 对模拟试验结果加以分析，给出所求解的估计及其精度(方差)的估计。

(4) 必要时，还应改进模型以提高估计精度和模拟计算的效率。

蒙特卡罗模拟方法的全值估计、无分布假定等特点及处理非线性、非正态分布问题的强大能力和实际应用中的灵活性，近年来被广为应用。

三、金融危机内涵

金融危机又称金融风暴。它是指一个国家或几个国家与地区的全部或大部分金融指标(如短期利率、货币资产、证券、房地产、土地价格、商业破产数和金融机构倒闭数)的急剧、短暂和超周期的恶化。金融危机可以分为货币危机、债务危机、银行危机等类型。近年来的金融危机越来越呈现出某种混合形式。一般来说,金融危机具有以下特征:

(1) 人们基于经济未来将更加悲观的预期。
(2) 整个区域内货币币值出现幅度较大的贬值。
(3) 经济总量与经济规模出现较大的萎缩,经济增长受到打击。
(4) 往往伴随着企业大量倒闭,失业率提高。
(5) 经济萧条,甚至有些时候伴随着社会动荡或国家政治层面的动荡。

当前,国际金融危机的传染渠道可以划分为偶发性传染渠道、非偶发性传染渠道两大类。偶发性传染渠道指仅出现于危机爆发后的传染渠道。这种传染渠道与经济基本面无关,仅仅是投资者或金融市场其他参与者行为(特别是非理性行为)的结果,因而又有"真正的传染"、"纯粹的传染"之称。它主要包括内生流动性冲击、多重均衡和唤醒效应、政治影响传染等。非偶发性传染渠道指在危机爆发前的稳定期和危机期都同样存在的传染渠道。由于这种传染渠道源于国家或地区间实际的经济金融联系,危机的传染来自于宏观经济基本面的变动,因此又称为"真实联系渠道"或"基于基本面的传染"。它主要包括贸易联系与竞争性贬值、政策调整、随机总需求流动性冲击等。

随着经济全球一体化的发展,金融风险与金融危机的传递性在不断加强。防范金融风险、金融危机迫在眉睫,金融风险管理已提上了议事日程。

第二节 金融风险管理

一、金融风险管理的内涵

金融风险管理是金融机构推行的风险管理。它是指人们通过实施一系列的政策和措施来控制金融风险,以消除或减少其不利影响的行为。

金融风险管理根据管理主体不同,可分为内部管理和外部管理。金融风险内部管理是指作为风险直接承担者的经济个体对其自身面临的各种风险进行管理。管理主体包括金融机构、企业、个人等金融活动的参与者;金融风险外部管理主要包括行业自律管理和政府监管。行业自律管理是指金融行业组织对其成员的风险进行管理。政府监管是指官方监管机构以国家权力为后盾,对金融机构乃至金融体系的风险进行监控和管理,具有全面性、强制性和权威性。金融风险管理根据对象不同，可分为微观金融风险管理和宏观金融风险管理。微观金融风险管理是对个别金融机构、企业或部分个人的内部管理。宏观金融风险管理则是为保持整个金融体系的稳定性、避免出现金融危机、保护社会公众利益而进行的管理。本章主要讨论微观金融风险的内部管理。

二、金融风险管理的特征

金融风险管理是金融机构建立在全面风险管理层面上的一种新的管理模式。它不仅仅只停留在交易层面，还包括金融机构整体运作和战略决策。金融风险管理具有如下特征。

（一）金融风险管理是一项持续的全面的风险管理

金融风险管理自始至终贯穿在所有业务运作过程中，是一种持续不断的管理。它既考虑具体业务风险，也考虑整体运营风险。

（二）金融风险管理是从战略高度出发的风险管理

金融风险管理是金融业的全面风险管理。COSO的《企业全面风险管理框架》明确指出：企业风险管理是企业的董事会、管理层和其他员工共同参与的一个过程，应用于企业的战略制定和企业的各个部门和各项经营活动，用于确认可能影响企业的潜在事项并在其风险偏好范围内管理风险，对企业目标的实现提供合理的保证。董事会从战略角度控制风险，金融风险管理是董事会的核心任务。由此可见，金融风险管理是董事会战略层面的风险管理。

（三）金融风险管理的目标更加合理

传统的资产负债管理目标只是利润最大化，而金融风险管理的目标则相对比较全面与合理。金融风险管理的目标与企业的目标一致：生存、发展和社会责任。这个目标主要是平衡收益和风险关系，并以此为基础，提高经营能力。

（四）金融风险管理的范围更加广泛与全面

传统的资产负债管理主要关注流动性风险与利率风险，而金融风险管理包括市场风险、经营风险、法律风险、财务风险等。金融风险管理参与金融机构内部的所有活动，涵盖所有部门，是对总体风险的全面管理。

三、金融风险管理的操作

（一）金融风险管理的机构

根据国务院国有资产监督管理委员会印发的《中央企业全面风险管理指引》第七章第四十二条规定：企业应建立健全风险管理组织体系，主要包括规范的公司法人治理结构，风险管理职能部门、内部审计部门和法律事务部门以及其他有关职能部门、业务单位的组织领导机构及其职责。

(二) 金融风险管理程序

1. 制定金融风险管理目标

金融风险管理目标包含两个阶段性目标：损失前的目标和损失后的目标。前者偏重于降低风险管理成本，后者偏重于控制损失。

2. 识别金融风险

金融风险的识别是指对经济主体面临的各种潜在的风险因素进行系统归类分析，从而认识和鉴别风险的过程。金融风险识别包括了解风险环境、分析风险特征、区分风险类型、确定风险识别方法等内容。识别风险的方法有头脑风暴法、可行性分析法、因果分析法、缺点树分析法、问卷调查法、业务流程分析法、事件分析法、情景分析、研讨会。

3. 金融风险度量

金融风险度量是指对金融风险水平的分析和估量。它包括衡量确定时间内各种风险导致损失可能性的大小以及损失发生的范围和程度。金融风险度量的方法有：组织依存模型分析、BPEST 分析（商业、政治、经济、社会、技术分析）、PESTLE 分析（政治、经济、社会、技术、法律、环境分析）、SWOT 分析、持续经营计划、统计分析与推论、散布与倾向分析、事件树分析、失误树分析、失败模式与效果分析。

4. 选择金融风险管理工具

金融风险管理工具有风险回避、风险控制、风险转移、风险自留。风险回避是指消除风险因素，使损失产生的必要条件丧失。风险控制是指控制产生金融风险的因素，减少损失发生的概率或减轻损失的严重程度。风险转移是指将蒙受损失的法律责任或财务负担转移给其他主体，借以间接降低损失发生的概率，减轻损失的严重程度。风险自留是指对付损失较小的风险。经济主体靠自己的资金能力承受全部的损失，或者为损失稍大的风险设立一笔风险基金；一旦损失出现，可动用这笔基金来弥补亏损。

5. 实施与评价金融风险管理

金融风险管理的实施是指根据所选择的风险管理对策，不断通过各种信息反馈，检查风险管理决策与实施情况。金融风险管理的评估包括对风险识别、风险衡量、选择各种处置风险工具、风险管理决策等。

复习思考题

一、判断题

1. 金融风险指任何有可能导致企业或机构财务损失的风险。　　　　（　　）

2. 目前的主要风险测量方法就是风险价值法(VaR)。　　　　　　（　　）
3. 金融危机是指一个国家或几个国家与地区的全部或大部分经济指标恶化。
　　　　　　　　　　　　　　　　　　　　　　　　　　　　（　　）
4. 金融风险管理是金融机构建立在全面风险管理层面上的一种新的管理模式。　　　　　　　　　　　　　　　　　　　　　　　　　　　　（　　）
5. 金融风险管理的目标是利润最大化。　　　　　　　　　　　　（　　）
6. 金融风险度量是指对金融风险水平的分析和估量。　　　　　　（　　）
7. 金融风险管理主要关注流动性风险与利率风险。　　　　　　　（　　）
8. 金融危机可以分为货币危机、债务危机、银行危机等类型。　　（　　）
9. 金融风险管理是金融机构内部的风险管理。　　　　　　　　　（　　）
10. 金融风险管理损失前的目标偏重于降低风险管理成本。　　　（　　）

二、简述题

1. 阐述金融风险的内涵。
2. 理解金融危机的危害。
3. 简述金融风险管理的特征。
4. 简述金融风险的种类。
5. 浅析金融风险管理程序。

三、案例与阅读

巴林银行风波

巴林银行集团是有着232年历史的老牌英国银行，在全球拥有雇员1 300多人，总资产逾94亿美元，所管理的资产高达460亿美元，在世界1 000家大银行中按核心资本排名第489位，曾被称为英国女王的银行。巴林银行凭借自身的实力已成为英国金融市场体系的重要支柱。

1995年2月17日，巴林银行破产。巴林银行破产的直接原因，是其新加坡分行的一名交易员——尼尔·李森的违规交易。1992年，李森从摩根斯坦利的衍生工具部转到巴林，被派往新加坡分行。由于工作勤奋、机敏过人，李森得到重用，升任交易员，负责巴林新加坡分行的衍生产品交易。李森的工作，是在日本的大阪及新加坡进行日经指数期货套利活动。然而，李森并没有严格地按规则去做，当他认为日经指数期货将要上涨时，不惜伪造文件筹集资金，通过私设账户大量买进日经股票指数期货头寸，从事自营投机活动。然而，日本关西大地震打破了李森的美梦，日经指数不涨反跌，李森持有的头寸损失巨大。若此时他能当机立断斩仓，损失还是能得到控制,但过于自负的李森在1995年1月26日以后,又大幅增仓,导致损失进一步加大。

1995年2月23日,巴林新加坡分行持有的日经225股票指数期货合约超过6万张,占市场总仓量的30%以上,预计损失逾10亿美元之巨。这项损失,已完全超过巴林银行约5.41亿美元的全部净资产值,英格兰银行于2月26日宣告巴林银行破产。

资料来源:宋玮主编:《金融学概论》,中国人民大学出版社2007年第2版。

问题:

结合案例,分析金融风险,并思考防范风险的举措和建议。

第四篇 国 际 金 融

　　现代世界是一个相互依存、相互交流的开放世界,一个国家必然要同世界上其他国家和地区进行商品、劳务和技术的交换,以及因债权、债务关系而发生资本的流进与流出。在国际交往中,必然要涉及一国货币与他国货币的相互兑换问题,以及因货币与商品、劳务、技术交换而产生的国际资本流动问题。国际金融主要研究不同国家之间的货币关系、货币资本的运动规律以及所产生的国际收支和由于货币资本周转而形成的国际金融关系等。

　　本篇第十五章国际收支,主要介绍国际收支的内容、国际收支平衡表以及国际收支的平衡、失衡及其调节;第十六章国际储备与外债,主要介绍国际储备的构成以及国际储备在经济中的作用;第十七章外汇与汇率,主要介绍外汇、汇率、外汇市场、外汇交易以及外汇风险及其管理;第十八章国际信贷,主要介绍国际金融组织贷款、政府贷款、国际商业银行贷款、出口信贷、国际租赁。

第十五章

国 际 收 支

第一节 国际收支的概念与内容

一、国际收支的概念

国际收支是指一个国家(或地区)在一定时期内(通常为1年)同其他国家(或地区)进行经济、政治和文化等往来所发生的全部货币收入与支出。它反映一个国家(或地区)对外经济交往活动和交往的结果。一般而言,国际债权与债务的结算有两种主要方式:一是现金交易,二是赊账交易。据此产生两种国际收支概念,即狭义的国际收支和广义的国际收支。

(一)狭义的国际收支

狭义的国际收支是指一个国家在一定时期(1年、1季度或1个月)内,由于各种对外交往而发生的、必须立即结清的、来自其他国家的外汇收入与付给其他国家的外汇支出总额的对比。

狭义的国际收支的概念是建立在会计处理的现金收付制基础上的。凡是在本期涉及外汇资金实际流入与流出的,才反映在本期的国际收支中;凡是在本期不涉及外汇资金的实际流入与流出,即使发生在本期也不在本期的国际收支中反映。

(二)广义的国际收支

广义的国际收支是指一个国家或地区在一定时期(1年、1季度或1个月)内,各种对外往来所产生的全部国际经济交易的统计。它是建立在会计处理的权责发生制基础上的。

广义的国际收支概念中的国际收支是一个流量的概念。它是指一定时期内所发生的国际经济交易的事后统计,是一个时期数而不是一个时点数。国际收支所反映的内容是经济交易。所谓经济交易,是指经济资源在不同的经济主体之间的转移,只要经济资源的所有权发生了转移,就是发生了经济交易,就必须统计在国际收支表中。国际收支所反映的经济交易发生在居民与非居民之间。只要是一国居民与非居民之间的经济交易,都应包括在国际收支的范围之内。

二、国际收支平衡表及其主要内容

(一) 国际收支平衡表的概念

国际收支平衡表是一个国家在一定时期内(1年、1季度或1个月)所有由对外政治、经济、文化活动而引起的货币支付的对比表,是全部经济交易的统计表。

国际收支平衡表是采用会计上的复式记账原理编制的,即有借必有贷,借贷必相等,借方记录资产的增加和负债的减少,贷方记录资产的减少和负债的增加。对任何一笔国际经济交易都分别记入借方和贷方。凡是引起本国外汇收入的项目,都记入贷方,凡是引起本国外汇支出的项目都记入借方。当收入大于支出而有盈余时,称为顺差;反之,称为逆差,并在逆差数字前冠以"一"号。一般把逆差称为赤字,把顺差称为黑字。

一项国际经济交易可能涉及的日期有很多个,按照国际货币基金组织的规定,登录国际收支平衡表时,应以商品、劳务和金融资产所有权变更的日期为准。也即采取会计上的权责发生制作为入账的处理原则。如果一项国际经济交易在报告期内已经结清,毫无疑问这一交易应该在报告期的国际收支平衡表中加以反映。如果在报告期内已经发生所有权的转移,但没有进行实际支付的经济交易,也应该反映在报告期的国际收支平衡表中。

(二) 国际收支平衡表的主要内容

任何一个国家的国际收支是由其对外政治、经济、文化交往活动而引起的,并伴随着对外关系的发展,国际收支的内容也日益增多。为了更好地反映情况,各国一般都按国际收支发生的原因和性质,分类归纳为不同项目,成为国际收支平衡表的主要内容。一般来说,国际收支平衡表的主要内容或主要项目包括三大类:经常项目、资本项目和平衡项目。

1. 经常项目

这是本国与外国之间经常发生的并且在整个国际收支总额中占主要地位的国际收支项目。它分为贸易收支、劳务收支和转移收支。

(1) 贸易收支又称有形贸易收支,它主要包括商品的进口贸易收支和出口贸易收支。它是一国国际收支中的重要组成项目。一国进出口商品的种类、数量和价格水平,对该国的国际贸易收支具有重要的影响。在一般的国际贸易统计中,大多数国家对出口商品价格以离岸价格(F.O.B.)计算,对进口商品价格则按到岸价格(C.I.F.)计算。但国际货币基金组织规定,在国际收支统计中,进出口商品价格均按离岸价格计算。

(2) 劳务收支又称无形贸易收支,它主要包括:① 运输、保险、通讯、旅游等各种服务收支。② 资本输出输入、信贷和投资所引起的利息、股息和利润收支。

③ 其他劳务收支,如使领馆费、广告费、专利费等。

(3) 转移收支又称单方面转移。转移收支是无偿转移。根据单方面转移的不同授受对象,可分为政府转移与私人转移。政府转移是指政府间的经济活动,包括援助、战争赔偿、捐款、赠与等。私人转移包括侨民汇款、养老金、赠与等。在国际收支平衡表中,本国对外国的无偿转移记入借方,外国对本国的无偿转移记入贷方。

2. 资本项目

资本项目是指资本的输入和输出,反映金融资产在各国间的移动。第二次世界大战后,在国家垄断资本主义迅速发展的过程中,资本的输出和输入的规模越来越大,资本项目在国际收支中的地位也日益重要。根据资本使用期限的长短,资本可分为长期资本和短期资本;根据资本的性质不同,资本可分为政府资本和私人资本。

(1) 长期资本是指使用期限在1年以上和未规定期限的资本。它又分为政府长期资本流动和私人长期资本流动。政府长期资本流动包括政府间信贷、直接投资、证券投资、对外"援助"和国家银行国外资产、负债的变化。私人长期资本流动包括私人企业、跨国公司国际信贷、直接投资、债券投资和私营银行以及跨国银行在国外资产、负债的变化。

(2) 短期资本是指使用期限为1年或1年以内的资本的移动。目前各国间短期资本流动的规模十分巨大,成为影响有关国家国际收支状况的重要因素。引起短期资本移动的原因主要有:① 各国间外贸结算和外贸信贷的需要。② 银行间的套利、套汇和外汇头寸的调拨。③ 为追逐暴利,各国在国际市场竞相进行的外汇、黄金、有价证券和定期存单的买卖。④ 为了逃避外汇管制、货币贬值风险或寻求安全处所而进行的资本逃避。⑤ 利用货币危机或某些偶然事件在市场上兴风作浪,大肆抛售和抢购黄金、外汇,以牟取暴利的投机活动等。

3. 平衡项目

平衡项目也称平衡或结算项目。它是为了平衡经常项目和资本项目借贷双方的差额而设立的项目,包括"官方储备"、"特别提款权"、"错误和遗漏"等项目。

(1) 官方储备:指一国货币金融当局(中央银行、财政部或其他金融机构)持有的储备资产和对外债权。具体包括货币性黄金储备、外汇储备、在国际货币基金组织的储备头寸和特别提款权。一般来说,一国的国际收支在一定时期不可能完全平衡,发生差额时,就要通过官方储备,如外汇、特别提款权、黄金输出入、增减国际债权、债务等进行平衡。为使国际收支平衡表平衡,其项目的增加用负号"-"表示,减少用正号"+"表示。官方储备记录的是各储备资产的增减变化。其总的增减变化就是国际收支平衡表的总体差额。

（2）特别提款权：指国际货币基金组织所发行的一种记账单位。1970—1972年共发行95亿特别提款权，并根据会员国在基金组织中交纳份额的比例分配给会员国。1979—1981年再次发行20亿特别提款权。因此，各国分配到的特别提款权是国际收支的一项收入。根据国际货币基金组织规定，当会员国发生国际收支逆差时，可以动用特别提款权偿付逆差，并且可以直接用特别提款权偿还国际货币基金组织的贷款。这样，各会员国就把特别提款权同黄金、外汇等项列在一起，作为一项补充的国际储备资产。

（3）错误与遗漏：国际收支平衡表中所列各个项目的数值，涉及的范围十分广泛和复杂，各种国际经济交易的统计资料来源不一，统计数据不及时、不完全、不准确是经常存在的。加上诸如走私等地下经济的存在，国际收支平衡表中几乎不可避免地会出现净的借方差额或贷方差额。基于会计上的需要，人为设置了这个项目，以抵消上述偏差。

三、国际收支平衡表的差额与分析

（一）国际收支的差额

当前各国编制的国际收支平衡表，一般都按照国际货币基金组织对国际收支的定义进行编制。它反映的是一国居民在一定时期内（1年、1季度等）与非居民之间所有的经济交易。在国际收支平衡表中有如下差额。

1. 贸易差额

贸易差额是商品进出口流量的净差额。它反映一国商品的国际竞争力水平。历史上曾长期代表国际收支差额，现今国际收支分析仍经常针对贸易差额进行。

2. 经常项目差额

经常项目差额是指商品贸易、服务贸易、单方面转移等流量的净差额。它是判断一个国家或地区在一段时期内国际金融地位及其货币汇率稳定的重要指针。该差额反映了实际资源的跨国转移状况。

3. 基本差额

基本差额是指商品贸易、服务贸易、单方面转移和长期资本流动的差额。它把经常项目差额与长期资本项目结合在一起，反映一国国际收支的基本状况和长期趋势。资本项目差额中资本流动的方向和规模是影响一国国际收支状况的重要因素。

4. 综合差额

综合差额是在基本差额的基础上再加上短期资本账户差额。它反映了一国国际收支的综合情况。综合差额是一个国家在一定时期内所有经济交易的总差额，它代表这个国家在这段时期内的国际收支状况。如果综合差额为正数,则表示该国在这段时期内国际收支是顺差,国际储备就会增加;反之,则表示该国在这段时期内国际收支是逆差,国际储备要减少。

（二）国际收支平衡表的分析方法

国际收支平衡表的分析方法,概括起来有三种:静态分析法、动态分析法和比较分析法。

1. 静态分析法

静态分析法就是对某个国家或地区在一定时期内国际收支平衡表的分析。

2. 动态分析法

动态分析法就是对某国若干连续时期的国际收支平衡表进行分析的方法。

3. 比较分析法

比较分析法就是对不同国家相同时期内的国际收支平衡表进行比较分析。

第二节 国际收支的平衡与失衡

一国国际收支平衡或失衡的规模大小和持续时间的长短,将直接决定该国货币汇率的稳定程度和国际储备的消长状况,对该国的经济影响重大。关于国际收支失衡有如下几种观点。

一、自主性项目和调节性项目的观点

西方经济学家认为,一国国际收支平衡表上的各种经济交易,可以按"自主性交易"或"调节性交易"的不同性质,划分为"自主性项目"和"调节性项目"两大类。自主性交易又称自动性交易。它是指个人和企业为某种自主性目的而从事的交易。国际收支的差额或不平衡即指自主性交易的不平衡。调节性交易是指为补偿国际收支不平衡而发生的交易。

一般来说,国际收支平衡表中的经常项目、长期资本项目属于自主性交易,而官方短期资本项目、官方储备项目则属于调节性交易。

二、静态平衡观点

静态平衡是指在一定期限内国际收支平衡表的收支数额相抵后差额为零的一种平衡模式。这种平衡模式的特点是:国际收支周期通常为1年,要求国际收支数额对比平衡和总体平衡,目标明确。其缺陷有:因为国际收支的平衡是短暂的,不平衡是经常的,实现平衡有一定困难;易于把国际收支目标作为主要目标,影响经济发展;以静态平衡制约不断发展的经济,容易导致不协调现象。

三、动态平衡观点

动态平衡不强调每年都要实现平衡,而是要求在一段时间内,实现经济建设计划和国际收支平衡。它具有如下特点:① 不限定 1 年为平衡期,而是按计划期实现经济目标为主,确定国际收支平衡。② 把实现经济建设计划目标和国际收支平衡目标相结合,分清主次,合理安排。③ 国际收支的掌握和运用,为实现经济建设目标发挥更积极的促进作用。动态平衡更能体现按照经济发展的实际情况和客观规律办事。在保证经济发展总目标按期实现的前提下,根据形势的变化和事态的发展,对国际收支平衡的掌握可以适当灵活。动态平衡正引起广泛的重视。

四、全面均衡的观点

全面均衡是指在整个经济周期中的国际收支自主性项目差额为零的平衡。全面均衡不仅是外汇市场的供求均衡,而且包括相互关联的国内外各个市场,如商品、劳务、货币、外汇等市场的供求均衡。全面均衡既包括流通领域,也包括生产领域在内的整个宏观经济的均衡。

五、局部均衡的观点

西方经济学家根据自主性项目平衡存在的某些不足,提出以市场均衡作为衡量国际收支是否平衡的标准。他们认为,一国对外经济交易基本上是通过外汇市场进行,外汇市场供求平衡是国际收支平衡的基础。外汇市场平衡又分为日常交易的供求平衡和实际所需的供求平衡。日常交易的供求总是平衡的,而实际需求的平衡则不一定能够达到。只有实际所需的供应等于实际所需的需求,才实现市场平衡,从而达到国际收支的平衡。但是,这种平衡仍然存在不充分和不完全,因为一国的对外经济交易活动有很多不是通过外汇市场的,国际收支不但与流通领域联系而且也要同国际生产领域联系,因此,以市场平衡为尺度的国际收支平衡,只是局部的均衡。

第三节 国际收支失衡与调节

一、国际收支不平衡的成因

(一) 经济周期

不论是社会主义国家还是资本主义国家,经济运行都会呈现一定周期性发展的特点。经济周期一般要经过危机、萧条、复苏、繁荣四个阶段。经济周期的各个阶段会给国际收支带来不同的影响,而且这种影响往往是互相渗透、互相影响的。从长期趋势分析,如果一个国家因技术水平提高、资本积累增长而使生产发展、成本降低、出口贸易持续扩大,将有效地促进国际收支的改善,形成国际收支的持续顺差。由经济周期的阶段更替而引起的国际收支的不平衡被称为周期性不平衡。而经济周期变动带来的是周期性失衡,是一种持久性失衡。

(二) 国民收入

一个国家或地区国民收入的增减变化也会对其国际收支的平衡产生影响。当一个国家国民收入快速增长时,国民对进口商品的承受能力提高,从而引起进口的增加。如果在这个时候出口不能同步增长的话,就会导致贸易逆差。同时,当一个国家国民收入增长较快时,国民的出国旅游等非贸易支出也会同时增加,对外投资也会更活跃,这些都有可能导致国际收支的逆差。由于国民收入的增减变化而引起的国际收支的不平衡被称为收入性不平衡。而国民收入带来的失衡是收入性失衡,也是一种持久性失衡。

(三) 经济结构

经济结构包括产品结构、产业结构等。由于经济结构的原因所引起的国际收支的不平衡被称为结构性不平衡。由经济结构所引起的不平衡,主要体现在贸易账户或经常账户上。其中主要有两种情况:一种是因经济和产业结构变动的滞后和困难所引起的国际收支失衡;另一种是一国的产业结构比较单一,或其产业生产的商品出口需求的收入弹性低或出口需求的价格弹性高、进口需求的价格弹性低,这种结构性失衡在发展中国家表现得尤为明显。结构性失衡是一种长久性失衡。

(四) 货币价值

一国的价格水平、成本、汇率、利率等货币性因素的变化造成的国际收支失衡被称为货币性不平衡。货币性不平衡不仅与经常项目有关,也与资本项目有关。货币性失衡可能是短期的,也有可能是中期甚至是长期的。如一国在一定时期和一定汇率水平下,货币增长速度过快,以至于商品成本和物价水平相对高于其他国家,则本国的商品输出必将受到阻碍,而商品输入则更有利可图,最后导致国际收支发生逆差;反之,如果由于通货紧缩,商品成本和物价水平相对低于其他国家时,则有利于出口,而不利于进口,必将使一国的国际收支得到改善或者出现顺差。由货币价值的改变带来的是货币性失衡。而货币性失衡是暂时性失衡。

(五) 偶发性因素

偶发性因素也会导致贸易收支的不平衡和巨额资本在各国间的转移,从而使一国的国际收支出现不平衡。例如,一国政府非正常或正常的更替,有可能导致资本的大量流入或流出。又如,大的自然灾害导致某些商品进口的增加或某些商品出口的减少,以及季节性因素都有可能导致该国出现国际收支的不平衡。偶发性失衡是一种暂时性失衡。

二、国际收支不平衡的影响

(一)国际收支逆差的影响

国际收支逆差会造成该国黄金、外汇储备的减少,导致本国外汇市场上外汇供给减少,需求增加,从而使得外汇的汇率上涨、本币的币值下跌、短期资本大量外逃,从而削弱该国的经济实力。如果该国政府采取措施干预,即抛售外币,买进本币,政府手中必须要有足够的外汇储备,而这又会进一步导致本币的贬值。政府的干预将直接引起本国货币供应量的减少,而货币供应量的减少将引起国内利率水平的上升,导致经济下滑,失业增加。

从引起国际收支逆差的原因来看,如果国际收支逆差是由经常项目的逆差所引起的,那么必然导致与出口有关的部门就业机会的减少,导致经济下滑。如果国际收支的逆差是由资本项目逆差所引起的,那么意味着大量资本外流,国内资金供应紧张,推动利率水平的上升,导致失业增加,经济下滑。

(二)国际收支顺差的影响

国际收支顺差带来的不良后果主要有以下几个方面:国际收支顺差过大,引起本国外汇市场中外汇的供应增加,本币将面临升值的压力;本币升值,影响出口。由大量贸易收支顺差引起的国际收支顺差,必然要受到贸易伙伴的报复,引起贸易摩擦。同时长期的、大量的顺差意味着把本国的资源大量提供给国外,为他人所用,从而影响本国经济发展。大量的外汇储备占用巨额的国内资金,易于增加货币量,引发通货膨胀。由资本项目引起的国际收支顺差意味着本国在本期引进了大量的外资,如果不很好地加以利用和管理,有可能导致本国在将来出现外债偿付危机。

三、调节国际收支的政策措施

(一)外汇缓冲政策

外汇缓冲政策是指一国运用官方储备的变动或临时向外筹借资金来抵消超额的外汇需求或供给,从而避免本币汇率的波动以及由此产生的不利影响。

(二)财政政策

当一国国际收支出现逆差时,政府可以实行紧缩性的财政政策,如:压缩公共开支,抑制社会总需求,减少进口;提高进口产品的税率,减少进口;实行出口补贴,扩大出口等措施,以扭转贸易收支的逆差。当一国国际收支出现顺差时,政府可以实行扩张性的财政政策,如:扩大公共开支,增加社会总需求,扩大进口;对进口产品减税,刺激进口的增加;取消或减少出口退税和出口补贴,减少出口等措施,以减少贸易收支的顺差。

(三) 货币政策

如果一国的国际收支出现了长期的巨额逆差，政府可以调高利率，采用紧缩信用政策，使国内投资减少，国民收入和国内经济增长放缓，国内商品和出口商品价格降低。在汇率不变的情况下，出口能力相应增加，进口减少，国际收支逆差缩小。如果一国国际收支出现了长期的、大量的顺差，政府可以调低利率，采用信用扩张政策，使国内投资增加，就业率上升，经济活跃，商品价格不断上涨。在汇率不变的情况下，必然会影响出口，扩大进口，国际收支顺差得到缓解。

(四) 汇率政策

在实行固定汇率制度下，运用汇率政策来调节国际收支是指通过调整本币汇率来调节国际收支。当国际收支出现逆差时，可以对本币实行贬值，降低以外币表示的本国产品的价格，同时可以提高以本币表示的外国产品的价格，从而达到增加出口、减少进口、改善国际收支的目的；当国际收支出现顺差时，可以对本币实行升值，提高以外币表示的本国产品的价格，同时可以降低以本币表示的外国产品的价格，从而达到减少出口、增加进口、减少和消除国际收支顺差的目的。

在浮动汇率制度下，汇率变动完全取决于外汇供求关系。在一国出现逆差时，中央银行或国家货币当局采用公开市场业务，大量买入外汇，减少市场外汇量，使外汇升值、本币贬值，促进出口，缩减国际收支逆差的压力；在一国出现顺差时，中央银行或货币当局大量卖出外汇，扩大市场外汇量，使外汇贬值、本币升值，阻碍出口，国际收支顺差得到缓解。

(五) 直接管制

在国际收支出现不平衡时，也可以通过直接管制的办法加以扭转。直接管制的办法主要有外汇管制和贸易管制。外汇管制也称外汇管理。它是一国政府对外汇的收、支、存、兑和汇率等实行直接的行政性干预。它是调节国际收支比较直接的措施。当国际收支发生逆差时，可以通过外汇管制来控制国内对外的供给和需求，达到增加外汇收入，减少外汇支出的目的；反之则反是。贸易管制是政府采用的对进出口贸易进行直接限制，以改善国际收支平衡状况的政策。在国际收支出现逆差时，贸易管制的内容主要由"奖出限入"，如对进口采取配额制或限制进口用汇，对出口给予补贴、退税、低利或国家担保的信贷支持等。

四、我国的国际收支概述

在新中国成立很长一段时间里，我国都未编制国际收支平衡表，而只编制外汇收支平衡表。外汇收支平衡表是建立在现金收付基础上的，它只反映在报告期间内已经实现外汇收支的国际经济交易的情况，而不反映已经发生但尚未实现外汇收支的国际经济交易,因而不能反映我国对外交往的全貌。1980年4月14日,我国恢复了在国际货币基金组织的席位和合法权益,国家统计局和外汇管理局开始按照国际货币基金组织的要求,着手编制并从1985年陆续公布我国的国际收支平衡表。目前,我国每年两次向社会公开我国的国际收支平衡表。我国国际收支的方针原则是：

（1）维持国际收支均衡。

（2）逐渐减少经常项目逆差。

（3）把债务率、偿债率控制在较高的水平上。衡量一国的外债承受能力和外债偿付能力可以用一套指标体系来进行。具体包括：偿债率,应不超过20%；负债率,应不超过10%；外债率,应不超过100%。

（4）维持适度的外汇储备水平。要综合考虑本国的进口规模、出口态势、汇率制度、外汇储备持有成本、金融市场发育程度、国际货币使用状况、本国承受国际收支政策调节的能力等因素来确定本国的外汇储备水平。

复习思考题

一、判断题

1. 国际收支所反映的经济交易是发生在公民与非公民之间的收支。（　）
2. 国际收支平衡表的借方记录资产的增加和负债的减少。（　）
3. 资本输出和输入、信贷和投资所引起的利息、股息和利润收支属于经常项目。（　）
4. 贸易差额是商品进出口流量的净差额,它反映一国商品的国际竞争力水平。（　）
5. 综合差额是一个国家在一定时期内所有经济交易的总差额,代表这个国家在这段时期内的国际收支状况。（　）
6. 自主性交易是指为补偿国际收支不平衡而发生的交易。（　）
7. 国际收支结构性失衡是暂时性失衡。（　）
8. 狭义的国际收支概念建立在会计处理的现金收付制基础之上。（　）
9. 劳务收支的内容只是包含运输、保险、通讯、旅游等各种服务收支。（　）
10. 官方储备的增减变化就是国际收支平衡表的总体差额。（　）

二、简述题

1. 阐述国际收支平衡表的主要内容。
2. 分析长期的、大量的国际收支不平衡的影响。

3. 如何调节国际收支失衡?
4. 理解国际收支失衡的原因。
5. 分析国际收支差额。

三、案例与阅读

2008 年中国国际收支平衡表,如表 15-1 所示。

表 15-1

2008 年中国国际收支平衡表

金额单位:千美元

项目	行次	差额	贷方	借方
一、经常项目	1	426 107 395	1 725 893 261	1 299 785 866
A. 货物和服务	2	348 870 456	1 581 713 188	1 232 842 732
a. 货物	3	360 682 094	1 434 601 241	1 073 919 146
b. 服务	4	−11 811 638	147 111 948	158 923 586
1. 运输	5	−11 911 179	38 417 556	50 328 735
2. 旅游	6	4 686 000	40 843 000	36 157 000
3. 通讯服务	7	59 585	1 569 663	1 510 079
4. 建筑服务	8	5 965 493	10 328 506	4 363 013
5. 保险服务	9	−11 360 128	1 382 716	12 742 844
6. 金融服务	10	−250 884	314 731	565 615
7. 计算机和信息服务	11	3 086 931	6 252 062	3 165 131
8. 专有权利使用费和特许费	12	−9 748 930	570 536	10 319 466
9. 咨询	13	4 605 315	18 140 866	13 535 551
10. 广告、宣传	14	261 668	2 202 324	1 940 656
11. 电影、音像	15	163 322	417 943	254 622
12. 其他商业服务	16	2 885 059	26 005 857	23 120 798
13. 别处未提及的政府服务	17	−253 890	666 187	920 076
B. 收益	18	31 437 960	91 614 872	60 176 912
1. 职工报酬	19	6 400 156	9 136 547	2 736 391
2. 投资收益	20	25 037 804	82 478 325	57 440 521
C. 经常转移	21	45 798 979	52 565 201	6 766 222

(续表)

项目	行次	差　额	贷　方	借　方
1. 各级政府	22	－181 611	49 205	230 816
2. 其他部门	23	45 980 590	52 515 996	6 535 406
二、资本和金融项目	24	18 964 877	769 876 094	750 911 218
A. 资本项目	25	3 051 448	3 319 886	268 439
B. 金融项目	26	15 913 429	766 556 208	750 642 779
1. 直接投资	27	94 320 092	163 053 964	68 733 872
1.1 我国在外直接投资	28	－53 470 972	2 175 785	55 646 757
1.2 外国在华直接投资	29	147 791 064	160 878 179	13 087 115
2. 证券投资	30	42 660 063	67 708 045	25 047 982
2.1 资产	31	32 749 936	57 672 404	24 922 468
2.1.1 股本证券	32	－1 117 368	3 844 800	4 962 168
2.1.2 债务证券	33	33 867 304	53 827 604	19 960 300
2.1.2.1（中）长期债券	34	37 563 103	53 827 604	16 264 501
2.1.2.2 货币市场工具	35	－3 695 799	0	3 695 799
2.2 负债	36	9 910 127	10 035 641	125 514
2.2.1 股本证券	37	8 721 011	8 721 011	0
2.2.2 债务证券	38	1 189 116	1 314 630	125 514
2.2.2.1（中）长期债券	39	1 189 116	1 314 630	125 514
2.2.2.2 货币市场工具	40	0	0	0
3. 其他投资	41	－121 066 726	535 794 199	656 860 925
3.1 资产	42	－106 074 263	32 563 248	138 637 510
3.1.1 贸易信贷	43	5 866 953	5 866 953	0
长期	44	410 687	410 687	0
短期	45	5 456 266	5 456 266	0
3.1.2 贷款	46	－18 501 123	478 305	18 979 428
长期	47	－6 569 000	0	6 569 000
短期	48	－11 932 123	478 305	12 410 428
3.1.3 货币和存款	49	－33 528 165	17 715 954	51 244 120
3.1.4 其他资产	50	－59 911 928	8 502 035	68 413 963

（续表）

项　　目	行次	差　　额	贷　方	借　方
长期	51	0	0	0
短期	52	−59 911 928	8 502 035	68 413 963
3.2 负债	53	−14 992 463	503 230 952	518 223 415
3.2.1 贸易信贷	54	−19 049 071	0	19 049 071
长期	55	−1 333 435	0	1 333 435
短期	56	−17 715 636	0	17 715 636
3.2.2 贷款	57	3 620 979	442 835 925	439 214 946
长期	58	6 724 078	20 129 387	13 405 309
短期	59	−3 103 099	422 706 538	425 809 637
3.2.3 货币和存款	60	2 702 297	59 226 206	56 523 909
3.2.4 其他负债	61	−2 266 668	1 168 821	3 435 489
长期	62	−2 236 180	34 976	2 271 156
短期	63	−30 488	1 133 845	1 164 333
三、储备资产	64	−418 978 429	0	418 978 429
3.1 货币黄金	65	0	0	0
3.2 特别提款权	66	−7 114	0	7 114
3.3 在基金组织的储备头寸	67	−1 190 315	0	1 190 315
3.4 外汇	68	−417 781 000	0	417 781 000
3.5 其他债权	69	0	0	0
四、净误差与遗漏	70	−26 093 843	0	26 093 843

资料来源：国家外汇管理局网站。

问题：

分析我国国际收支状况，探讨国际收支差额产生的原因及影响。

第十六章

国际储备与外债

第一节 国际储备概述

一、国际储备的概念

国际储备是一国货币当局为弥补国际收支逆差,维持本国货币汇率的稳定,作为对外偿债保证的各种形式资产以及应付各种紧急支付而持有的、为世界各国所接受的资产的总称。它是一国金融实力强弱的标志。

二、国际储备的特征

国际储备资产应具有如下五个基本特征:
(1)国际性:国际储备资产是为世界各国普遍接受和承认的资产。
(2)官方性:国际储备资产是一国货币当局或中央银行所持有的,并且可以自由地、无条件支配和使用的官方资产。
(3)流动性:国际储备资产必须有充分的流动性,能在各种形式之间自由转换。
(4)稳定性:国际储备资产的内在价值必须相对稳定,这是储备资产的重要特性。
(5)适应性:国际储备资产的结构和规模必须能够适应国际经济活动和国际贸易发展的要求。同时,国际储备资产也要适应国内经济发展对货币需求的要求,以防过多的外汇储备资产带来通货膨胀的风险。

三、国际储备的形式

国际储备的形式亦即国际储备的构成。它是指用于充当国际储备的资产种类。在不同的历史阶段,国际储备的形式有所不同。在第二次世界大战之前,国际储备的形式分为黄金和可兑换成黄金的外汇两种。二战以后,根据国际货币基金组织的有关计算方法,一国的国际储备形式有四种:黄金储备、外汇储备、在国际货币基金组织(IMF)的储备头寸和特别提款权。

(一) 黄金储备

黄金储备是指一国货币当局或中央银行所持有的货币性黄金。长期以来,黄金储备一直是各国的国际储备的重要组成部分,并作为国际支付和清算的最后手段。在金本位制度下,黄金作为天然的国际货币,是世界各国都能接受的支付手段和财富的代表,是最重要的国际储备形式。在布雷顿森林体系下,黄金仍是很重要的国际储备形式。随着布雷顿森林体系的解体,各国开始实行黄金非货币化政策,黄金已经不能作为直接用于对外支付的手段,也不能按照某种固定的兑换机制兑换成其他储备资产,使黄金储备在各国国际储备中的地位有所下降。由于黄金受其产量的限制,黄金储备总量一直比较稳定,黄金具有可靠的保值手段和超国家力量无法干预的特点,黄金储备与外汇储备比较,流动性比较差,所以黄金储备的多少取决于一国的黄金政策。目前,世界黄金储备的实物量大约有 10 亿盎司,黄金储备至今仍是各国国际储备的一个组成部分。

(二) 外汇储备

外汇储备是一国货币当局或中央银行持有的对外流动性资产,其形式主要表现为国外银行存款和外国国库券。国际货币基金组织认为,外汇储备是货币金融管理当局以银行存款、财政部库券、长短期政府证券等形式所保有的、在国际收支逆差时可以使用的债权。所以,外汇储备由各种能够充当储备货币的资产组成。

第二次世界大战以后,外汇储备在国际货币基金组织会员国的国际储备总额中所占的比重越来越大。外汇储备是目前国际储备资产的主要构成部分。一般来说,充当国际储备的货币必须具备下列特征:必须是可自由兑换货币,即不受任何限制而随时可以与其他货币进行兑换的货币;必须为各国普遍接受,能随时转换成其他国家的购买力,或偿付国际债务;价值必须具有稳定性,具有干预货币的能力;供给数量能同世界经济和国际贸易的发展相适应。目前,外汇储备在国际货币基金组织的会员国中国际储备资产总额中所占比重最大,约占 90%。随着经济的发展,外汇储备出现多元化的局面,美元、日元、欧元、英镑等成为各国主要持有的储备货币。

(三) 在国际货币基金组织的储备头寸

在国际货币基金组织的储备头寸又称普通提款权。它是指会员国在国际货币基金组织的普通账户中可以自由提取和使用的资产。具体来说,一国的储备头寸包括以下三个部分:① 会员国向 IMF 所交份额中 25% 的黄金或外汇部分,按照国际货币基金组织的规定,会员国可以自由使用这部分资金,无需经过特殊批准,它是一国的国际储备资产。② 国际货币基金组织为满足会员国借款需要而使用的该国货币持有量部分,亦即该国货币的持有量下降到不足该国本币份额 75% 的差额部分;按照国际货币基金组织的规定,会员国认缴份额的 75% 可用本国货币交纳。国际货币基金组织向其会员国提供本国货币的贷款,会产生该会员国对国际货币基金组织的债权,一国对国际货币基金组织的债权,该国可无条件地提取并用于支付国际收支逆差。③ 国际货币基金组织向该会员国借款的净额,也构成该会员国对国际货币基金组织的债权。目前,普通提款权在国际货币基金组织会员国国际储备资产总额中所占比重较小,约占3%。

(四) 特别提款权

特别提款权(SDR)是国际货币基金组织于1969年创设的一种新的国际储备资产和记账单位,其目的是为了补充国际储备资产的不足。1970年,国际货币基金组织开始分配特别提款权,分配的依据是会员国所交纳的基金份额。国际货币基金组织的会员国可用分配到的特别提款权归还国际货币基金组织的贷款和用于会员国政府之间支付国际收支逆差。所以对于基金组织的会员国来说,已分到而尚未使用的特别提款权,就构成该国国际储备资产的一部分。但是特别提款权不能用于兑换黄金,也不能直接用于各国间贸易和非贸易的支付,它只是会员国在国际货币基金组织的一种账面资产。创立特别提款权时,以黄金代表其价值量,1个特别提款权的含金量为0.888671克,而1美元的含金量为0.888671克,因此1个特别提款权与当时的1美元等值。从1974年7月1日起,国际货币基金组织决定特别提款定值与黄金脱钩,改用一篮子16种货币作为定值标准。从1980年9月18日起,又改为以美元、德国马克、日元、法国法郎和英镑来定值。这5种货币在特别提款权中的比重,每5年调整一次。从1996年1月1日起,美元的比重为39%,德国马克为21%,日元为18%,法国法郎为11%,英镑为11%。

特别提款权与其他储备资产相比有一些差别:特别提款权是一种凭借信用发行的资产,不具有本身的内在价值,是国际货币基金组织的账面价值;特别提款权是国际货币基金组织按照份额比例无偿地分配给各会员国,不用任何代价;特别提款权只能在国际货币基金组织以及各国政府之间发挥作用,任何企业、私人不得持有和运用,不能直接用于贸易或非贸易的支付。

四、国际储备的来源

一国国际储备量主要来源于黄金储备和外汇储备的增减。它有如下几种方式:

(1) 黄金储备。增加黄金储备的途径有两条:一是通过黄金的国内交易,即在国内收购黄金并由中央银行储藏;二是通过黄金的国际交易,即进入国际黄金市场购买。

(2) 外汇储备。增加外汇储备的途径有以下三条:一是一国中央银行为稳定本币汇率进入外汇市场抛售本币收购其他储备货币;二是国际收支顺差,其中经常项目收支顺差是国际储备最主要、最稳定、最可靠的来源渠道,而资本项目收支顺差对国际储备存量的影响具有较强的不确定性;三是一国政府或中央银行向外借款。

五、国际储备与国际清偿能力

国际清偿能力是与国际储备既相互联系又相互区别的一个概念,两者极易混淆。国际储备的内容不及国际清偿能力的内容广泛,国际清偿能力除了现实的对外清偿能力,即该国的国际储备外,还包括可能的对外清偿能力,即该国对外国政府或中央银行、国际金融组织和商业银行筹借资金的能力。所以,国际清偿能力是该国具有的现实的对外清偿能力和可能有的对外清偿能力的总和。国际清偿能力的大小表明一个国家的外债承担能力。

六、国际储备的作用

国际储备是一国的国际金融实力、在国际经济中的地位和参与国际经济活动能力的标志。同时,国际储备是衡量一个国家经济实力强弱的重要指标之一。其基本作用体现在以下几个方面。

(一)稳定本国货币汇率

在浮动汇率制度下,国际金融市场汇率波动严重影响了有关国家经济发展与稳定。为了防止汇率波动给本国经济带来的影响,国家运用国际储备充当干预资产。对于实行货币自由兑换的国家来说,其货币当局可以利用外汇储备干预外汇市场:当外汇汇率上升时,货币当局通过抛售外币、收购本币,达到抑制外汇汇率持续上升的目的;反之,则进行相反的操作,以影响外汇供求,达到维持本国汇率稳定的目的。

(二)弥补国际收支逆差

当一国发生短期的临时性的国际收支逆差时,可运用国际储备来平衡,使其国内经济免受采取调整政策所产生的不利影响,有利于国内经济的稳定发展。即使一国国际收支发生结构性不平衡而不得不采取调整措施时,动用国际储备也可对调整政策的实施形成一定缓冲,从而避免调整政策所导致的国内经济的波动。

(三)作为偿还外债的保证

国际储备是一国向外借款和偿还本息的一项重要保证,也是衡量一国对外资信的一项重要指标。一国在必要时,可将国际储备用于支付对外债务。如果一国有充足的黄金外汇储备,偿还能力就强,就容易从各种渠道借入需要的国外资金;反之,则比较困难。

第二节 国际储备的管理

一、国际储备管理的重要性

在实行金本位制度下,国际储备管理是各国中央银行的一项重要任务。由于国际储备资产形式的不同,其管理的重点也有所不同。在金本位制下,黄金、金属货币、银行券等代表国家的金融实力,是国际正常和意外支付的唯一手段,是货币发行和汇率稳定的重要保证。在实行浮动汇率制度下,国际金融市场进入了一个极不稳定的时期,美元作为国际储备的中心货币,汇率波动幅度尤其明显。而在国际储备中外汇储备日益占据重要地位,汇率的波动给国际储备带来巨大的风险,如果在管理上略有疏忽,就会产生不可估量的外汇损失。同时,为了维持一国国际收支的正常运行和提高国际储备的使用效率,该国政府或货币当局会根据一定时期内本国的国际收支状况和经济发展的要求,对国际储备的规模、结构及运用等进行计划、调整和控制,也就是对国际储备进行必要的管理。因此,无论在金本位制度下还是在浮动汇率制度下,国际储备管理都是必不可少的。

二、国际储备资产管理的原则

国际储备资产管理的中心内容是外汇储备管理。国际储备资产管理的主要原则有如下三点。

(一)安全性原则

安全性是指国际储备资产不会因为种种因素的变化而使其价值受到损失。即国际储备资产必须有效可靠,价值稳定。一国的国际储备管理部门,首先必须要充分了解各国特别是主要可兑换货币的发行国外汇管制条件及其实施细则、货币及其汇率的相对稳定性、各大银行的资信情况和业务往来的表现以及各有关国家主要金融资产的信誉地位。其次在比较的基础上,选择外汇储备的种类与组合,使其最为可靠。安全性原则是国际储备的首要原则。

(二)流动性原则

流动性是指国际储备资产能够根据需要随时兑现和灵活调拨使用。流动性有两个方面的含义:首先,国际储备资产的高度流动性是指各种可兑换的货币资金随时可以用作国际支付。其次,国际储备资产在兑换过程中不会产生大量的损失。因此,国际储备的流动性表现在国际储备的迅速变现和不受损失。

(三)盈利性原则

盈利性是指国际储备资产必须具备增值创利的能力。国际储备资产的科学运用是盈利性原则的保证。由于当前国际金融市场活跃,金融工具越来越多,因此,应当根据综合考察和分析,在风险程度相当的情况下,将储备资产投放于收益较高的金融工具上,以实现储备资产的增值。

国际储备的安全性、流动性和盈利性三项管理原则是一国货币当局或中央银行的基本原则。安全性原则是首要原则,流动性其次,在保证安全性、流动性的前提下,兼顾盈利性原则。

三、国际储备水平的管理

(一)国际储备水平的含义

国际储备水平是指一国在一个时点上持有的国际储备额同一些经济指标的对比关系。诸如国际储备额同国民生产总值之比,国际储备额相当于几个月的进口额等。从本质上讲,国际储备水平就是研究一国国际储备适度性问题。国际储备数量的多少与增长速度的快慢,对国际经济和金融都有着重大的影响。

(二)决定国际储备水平的因素

1. 宏观经济发展规模

一国的宏观经济发展规模与该国的国际储备成正比例关系。经济发展规模越大,国际储备量也就越大。一般而言,宏观经济规模越大,投资规模越大,进口规模也会扩大,对国际储备的需求也不断上升;反之亦然。

2. 经济对外的开放程度

一国经济的对外开放程度越高,国际经济往来也就越频繁,国际支付活动对国际储备的需求也越来越大。国际储备的规模要适当增大,以适应不断开放的社会需求。而在一个封闭的自给自足的社会里,国际储备的需求量相对会少一些。

3. 国际收支地位

在国际收支长期失衡的情况下,如果政府选择小规模的快速调整方式,会需要较多的国际储备;如果政府选择规模较大的快速调整方式,如同时发挥各种经济政策的调节作用,国际储备的需求相应会减少。

4. 国际融资能力

随着经济的发展,通过短期资金融通弥补国际收支逆差已经成为主要的调节手段。一国的国际储备规模与该国对外短期资金的能力成反比例关系。一般来说,发达国家比较容易在国际市场上获得融资,而发展中国家相对较难。

5. 国际储备的持有成本

国际储备代表着对国外实际资源的购买力,一国政府若动用这部分资产,就可以增加国内投资和促进经济的发展。因此,持有国际储备是要付出代价的,这个代价就是损失了使用国外实际资源所带来的投资收益率。另外,国际储备中生息的储备资产会给持有国带来利息收益。所以,一国持有国际储备的成本就等于投资收益率与利息收益率之间的差额。这个差额越大,表明持有国际储备的成本越高,对国际储备的需要量越少;反之亦然。

6. 汇率政策与外汇管制

国际储备可以用来稳定一国的外汇汇率,干预市场。一国要稳定外汇汇率,国际储备就要多一些;反之亦然。在外汇管制方面,外汇管制比较严格,能有利于控制进口,对国际储备的需求可以少一些;反之亦然。

7. 国际经济合作和政策协调

一国对外经济合作发展得越好,经济政策的国际协调,对国际储备的需要就越少;反之亦然。因为只要各国共同干预国际经济、金融事务,国际收支与汇率问题都比较容易解决。

四、国际储备结构的管理

国际储备结构的管理主要指一国对其国际储备结构的确定和调整,使各种储备资产的分布格局处于最佳水平,以确保储备资产具有安全性、流动性和盈利性。各国进行此项管理的目的是要保持合理的储备结构。国际储备结构管理包括四种储备的结构管理和储备货币的结构管理。

(一) 黄金储备、外汇储备、普通提款权和特别提款权的结构管理

黄金储备、外汇储备、普通提款权和特别提款权结构管理的目标,是使这四种储备形式之间保持适当的比例关系,以确保储备资产流动性和盈利性的适当结合。但由于国际储备的主要作用是为了弥补国际收支逆差,因而在管理实践中,各国货币当局更注重保持储备资产的流动性,这样做的结果必然要牺牲掉一部分盈利。如存放在发达国家银行的活期外汇存款,可以随时办理转账支付,但利息收入很低,甚至没有利息收入。这表明在现实中,储备资产的流动性和盈利性是一对矛盾。

(二) 各种储备货币的结构管理

在浮动汇率制下,各种储备货币的结构管理包括储备货币币种的选择及其在储备中所占比重的确定。因此,各国货币当局进行储备货币结构管理的目标是使外汇储备中的各种储备货币之间保持适当的比例关系,并根据储备货币汇率和利息率的变动情况,随时调整外汇储备的结构安排和储备资产的投资决策,实现结构上的最优化,使其发挥最大的效能。

在浮动汇率制度下,当某种储备货币汇率急剧下跌时,会使以该种储备货币表示的外汇储备资产的实际价值减少;反之,当某种储备货币汇率迅速上升时,

则会增加储备资产的实际价值。此外,外汇储备属于金融资产,可以通过利息收入使自己得到增值。一种储备货币外汇资产的收益率＝汇率变化率＋名义利率。按此公式计算出的收益率,就成为各国货币当局调整其储备货币结构的依据。

在现行的浮动汇率制下,外汇资产收益率具有较强的不确定性。这是因为在影响收益率高低的两个因素之中,汇率常常会发生剧烈的波动。这就使各国货币当局在储备货币结构管理的实践中面临这样一个难题:如何减少或避免因储备资产的汇率下跌而造成的外汇储备资产实际价值减少的风险。一般来讲,解决上述难题的常用办法有以下两个:

第一,使各种储备货币的结构同贸易赤字的货币结构、清偿外债本息的货币结构和干预外汇市场所需用的货币结构一致。

第二,实行多元化的储备货币币种安排,用一部分储备货币升值所带来的收益来抵补另一部分储备货币贬值所造成的损失。

第三节 发展中国家的债务危机

一、外债与债务危机

根据国际货币基金组织和世界银行的定义,外债是指在任意特定时间内,一国居民对非居民承担的具有契约性偿还责任的债务,包括本金的偿还和利息的支付。外债包括以下几项内容:国际金融机构贷款、外国政府贷款、外国商业贷款、发行国际债券和其他形式。

债务危机是指一国到期不能按时足额偿还债务本金和利息并由此所引起的一国经济和金融秩序的混乱。

二、衡量债务危机的指标

一个国家债务危机的原因主要是外债规模过大,本国无力承担。一国是否达到债务危机主要看本国外债规模是否适度。衡量债务危机的指标有偿债率、债务率、负债率和债息率。

(一) 偿债率

偿债率是指一定时期偿债额占出口外汇收入额的比重。其计算公式如下:

偿债率＝本年度外债还本付息额÷本年度商品与劳务出口收汇额

偿债率是目前国际上广泛采用的衡量一国外债清偿能力的指标。这一指标说明,一国当年出口商品和劳务的外汇总收入中有多大比重用于偿付外债本息。偿债率越低,债务国的偿债能力越强;偿债率越高,债务国的偿债能力越小,存在债务危机。国际金融组织根据经验认为,偿债率在15%~20%之间,为债务负担比较适中的安全线。对于发展中国家,一般认为偿债率的安全线为25%。如果超过这个界限,就会被认为有偿债危机。

(二) 债务率

债务率是指债务国的债务余额占一定时期出口外汇收入额的比重。其计算公式如下:

$$债务率 = 年末外债余额 \div 当年出口收汇额$$

这一比率表明,债务国目前的外汇收入水平,需要多长时间才能偿清现存的总债务。这一比率越高,债务国偿债能力越差。国际上公认的安全线为100%,如果达到150%,则该国为中度负债国;如果达到200%,则该国已经属于重度债务国。

(三) 负债率

负债率是指债务国未偿外债余额占当年国民生产总值的比重。其计算公式如下:

$$负债率 = 年末外债余额 \div 当年国民生产总值$$

这一比率表明,一国的举债规模与国民生产总值之间的关系程度。负债率越高,债务国国民经济承担的经济负担越重,偿债能力也就越差。国际公认的安全线为15%左右。

(四) 偿息率

偿息率是指债务国当年偿息额与出口收汇额的比重。其计算公式如下:

$$偿息率 = 偿付外债利息额 \div 当年出口收汇额$$

这一比率表明,债务国使用本国资源的情况,更为准确地反映出一国的借债成本及债务国的经济发展前景。国际公认的标准为10%左右。

上述指标是国际上通常采用的衡量一国外债总规模的单项指标,而考察一国的债务情况要综合运用几个指标。

三、发展中国家的债务危机状况

当前,国际债务危机日益加剧,特别是广大发展中国家承受着金融危机和债务危机的双重压力,债务负担过重使许多发展中国家难以从金融危机的阴影中摆脱出来。据有关国际金融机构统计，到1997年，发展中国家积欠的债务超过2.5万亿美元，比1991年增加了2倍多，平均每年增加2500亿美元。1998年，发展中国家在地区性金融危机还在持续的情况下，债务总额接近2.7亿美元，其中当年约有3340亿美元无法按期偿还，这个数字几乎相当于当年世界六大商业银行资本的总和。沉重的债务负担，不仅阻碍了有关国家和地区的正常经济发展，而且成为影响这些国家和地区金融形势稳定的重要因素之一。

当前，有关国际机构就债务减免问题采取了一系列措施，有利于缓解国际债务危机。发达国家应积极地采取切实可行的措施，调整与发展中国家的关系，减少全球化给发展中国家带来的风险。发展中国家也需要进行经济结构改革，调整有关经济政策，避免金融状况进一步恶化，增强防范金融风险的能力。一般来说，要有效缓解国际债务危机，避免国际性金融危机的发生，就要有良好的国际经济秩序，有发达国家以及国际金融机构采取有效的措施，支持发展中国家，如降低贷款利率、减少进口限制等。从本质上讲，发展中国家的债务积欠是发达国家长期凭借其经济实力，通过不公平竞争的结果。因此，解决发展中国家的债务危机问题，应当从建立新的国际秩序入手，在金融和贸易政策上给予发展中国家公正的待遇。

第四节 我国国际储备管理

一、我国国际储备的特点

从1993年起，为了与国际惯例接轨，我国外汇储备的统计口径改为仅指国家外汇库存。在1979—1992年间，我国的外汇储备由国家外汇库存和中国银行外汇结存两部分构成，这与国际惯例不符。国际上通行的做法是：一国的外汇储备是指国家外汇库存部分，不包括国家指定的商业银行的外汇结存。

改革开放以来，我国外汇储备数量的增长可分为两个阶段：一是在1979—1992年间，国家外汇库存数量增减不定；二是自1993年起至今，外汇储备连年大幅度增长。目前，我国外汇储备已居世界第一位。我国在国际货币基金组织的储备头寸和特别提款权在国际储备中的数量在一定时期内比较稳定。这是因为外汇储备在我国国际储备中的地位极其重要，而且我国向国际货币基金组织交纳的份额不大，所持有的储备头寸和分配的特别提款权也就不多。

长期以来，我国国际储备资产只能用于弥补国际收支逆差和充当偿还外债的保证，不能充作干预资产。1994年1月1日，我国外汇管理体制进行了重大改革，实行以市场为基础的、有管理的、单一的浮动汇率制度。中国人民银行为保持人民币汇率的相对稳定,可主动运用外汇储备在外汇市场上进行运作,以调节外汇供求,这表明我国的国际储备具备了充当干预资产的作用。我国黄金储备数量稳定,自 1980 年以来,国家公布的黄金储备数量均为 1 267 万盎司。

二、我国国际储备的管理

(一)外汇储备水平的管理

我国外汇储备管理的核心是要保持适度的储备水平。我国的外汇储备量必须为保险储备量,即高于满足 3 个月进口需要的储备量。其主要原因有:一是我国是农业大国,受自然条件影响较大。目前我国外贸出口结构仍不十分合理,出口产品主要是初级产品和附加值低的初级加工产品,竞争力不高。二是我国坚持以改进产业结构、技术结构为指导的外贸进口方针,在进口产品中生产资料占了主要地位,使进口呈现出较强的刚性。这两方面同时作用的结果是人民币汇率不能充分发挥调节国际收支的作用。三是人民币在现阶段只实现了经常项目下的可兑换,在国际上的地位不高。

(二)外汇储备结构的管理

外汇储备因具有较高的流动性和盈利性而成为我国国际储备的主要构成要素,但其安全性较差,这就要求我国在对外汇储备投资进行管理时,应坚持以安全性和流动性为主,适当兼顾盈利性的原则。对储备资产投资期限作出合理安排,确保外汇储备能发挥最大的效用。

我国对外汇储备货币结构的管理可分为以下两个阶段:在 1993 年以前,我国外汇储备由国家外汇库存和中国银行外汇结存两部分组成。这是两种不同性质的资金。所以,在管理时设立了两个账户,实行不同的原则:一是对国家外汇库存货币结构管理实行储备货币多元化的原则,以求保值;二是对中国银行外汇结存货币结构管理实行借、用、还货币一致的原则。从 1993 年以后至今,我国的外汇储备仅包含国家外汇库存部分,因而外汇储备货币结构管理就是指国家外汇库存货币结构管理。

复习思考题

一、判断题

1. 国际储备是为世界各国普遍接受和承认的资产。   (   )
2. 国际清偿能力的大小表明一个国家的外债承担能力。   (   )

第十六章 国际储备与外债

3. 当一国发生短期的临时性的国际收支逆差时不可运用国际储备来平衡。
( )
4. 流动性原则是国际储备的首要原则。( )
5. 偿债率是指一定时期偿债额占出口外汇收入额的比重。( )
6. 偿息率反映出一国的借债成本及债务国的经济发展前景,国际公认的标准为20%左右。( )
7. 我国外汇储备管理的核心是要保持适度的储备水平。( )
8. 一般来说,国际储备是一国金融实力强弱的标志。( )
9. 国际储备的内在价值必须相对稳定,这是储备资产的重要特性。( )
10. 特别提款权可以用于兑换黄金。( )

二、简述题

1. 简述一国国际储备的主要来源。
2. 试述国际储备资产管理的原则。
3. 分析衡量债务危机的指标。
4. 试述决定国际储备水平的因素。
5. 简述我国国际储备的管理。

三、案例与阅读

2008年年末我国外债基本情况

截至2008年年末,我国外债余额为3 746.61亿美元(不包括我国香港特区、澳门特区和台湾地区对外负债,下同),比上年末增加10.43亿美元,上升0.28%。其中,中长期外债余额为1 638.76亿美元,比上年末增加103.42亿美元,增长6.74%,占外债余额的43.74%;短期外债余额为2 107.85亿美元,比上年末减少92.99亿美元,下降4.23%,占外债余额的56.26%。

在2 605.61亿美元的登记外债余额中,国务院部委借入的主权债务余额为332.87亿美元,占12.78%;中资金融机构债务余额为828.10亿美元,占31.78%;外商投资企业债务余额为961.33亿美元,占36.89%;境内外资金融机构债务余额为435.30亿美元,占16.71%;中资企业债务余额为44.71亿美元,占1.72%;其他机构债务余额为3.30亿美元,占0.12%。

2008年,我国新借入中长期外债363.07亿美元,比上年增加2.91亿美元,上升0.81%;偿还中长期外债本金232.91亿美元,比上年增加30.24亿美元,增长14.92%;支付利息41.54亿美元,比上年减少8.04亿美元,下降16.22%。

据初步计算，2008年我国外债偿债率为1.78%，债务率为23.69%，负债率为8.65%，短期外债与外汇储备之比为10.83%，均在国际标准安全线之内。

资料来源：国家外汇管理局。

问题：

(1) 外债管理的主要指标是什么？

(2) 国际安全标准是多少？

第十七章

外汇与汇率

第一节 外汇概述

一、外汇的概念

外汇是指以外币所表示的、可用于国际结算的支付手段和金融资产。它包括银行存款凭证、支票、汇票等,以及一些以外币表示的有价证券。外汇有动态含义和静态含义。动态意义上的外汇是指人们将一种货币兑换成另一种货币,清偿各国间债权债务关系的行为。在这个意义上,外汇的概念等同于国际结算。静态意义上的外汇有广义和狭义之分。广义的静态外汇是指一切以外国货币表示的支付手段和金融资产。各国外汇管理法令中所称的外汇一般是广义的外汇。狭义的静态外汇是指以外币表示的、可用于国际结算的支付手段。狭义的静态外汇强调的是能够在国际结算体系中被普遍接受的支付手段。

我国的《外汇管理暂行条例》规定,静态意义的外汇的具体形式有以下几种:

(1) 外国货币:包括钞票、铸币。
(2) 外币有价证券:包括政府公债、国库券、公司债券、股票、息票等。
(3) 外币支付凭证:包括票据、银行存款凭证、邮政储蓄凭证等。
(4) 特别提款权、欧洲货币单位。
(5) 其他外汇资金。

二、外汇的特征

外汇与外币在一定程度上有相同之处,两者都是支付手段。但两者也有不同之处,即如果一国货币不能作为支付手段在他国市场上自由购买商品,就不能称为外汇。因为静态意义的外汇具有如下几个特征:

(1) 必须是以外币表示的资产,外币必须是具有真实的债权、债务关系。
(2) 外汇是可以在国外得到偿付的资产。
(3) 外币必须具有可自由兑换性。

三、外汇的种类

（一）根据是否可自由兑换来区分，外汇有自由外汇和记账外汇

自由外汇指无需经货币发行国批准，可随时动用并自由兑换成其他国家货币，或可以向第三者办理支付的外汇。例如，美元、英镑、日元、欧元等，这些货币可以广泛地在国际金融市场上流通使用，不需要发行国家外汇管理当局的批准，即可自由兑换成其他国家的货币；或作为支付手段，直接对第三国办理支付。

记账外汇又称协定外汇或清算外汇。它是指未经货币发行国批准，不能自由兑换成其他货币，或对第三者进行支付的外汇。记账外汇可以是本国的货币、对方国的货币、第三国的货币。记账外汇是在两国政府间签订的支付协定下规定使用的外汇。例如，甲、乙两国间贸易支付协定规定，双方相互进出口贸易的货款，均通过在双方银行开立的专门账户，按指定货币作为记账外汇记入账户。到一定时期，将双方账面的债权债务差额，按照规定以现汇或货物清偿。

（二）按照来源和用途划分，外汇有贸易外汇和非贸易外汇

贸易外汇是指一国出口贸易收入的外汇和进口贸易支出的外汇，以及与进出口贸易有关的从属费用外汇，如运费、保险费等。

非贸易外汇是指进出口贸易以外所收支的各项外汇，如侨汇、旅游、港口、航空、铁路、邮电、海关、对外承包工程等方面收入和支出的外汇。

（三）按照买卖交割期限划分，外汇有即期外汇和远期外汇

即期外汇又称现汇。它是指用于即期支付的外汇。一般要求成交双方在2个营业日内交割完毕。

远期外汇又称期汇。它是指在外汇市场上用来远期付款交割的外汇。远期外汇是由外汇远期交易产生的。所谓外汇远期交易，是指买卖双方预先按商定的金额、期限、汇价，订立外汇买卖合同，到约定的日期才进行实际交割的外汇交易。远期外汇的期限有3个月、6个月和9个月。

第二节 外汇汇率

一、外汇汇率的概念

外汇汇率又称外汇汇价或外汇行市。它是指一国货币兑换成另一国货币的比率，或者说是以一国货币表示的另一国货币的价格。外汇汇率也称汇价、外汇行市、兑换率、外汇牌价等。

由于各国间的贸易和非贸易往来,一个国家要对其他国家进行支付或结算,就需要将本国货币折合成其他国家的货币。也就是说,不同国家的货币之间应当有一个比价,作为外汇结算的依据,这个比价就是汇率。

二、汇率的标价方法

汇率的标价方法是指标明或表示外汇价格的方法。目前,国际上汇率标价法有两种:直接标价法和间接标价法。

（一）直接标价法

直接标价法又称应付标价法。它是指以一定单位的外国货币为标准,用折算成若干本国货币来表示汇率的标价法。直接标价法的特点是:一定单位的外国货币数额固定不变,折合的本国货币的数额随外汇行市的变化而变化。如果一定单位外币换得的本国货币的数额增加,则外汇汇率上升,即外国货币对本国货币的币值上升,或本国货币对外国货币的币值下降;反之亦然。

（二）间接标价法

间接标价法又称应收标价法,它是指以一定单位的本国货币为标准,用折合多少外国货币来表示汇率的标价法。间接标价法的特点是:本国货币的数额固定不变,汇率的涨跌是以相对的外国货币数额变化来表示。如果一定单位本国货币换得的外国货币的数额增加,则外汇汇率下跌,即本国货币对外国货币的币值上升,或外国货币对本国货币的币值下降;反之亦然。

当前,由于美元是世界货币体系中的中心货币,各国外汇市场上公布的外汇牌价均以美元为标准,这就是"美元标价法"。大多数国家都采用直接标价法,采用间接标价法的只有英国和美国。

三、汇率的种类

（一）基本汇率和套算汇率

基本汇率是指本国货币同关键货币之间的汇率。关键货币是指在各国间普遍作为支付工具的货币,并且这种货币在该国的外汇交易中具有重要的地位。如美元、英镑和欧元等。

套算汇率是指通过基本汇率换算出来的本国货币对其他货币的汇率。

（二）买入汇率、卖出汇率和中间汇率

买入汇率即买入价,它是银行从同业或客户那里买入外汇时使用的价格。卖出价即卖出汇率,它是银行向同业或客户那里卖出外汇时使用的价格。中间汇率是买入汇率和卖出汇率的平均值。直接标价法下:买入价在前,卖出价在后。间接标价法下:卖出价在前,买入价在后。

(三) 固定汇率与浮动汇率

固定汇率是指两个国家的货币比价基本固定,汇率只能在一定波动幅度内波动,当汇率下跌到下限或上升到上限时政府有义务进行干预,以便汇率回到规定的波动幅度内。金本位制度和布雷顿森林体系下通行的汇率制度即是固定汇率。

浮动汇率是指一国货币对外国货币的汇率随着外汇市场上的供求状况自由涨落,各国政府或其货币当局原则上无义务进行干预。这是布雷顿森林体系垮台后西方国家普遍实行的汇率制度。

(四) 即期汇率与远期汇率

即期汇率是指外汇买卖达成协议后,在2个工作日内办理收付时使用的汇率,也就是买卖即期外汇的价格。

远期汇率是指外汇买卖达成协议时并不发生立即的收付行为,而是在约定的某一将来时间按照约定汇率再进行实际收付时的汇率。

远期汇率高于即期汇率的差额叫升水,远期汇率低于即期汇率的差额称为贴水,两者相等的称为平价。

远期汇率虽然是未来交割时所使用的汇率,但与未来交割时的市场即期汇率是不同的。前者是事先约定的远期汇率,后者是将来的即期汇率。

(五) 官方汇率与市场汇率

官方汇率也称法定汇率。它是外汇管制较严格的国家授权其外汇管理当局制定并公布的本国货币与其他国家货币之间的外汇牌价。实行计划经济的国家一般都制定官方汇率。

市场汇率是外汇管制较松的国家中,自由外汇市场上进行外汇交易的汇率。它取决于外汇市场的供求关系。

(六) 电汇汇率、信汇汇率和票汇汇率

电汇汇率是以电报方式买卖外汇时所使用的汇率。目前,电汇汇率是基本汇率。西方外汇市场上公布的汇率,一般是银行的电汇汇率的买卖价。

信汇汇率是采用信函通知书方式付给对方外汇的汇率。

票汇汇率是银行买卖各种外币票据时所使用的汇率。根据外币票据买卖交割情况的不同,票汇汇率又可分为即期票汇汇率、远期票汇汇率和现钞价。

四、汇价的决定基础

(一) 金本位制度的汇价决定基础

在金本位制度下,两种货币之间的含金量之比,即铸币平价,就成为决定两国货币汇率的基础。在金本位制度下,各国间办理国际结算可以采用汇票支付(非现金结算)和直接运送黄金。由于黄金输送点的制约,外汇市场上汇率波动总是限制

在一定范围内,最高不超过黄金输出点,最低不低于黄金输入点。

(二)纸币流通制度下的汇价决定基础

纸币是作为金属货币的代表而出现的。由于纸币所代表的金属货币具有价值,所以纸币被称为价值符号。在纸币流通制度下,各国政府都参照过去流通的金属货币的含金量用法令规定纸币的金平价,即纸币所代表的金量。所以,在纸币流通制度下,两国纸币的金平价是决定汇率的依据。在现代不兑现信用制度条件下,决定汇率基础的有两大主要因素,即货币的对内价值与外汇供求。

五、汇价变动的经济影响

(一)汇率变动对国内物价水平的影响

本国货币贬值后,有利于促进本国出口商品销售,引起需求拉上的物价上涨,同时还会通过成本推动引起物价上涨,也推动了非贸易品的价格上升。因此,贬值对物价的影响就会扩展到所有商品。

(二)汇率变动对资本输出入的影响

本币对外价值即将贬值时,会引起本国资本外逃。但当本币贬值到位后甚至过度下跌时,又会促使外国资本流入;反之,当本币对外价值即将升值时,为获取本币升值的好处,资本流入会增加。但是,当本币过度上升时,为回避下跌的风险,可能有部分资本外逃。

(三)汇率变动对国际储备和国际债务的影响

汇率变动后通过影响贸易收支、资本输出入而引起一国国际储备的增加或减少。同时,汇率升降使得一国的国际储备及国际债务管理难度加大。

(四)汇率变动对进出口的影响

本币贬值可以促进出口,抑制进口,改善一国的贸易状况,扭转贸易收支的不平衡。外汇倾销就是指一国货币当局有意识地使本币贬值,以提高外币汇率,使外汇汇率上涨的幅度超过国内物价上涨幅度,从而达到低价输出商品、占领销售市场的汇率政策。本币升值将抑制出口,国际收支顺差得到缓解,国际收支逆差加剧。

第三节 外汇市场

一、外汇市场的概念

外汇市场的产生具有两个基本的前提:一是世界货币的多样化,二是国际经济交往的需要。由于各国货币不同,国际经济交易中的商品买卖、存贷款结算、资本的跨国界流动等就存在着一个本币与外币、外币与本币、一种外币与另一种外币的买卖兑换问题,即汇兑,这样就产生了外汇买卖。外汇市场,就是这种外汇买卖关系或交易关系的总和。外汇市场的主体是外汇的供给者、需求者及其中介机构,其交易对象是外汇这种特殊的货币商品,通常包括可自由兑换的外国货币和支票、汇票、本票等外币信用工具。目前,国际外汇市场上的交易币种主要集中在美元、英镑、日元、欧元等十几种关键货币的买卖上,其中美元的交易量为最大,约占外汇交易总量的3/4。

传统的外汇市场是有组织、有固定场所的市场,它一般在证券交易所内设立专门的外汇交易窗口,由经营外汇业务的各个银行的代表按照规定的时间,集中进行外汇交易。现代化的外汇交易市场则是无形的、国际化的,它没有固定的交易场所和交易时间,所有的外汇交易都通过连接在外汇银行、银行与经纪人之间的电话、电报、电传和电脑等先进的通讯手段来进行。世界各地的外汇市场都利用这些通讯手段将自己和其他外汇市场连接起来,从而形成了一个紧密联系的全球性外汇交易网络。新技术的广泛应用,一方面降低了外汇市场上交易者的交易成本,另一方面也推动了新的信用工具和交易手段的产生。目前,西方一些主要外汇市场的交易人员普遍使用两个世界性报价信息系统,即路透社金融信息终端与汇价通讯系统。外汇交易人员可以随时随地利用计算机网络了解世界各外汇市场的交易信息,进行24小时不间断的外汇交易。

当今,交易量较大并具有国际影响的外汇市场大都位于一些著名的国际金融中心,像纽约、伦敦、东京、法兰克福、巴黎、苏黎世、新加坡和中国香港等地。

二、外汇市场的种类

根据不同的划分标准,世界各国的外汇市场可进行如下分类。

(一) 按照交易方式划分,外汇市场可分为有形市场和无形市场

1. 有形外汇市场

有形外汇市场是传统意义上的外汇市场,因为有固定的交易场所和营业时间,因此又被称为正式的外汇市场或具体的外汇市场。这类市场在世界范围内已比较少见,目前主要存在于欧洲大陆的一些国家,如法国、德国、比利时、荷兰、意大利等国。所以,有形外汇市场有时也被称为大陆式外汇市场。

2. 无形外汇市场

无形外汇市场是现代意义上的外汇市场。由于这种外汇市场并没有一个固定的交易场所和营业时间,也没有一套固定的规则,因此又被称为非正式的外汇市场或抽象的外汇市场。在无形市场中,所有的外汇交易都是通过连接在银行与外汇经纪人或客户之间的电话、电报、电传与计算机终端设备所组成的网络进行的。目前,世界上大多数国家的外汇市场都属此类,其中比较著名的主要有伦敦、纽约、新

加坡、我国香港等外汇市场。无形外汇市场有时又被称为英美式外汇市场。

（二）按照交易对象的范围划分，外汇市场可分为广义的外汇市场和狭义的外汇市场

1. 广义的外汇市场

广义的外汇市场是指可以进行一切外汇买卖业务的市场。具体来讲，就是既包括外汇批发业务，也包括外汇零售业务；既包括外汇银行间的同业买卖业务，也包括外汇银行与一般客户间的外汇买卖业务。

2. 狭义的外汇市场

狭义的外汇市场是指外汇交易的对象和范围有很大的局限性。它仅指外汇银行同业间买卖外汇的交易场所。

（三）按照交易的规模划分，外汇市场可分为批发外汇市场和零售外汇市场

1. 批发外汇市场

批发外汇市场是指外汇交易规模巨大，每笔交易至少在100万美元以上或其等值的外汇交易市场。上面所介绍的银行同业之间的外汇买卖市场即属此类。它主要是同一市场上各银行之间、不同市场上各银行之间、中央银行同商业银行之间以及各国中央银行之间的外汇买卖市场。

2. 零售外汇市场

零售外汇市场是指银行与一般顾客之间外汇交易的场所。相对于批发市场，零售市场上的外汇交易规模较小且比较零碎，交易时无最小额度的限制。

（四）按交易区域划分，外汇市场可分为区域性外汇市场和国际性外汇市场

1. 区域性外汇市场

区域性外汇市场对交易者的身份和交易的币种都有严格的限制，一般仅限当地居民参加，市场上也只有少数的外币种类能够进行交易。这种市场主要存在于那些实行外汇管制的国家。

2. 国际性外汇市场

国际性外汇市场是指一国境内居民和境外居民都可参加交易，交易币种较多，涉及本国货币与多种外币之间以及各种外币之间交易的市场。这类市场的特点是对交易者没有身份的限制，各国居民可自由交易，不受所在国金融制度的限制。目前，世界上的一些主要外汇市场，如伦敦、纽约、东京的外汇市场，都属于国际性外汇市场。

（五）按照交易的管制程度划分，外汇市场可分为自由外汇市场、官方外汇市场和外汇黑市

1. 自由外汇市场

自由外汇市场是指外汇交易没有管制的市场。在自由外汇市场上，居民、非居

民、政府和机构都可以自由地进行外汇买卖,交易币种、交易数量以及汇率都没有任何限制。

2. 官方外汇市场

官方外汇市场是指外汇交易按照政府的外汇法规进行管制的外汇市场。这类市场目前主要存在于发展中国家。在官方外汇市场上,外汇买卖必须符合所在国的外汇管制法令,交易币种和交易规模都受到外汇管理当局的监督,市场汇率也由官方来决定。

3. 外汇黑市

外汇黑市又称替代市场、非法市场或平行市场。它是指在实行外汇管制的国家中,外汇交易者为逃避外汇当局的监督和控制,私自进行外汇交易所形成的一种自发性非法外汇市场。其产生的基础在于外汇供求的极度矛盾。由于外汇短缺和官方汇率的不合理,外汇黑市汇率一般都高于官方汇率,市场上的交易价格由黑市汇率来决定。这种市场在许多国家虽是非法的,但它在一定程度上也缓解了公开外汇市场上外汇供求的矛盾,因此很难取缔。

(六)按照外汇交割的时间划分,外汇市场可分为即期外汇市场和远期外汇市场

1. 即期外汇市场

在外汇市场上,交割是外汇交易双方履行交易契约、进行钱汇两清的收付行为。即期外汇市场又称现汇交易市场。它是指交易双方根据交易契约或惯例在外汇买卖成交后,于交易当日或交易完成后的2个营业日内进行交割的市场。即期外汇市场通常由银行和职业经纪人构成,企业和个人不能直接成为市场成员,只能作为银行的客户通过银行进行现汇业务。

2. 远期外汇市场

远期外汇市场又称期汇交易市场。它是指外汇买卖双方在外汇买卖时,先签订买卖合约,对外汇买卖的数量、期限、汇率等作出规定,到约定日再按照合约规定的汇率进行实际交割的外汇交易市场。在远期外汇市场上所使用的汇率称为远期汇率。交易的期限一般是1个月、2个月、3个月、6个月或1年,3个月的最为常见。远期外汇市场具有规避外汇风险、降低国际借贷成本的基本功能。

三、外汇市场的参与者

外汇市场的参与者主要包括外汇银行、外汇经纪人、客户和中央银行。

(一)外汇银行

外汇银行是外汇市场最主要的参加者,其业务经营构成外汇市场交易活动的极其重要的部分。外汇银行是外汇指定银行的简称。它是指由中央银行指定或授

权经营外汇业务的银行。它包括以经营外汇买卖为主要业务的专业银行、兼营外汇业务的本国商业银行、在本国的外国银行分支机构或代办机构、本国与外国的合资银行及其他金融机构。外汇银行不仅是外汇供求的主要中介,而且也是外汇供求的最大"客户"。它们参与外汇市场的主要目的是为了获取外汇买卖的差价利润。外汇银行在外汇市场上从事的外汇买卖业务包含两个层面的内容:第一层面是零售,即针对一般客户的要求办理外汇买卖;第二层面则是为平衡外汇头寸、防止汇率风险而在银行同业市场上进行轧差买卖。

(二)外汇经纪人

外汇经纪人是指以赚取佣金为目的,在外汇市场上为银行与银行、银行与客户之间的外汇交易进行介绍、接洽并具有一定资格的人员。外汇经纪人又可分为两类:一类是以自有资金参与外汇交易并自负盈亏的一般经纪人,也称自营商;另一类是专门代客户买卖外汇以赚取佣金的"跑街经纪人",本身并不持有和买卖外汇。

外汇经纪人的作用主要是可以提高外汇交易的效率,帮助买卖双方在最短的时间内达成最合理的价格。但近年来,一些大商业银行为了节省外汇交易中的手续费用,越来越倾向于绕过外汇经纪人而直接成交。尽管如此,由于通过经纪人交易可反映出真实价格,所以经纪人在外汇市场上仍具有相当重要的地位。

(三)客户

客户是指与外汇银行和外汇经纪人进行外汇业务往来的自然人和法人。它主要包括以下两种:一是交易性的外汇买卖者,包括个人和企业(如进口商、出口商和国际投资者等)。个人一般是由于出国探亲、旅游、访问、留学、汇款等原因产生对外汇的需求和供给,而企业主要是由于国际贸易和投资等原因而参与外汇市场,如进口商一般需要买入外汇以支付进口,出口商则卖出外汇换成本国货币等。二是外汇投机者,即根据自己对汇率涨跌的预测,以买空卖空方式买卖外汇,赚取投机利润者。

(四)中央银行

中央银行是一国行使金融管理和监督职能的专门机构,它对外汇市场的管理通常通过参与外汇市场的交易来进行。其目标是将汇率稳定在既定水平上,从而保证市场的顺利运行和国民经济的发展。中央银行在外汇市场上的干预活动,一般包括即期交易、远期交易和掉期交易等,以此来影响市场上的即期汇率和远期汇率。中央银行干预汇市的工具,往往是由各国政府专门筹集的外汇平准基金(如英国的外汇平衡账户、美国的外汇平准账户等);一般委托中央银行入市进行操作。

除中央银行外,其他政府机构出于不同的经济目的,有时也会进入外汇市场参与交易,如财政部、商业部等。但中央银行始终是外汇市场上最经常和最重要的官方参与者。

四、外汇市场的功能

(一) 实现购买力的国际转移

各国间的政治、经济和文化往来都会产生货币支付行为。为实现各国间的货币支付，清偿由此而产生的债权债务关系，需要将本国货币兑换成对方可接受的货币。外汇市场为外汇兑换、外汇买卖提供了场所，使货币和资金在各国间转移成为可能，实现了购买力从一国向另一国的转移。

(二) 为国际经济交易提供资金融通

外汇市场除了从事各种外汇交易活动外，还办理外币存款和借贷业务，因此，它可以集中各国政府、企业和个人的闲置资金，贷放给资金需求者，从而起到加速资本周转、调剂资金余缺的作用。

(三) 提供外汇保值和投机的场所

外汇市场的交易者都希望有一些保护措施来防范或减少外汇风险。外汇市场向外汇交易者提供了可以运用某些操作技术如买卖远期外汇、期权、套期保值等来防范或减少外汇风险的便利，从而使外汇买卖受行市波动的不利影响减至最小，最终达到避险保值的目的。另外，由于外汇市场行市处于不停的变动之中，这一市场为甘愿冒外汇风险的投机者提供了交易场所，他们用外汇行市的变动低买高卖，赚取投机利润。

五、世界主要外汇市场

(一) 伦敦外汇市场

伦敦外汇市场是最主要的国际性外汇市场之一。19世纪开始，由于英国产业革命成功，英国经济和对外贸易迅速发展，英镑成为最主要的国际支付手段，伦敦也逐步取代阿姆斯特丹，成为世界上最重要的外汇交易中心。经过两次世界大战，英国的经济实力有所削弱，但由于伦敦外汇市场设备先进，交易方式多样，通讯发达，故如今仍然是颇具影响的国际性外汇市场。20世纪50年代后期，由于英镑恢复部分可兑换，西欧国家又放松了外汇管制，而美国则限制资金的输出，于是，在伦敦形成了欧洲美元和欧洲货币的借贷市场。

1979年，英国全面取消外汇管制后，外汇业务得以迅速发展。目前，伦敦外汇市场由300家外汇银行和14家经纪公司组成，它们之间并无具体的交易场所，全部由先进的电子网络联络成交。伦敦外汇市场的日交易额名列各外汇市场前茅。英格兰银行根据市场状况利用外汇平准基金适时干预市场。

(二) 纽约外汇市场

纽约外汇市场是在第二次世界大战以后逐步发展起来并成为最重要的国际性

外汇市场的。其形成国际外汇市场的原因是：第一，美国无外汇管制，纽约外汇市场可以自由买卖世界各国的货币。第二，纽约是各国美元交易的结算中心，因为世界各地的美元交易，包括欧洲美元市场和亚洲美元市场等美元的买卖，主要是在纽约的商业银行账户上办理收付、划拨和清算的。纽约外汇市场的交易额不大，远比伦敦、法兰克福、巴黎小得多，这是由于美国的进出口贸易均以美元计价、结算，无须大量买卖外汇所致。

纽约外汇市场无固定的交易场所，各类交易均借助先进的电讯设备进行。现代纽约外汇市场充满生机和活力。

（三）巴黎外汇市场

巴黎外汇市场是法国的国内市场，由外汇银行和外汇经纪人在固定的营业时间内进入交易所从事外汇买卖，也可通过通讯设备与外国银行直接进行外汇交易。巴黎交易所属于巴黎外汇市场的组成部分。巴黎外汇市场分为两部分：一是官方外汇市场，专门办理进出口贸易及与官方无形贸易有关的外汇交易；二是自由外汇市场，办理官方外汇市场以外的外汇交易，汇率随行就市，根据外汇供求状况由交易双方自行议定。

（四）东京外汇市场

东京外汇市场是重要的国际性外汇市场之一，主要由东京银行以及本国其他一些外汇指定银行和经纪人参加。中央银行为平抑汇率也参与外汇市场的交易活动。另外，企业法人和个人也可以进场交易。20世纪70年代以后，东京外汇市场发展很快，但由于交易货币单一，又受季节性等因素的影响，故其重要性稍次之。

（五）中国香港外汇市场

中国香港外汇市场自1973年取消外汇管制后，逐渐发展成国际性自由外汇市场。作为外汇市场，中国香港具有其特殊性，因为港币不是国际性货币，而是一种地区货币，其币值的稳定，以前主要靠港英政府的外汇基金，现在则主要是靠特区政府的外汇基金。港币以前一直由汇丰和渣打两家银行发行，与英镑挂钩，1972年7月改为同美元挂钩，1974年11月同美元脱钩，实行自由浮动。1983年10月，港币实行"联系汇率制"，再度同美元挂钩，规定1美元兑换7.8港币。在香港市场上，港币购买西欧货币和日元，需通过美元套购计算。香港外汇市场以买卖美元为主，占香港外汇交易总额的70%～80%。近年来，随着外资的涌入，香港的亚洲美元市场日趋活跃，已成为远东地区和东南亚地区最活跃的国际性外汇市场。

六、我国内地的外汇交易中心

随着对外开放的深入，我国的国际经济往来日趋频繁。在20世纪80年代末期，我国的进出口贸易总额已达到1 000多亿美元，到了90年代中期，进出口总额又上升到 2 000 多亿美元,而 90 年代末期更达到 3 000 多亿美元,外汇收支十分活跃,客观上需要建立外汇市场来调剂企业间外汇资金的余缺。于是,从 1985 年 12 月深圳成立全国第一家外汇调剂中心开始,全国的许多城市都先后建立起外汇调剂中心,这是我国外汇市场的雏形。我国外汇调剂中心的出现,对搞活对外贸易、充分利用外汇资源起到了积极的作用。但是,外汇调剂中心仅仅适应我国的外汇留成、上缴和额度管理制度的要求,调剂中心交易的对象是外汇指标而非现汇,即只是额度的调剂,而且对交易双方外汇的来源和使用方向也有一定的限制。因此,外汇调剂中心还不是真正意义上的外汇市场,但其能为建立规范化的外汇市场提供经验。

1994 年 1 月,我国实行新的外汇管理体制,主要内容有:① 以市场供求为基础,实行单一的、有管理的浮动汇率制。② 实行银行结汇、售汇制,取消外汇留成和上缴。③ 禁止外币在境内计价、结算和流通。④ 取消外汇收支的指令性计划等。要实行新的外汇管理体制,必须建立相应的全国统一的外汇交易市场来调剂银行之间、企业之间的外汇头寸。

1994 年 4 月,中国外汇交易中心在上海正式成立并投入运营。中国外汇交易中心是实行独立核算的市场组织,实行会员制并按章程实行自律管理。各外汇指定银行之间的外汇交易在场内进行。中国外汇交易中心以前一天市场的收盘价作为第二天人民币对美元的中间价,各外汇指定银行可在规定的幅度内确定对企业的外汇买卖价。在操作上,变企业直接进场交易为由企业委托外汇指定银行在外汇市场上购汇或售汇。另外,全国各大城市的外汇交易都通过卫星通信系统与中国外汇交易中心联网,各会员单位也派员入场参与交易。外汇交易中心沟通了顾客与外汇指定银行之间、各外汇指定银行之间、中央银行与外汇指定银行之间的外汇交易。因此,中国外汇交易中心的成立,表明我国已开始形成统一的全国性外汇市场。但它仅仅是一个以银行为主体的同业拆借市场,还不是自由的外汇交易市场。尽管如此,中国外汇交易中心毕竟向规范化的外汇市场迈进了一步。

第四节 外汇交易

一、即期外汇交易

即期外汇交易又称现汇交易。它是指在外汇买卖成交后,原则上在 2 个工作日内办理交割的外汇交易。实际上,一般是在成交后的第二个工作日进行,如果交割的那一天正逢银行节假日,则顺延。这是外汇市场上最常见的外汇交易形式。

(一) 即期外汇交易的类型分为电汇、信汇和票汇三种

电汇是汇款人向当地银行(汇出行)交付本国货币由该行用密押电报或电传,通知国外分行或代理行(汇入行)立即付出外汇。电汇的特点如下:电汇收付外汇的时间最短,一般只需 1~2 天,因而它在一定程度上可以减少汇率风险;电汇汇率最高,这是因为国际电报费比较高,另外银行办理一笔电汇业务所需时间很短,无法利用客户的资金;电汇汇率是外汇市场的基本汇率,其他汇率都以此作为计算标准。

信汇是指汇款人向本地银行交付本国货币,由银行开具信汇委托付款书,通过航空邮寄给国外分行或代理行,委托其付出外汇。信汇业务的基本程序与电汇大致相同,只是汇出行寄出的是由负责人签字的信汇委托书,而非拍发加押电报或电传。信汇业务的特点如下:信汇的费用低廉;信汇的速度较慢,收款时间较长;银行可短期占用客户的信汇资金。

信汇常用于国际贸易结算中。例如,商务合同规定凭商业汇票"见票即付"办理货款的收付时,出口方银行则会应出口商的委托用信函方式将其交来的汇票和单据寄往进口方银行,进口方银行见到汇票后用信汇向出口方银行拨款。

票汇是指汇出行应汇款人的申请,代其开立以汇入行为付款人的汇票,列明收款人的姓名、汇款金额等,交由汇款人自行寄给国外收款人或自行携带出国,以便凭票取款的一种汇款方式。票汇业务的特点如下:汇入行无须通知收款人取款,而由收款人登门自取;银行即期汇票经收款人背书后可以在市场上流通转让,最终到银行收款的人不一定是原收款人;银行可以在一定时间内利用客户的汇款资金。

在国际贸易实务中,票汇方式被用于进出口商的佣金、回扣、寄售货款、小型样品与样机、展品出售和索赔等款项的支付。

(二) 即期外汇交易的报价

即期外汇交易的报价是指由外汇银行报出的外汇买卖价格,它是达成买卖的基础。外汇银行报价的特点是:采取"双向报价"的原则,即同时报出银行买入外汇的价格和卖出价格。目前,大多数交易货币的报价都采用直接标价法进行。按照外汇市场的报价惯例,银行报价的完整形式应该是五位数字,即报出汇率的整数和小数点后面数字,同时报出的买卖价中数额较小的出现在前面,而数额较大的出现在后面。在外汇报价中,报价的最小单位即小数点后最后一位,被称为一个基点或一点。通常,人们用点数的变化来考察一种货币汇率的变动。

二、远期外汇交易

远期外汇交易又称期汇买卖。它是指预约买入和预约卖出的外汇业务。也就是说,买卖双方先行签订合同,规定买卖外汇的币种、数额、汇率和将来交割的时

间,到规定的交割日期,再按合同的规定,买方付款、卖方交汇的外汇业务。在该项业务中,买方实际上将未来汇率风险转移给了对方。远期外汇交易的交割期一般为1个月、3个月、6个月,也有1年或1年以上的,其中,以3个月最为普遍。

(一)远期外汇交易的产生与应用

远期外汇交易是在即期外汇交易的基础上产生的一种外汇交易业务。本质上它是生产国际化与国际贸易及投资发展的结果。具体来说,远期外汇交易是为了避免外汇风险而产生的。远期外汇交易正是通过买卖未到期收付的外汇,预先把汇率确定下来,从而能够避免到期偿付的债权或债务因汇率变动而带来的风险和损失。

虽然远期外汇交易产生的主要原因是为了规避风险,但在实际经济活动中,人们出于各种目的运用远期外汇进行交易。远期外汇交易有如下作用:

(1)远期外汇交易可以使进出口商和外币资金借贷者避免外汇风险。在国际贸易实务中,如进出口商以延期付款方式签订商务合同,在到期结算时,汇率的波动会使出口商的本币收入减少,进口商的本币支出增加。为了减少风险损失,出口商可以同银行签订卖出远期外汇合同,到期交割时就可以按约定汇价将其外汇收入卖给银行,这就防止了汇率下跌造成的经济损失;而进口商则可以同银行签订买入远期外汇合同,到期可按约定汇价向银行购买外汇,这就避免了汇率上升而增加的成本负担。

(2)有利于有远期外汇收支的企业核算其进出口商品的成本,确定销售价格,事先计算利润。远期外汇交易可以使企业避免远期汇率的升降所带来的外汇本身的风险。

(3)外汇银行为平衡其远期外汇头寸而进行远期外汇交易。进出口商等进行远期外汇交易的对象是银行,在他们平衡了自己的远期外汇头寸的同时,银行就难免在某种货币上出现远期头寸不平衡,这实际上是将汇率风险转移到银行身上。为了避免风险,银行业要进行远期外汇交易,就要设法平衡其远期头寸。

(4)外汇市场上的投机者为获得投机利益而进行远期外汇交易。汇率的波动会使持有贬值货币的人受损,也会使持有升值货币的人获益,这就给外汇投机创造了条件。外汇投机的本质就是有意识的保留或创造某种货币的多头寸或缺头寸,使外汇头寸处于不平衡的状态,投机者利用汇率波动获得收益。外汇投机通过远期外汇交易更为容易,因为现汇交易需要大量的资金,而远期外汇交易只需要少量的保证金。

(二)远期外汇交易的参加者

(1)有远期外汇收支的进出口商。

(2)对远期汇率涨跌作出投机行为的投机商。

(3) 短期资本输出入的谋利者。
(4) 负有短期外币债务的债务人和持有不久到期的外币债权的债权人。

（三）远期汇率的标价方法

远期汇率的标价方法有三种：实际汇率、用点数表示和用差额表示。

(1) 实际汇率：直接标出远期外汇的实际汇率。

(2) 用点数表示远期汇率：所谓点数（points），就是表示货币比价数字中的小数点以后的第四位数。

(3) 用差额表示：用升水、贴水和平价标出远期汇率和即期汇率的差额。其中，升水表示远期汇率高于即期汇率，贴水表示远期汇率低于即期汇率，平价表示远期汇率等于即期汇率。

在直接标价法下：升水时的远期汇率＝即期汇率＋升水
　　　　　　　　贴水时的远期汇率＝即期汇率－贴水

在间接标价法下：升水时的远期汇率＝即期汇率－升水
　　　　　　　　贴水时的远期汇率＝即期汇率＋贴水

（四）远期汇率与利率的关系

在其他条件不变的情况下，即期汇率、远期汇率和利率三者之间的关系是：两种货币间利率水平较低的货币，其远期汇率为升水，利率较高的货币其远期汇率为贴水；即期汇率和远期汇率的差异，取决于两种货币的利率差异，并大致和利率的差异保持平衡。这是因为，银行在经营外汇业务时遵守买卖平衡原则，即卖出多少外汇，同时要补进相同数额的外汇。假如英国某银行卖出远期美元外汇多于买进，该行就要拿出一定英镑购买相等差额的美元外汇，将其存放于美国银行，以备办理交割。如果美国纽约的利率低于伦敦，英国银行将会在利息收入上蒙受损失。为此，该行将使客户买进远期美元的汇率高于即期美元汇率以转嫁损失，从而发生升水。

（五）远期外汇交易方式

(1) 交割日固定的远期外汇交易。这是最先出现的远期交易方式，也是常用的远期交易方式。它是指交易双方约定在未来的某个固定的日期办理交割的远期外汇交易。进行交割日固定的远期外汇交易的参加者包括进出口商和外汇投机者。

(2) 选择交割日的远期外汇交易。这是指交易的一方可以在成交日的第三天起至约定的期限内的任何一个营业日，要求交易的另一方，按照双方约定的远期汇率进行外汇交割的交易，又称择期外汇交易。择期外汇交易也可以约定在一定时间以后到合同终止日为止的一段时间内选择交割日。

择期外汇交易与外汇期权交易不同，择期业务不能放弃履行合约，但可以在合约有效期内的任何一天要求银行交割；期权是在合约有效期内或合约到期日，要求银行交割或放弃、不执行合约。

择期外汇交易与远期外汇交易也有不同,远期外汇的合约在合约到期时才能交割,而择期外汇交易则不然。

三、套汇交易

套汇交易是指套汇者利用不同的市场、不同的货币种类、不同的交割期限在汇率上的差异,在汇率低的市场大量买进,同时在汇率高的市场卖出,利用贱买贵卖,套取投机利润的活动。

套汇交易会使不同外汇市场的汇率很快接近平衡,这是因为该项业务具有很强的投机性,当市场上出现大量套汇活动后,会很快导致贱的货币上涨,贵的货币下跌。套汇交易的手段和工具十分先进快捷。目前,不同市场上汇率较大的差异是很短暂的,所以套汇业务必须用电汇进行。

套汇交易主要有两种方式:时间套汇和地点套汇。

(1) 时间套汇是指在同一市场,利用现汇和期汇的汇率差异进行套汇。如在买入即期英镑、卖出即期美元的同时,卖出远期英镑、买入远期美元。时间套汇可以作为防范汇率风险或保值手段,也可以作为获取套汇收益的手段。

(2) 地点套汇包括两角套汇和三角套汇。

两角套汇又称两国或两地套汇,或称直接套汇。它是利用两国或两地汇率的差异,进行贱买贵卖,赚取套汇收益的套汇活动。例如:

伦敦外汇市场:1 英镑=1.6225 美元

纽约外汇市场:1 英镑=1.6265 美元

套汇者在伦敦以 16 225 美元,买入 10 000 即期英镑;同时通知其纽约行卖出 10 000 英镑,买入 16 265 美元,可以赚取 40 美元。

三角套汇又称间接套汇。它是指利用三国或三地汇率的差异进行的套汇活动。例如:

香港外汇市场:1 美元=7.7500/80 港币

纽约外汇市场:1 美元=0.6400/10 英镑

伦敦外汇市场:1 英镑=12.200/50 港币

套汇者可以在香港市场上卖出 100 万港币买入 12.8535 万美元,在纽约市场上卖出 12.8535 万美元买入 8.2262 万英镑,在伦敦市场上卖出 8.2262 万英镑买入 100.3596 万港币。通过这样的三笔交易买卖,套汇者投入 100 万港币最终可以获得 3 596 港币的收益。

四、套利交易

套利交易又称利息套汇。它是指投资者或投机者在同一货币的即期、远期汇率差额小于当时两种货币的利差,且这两种货币的汇率在短期内较为稳定时所进行的即期、远期外汇的套汇活动。由于各国利率高低不同,也就意味着资本收益率存在不同,在没有资本管制的情况下,资本就要从利率低的国家流向利率高的国家,也就产生了套利活动。套利交易分为非抵补套利交易和抵补套利交易。非抵补套利交易是套利者仅仅利用两种不同货币的利率差异,将利率较低的货币换为利率较高的货币以赚取利润,在买卖某种即期货币的同时,并没有反方向卖出或买进远期该种货币的行为。抵补套利交易是因为汇率的波动将会带给套利者风险,套利者在根据即期汇率将低利率货币换成高利率货币的同时,还要根据套利的期限,按照远期汇率把高利率货币换成低利率货币,这种是结合了远期保值交易的套利交易。

五、外汇期货交易

外汇期货交易是指在有形的交易市场,通过结算所的下属成员清算公司或经纪人,根据成交单位、交割时间标准化的原则,按固定价格买进与卖出远期外汇的一种业务。外汇期货交易的目的在于为交易的货币保值或防范汇率风险,也包括投机活动。

外汇期货交易的主要特点是:外汇期货交易必须严格按照期货市场关于货币种类、交易金额、交割日期等统一的标准化规定进行;外汇期货交易实行按日清算制度,每笔交易必须当日结算清楚,每笔交易所交保证金,按每日行市计算盈亏,并逐笔在保证金账户按盈亏额增减;外汇期货只限于在期货交易所会员之间进行,非会员进行期货交易,必须通过会员办理,而且每笔期货交易必须交纳保证金;外汇期货交易是在期货市场监督下以公开的竞价方式进行;外汇期货交易的买入与卖出,都要支付手续费。

外汇期货交易与远期外汇交易的比较:

(1) 相同点表现在以下几个方面:都是通过合同形式,把买入或卖出外汇的汇率固定下来;都是一定时期后交割,而不是即期交割;买入与卖出外汇所追求的目的相同,都是为了保值或投机。

(2) 不同点表现在以下几个方面:合同与责任关系不同;有无统一标准不同;是否收取手续费不同;实现交易的场所与方式不同;报价内容不同;是否直接成交与收取佣金不同;是否最后交割不同。

六、外汇期权交易

(一) 外汇期权交易的概念

外汇期权交易是指远期外汇的买方(或卖方)与对方签订购买(或出卖)远期外

汇合约,并支付一定金额的保险费后,在合约的有效期内,或在规定的合约到期日,有权按合约规定的协定汇价履行合约,行使自己购买(或出卖)远期外汇的权利,并进行实际的货币交割的一种外汇业务。在期权合约中,购买方拥有权利而不是责任,出售一方拥有责任而不是权利。远期外汇合约的买方(或卖方)有权在合约的有效期内,或在规定的合约到期日根据市场情况变化决定不再履行合约,即放弃购买(或出卖)远期外汇的权利。

(二) 外汇期权交易的特点与缺陷

外汇期权交易的特点是:不论合同是否履行,保险费不能收回;保险费的费率不固定。费率的高低要受到以下五个因素的制约:市场现行汇价水平、期权的协定汇价、时间值或有效期长短、预期汇率波幅、利率波动;具有执行合约与不执行合约的选择权,灵活性强。

外汇期权的缺陷表现为以下三点:经营机构少;期权买卖的币种及金额有时存在一定的限制;期限较短。一般期权合约的有效期为半年。

(三) 外汇期权交易的类型

1. 根据外汇期权交易时间划分,可分为欧式期权、美式期权

欧式期权的买方(或卖方)也就是合约的购买者只能在期权到期日当天的纽约时间上午9:30以前,向对方宣布,决定执行或不执行期权合约。

美式期权的购买者可在期权到期日前的任何一个工作日的纽约时间上午9:30以前,向对方宣布,决定执行或不执行期权合约。

美式期权因为比欧式期权较为灵活一些,因而保险费高。

2. 根据外汇期权交易方向划分,可分为买方期权、卖方期权

买方期权又称看涨期权。它是指期权合同的持有人,在合同有效期内,有权选择是否买进合同规定的币种和数量的外汇。采用这种方式一般是进口商和借用外资债务人等。

卖方期权又称看跌期权。它是指期权合同的持有人,在合同有效期内,有权选择是否卖出合同规定的币种和数量的外汇。采用这种方式一般是出口商和对国外短期投资者等。

七、掉期交易

掉期交易是指在买进或卖出某种即期外汇的同时,卖出或买进金额相同但交割期不同的同种外汇远期外汇交易。掉期交易的主要目的是为了避免风险,主要是对远期外汇头寸进行保值。掉期交易可以保值避险。在短期资本投资和资金调拨活动中,如果将一种货币调换成另一种货币,为避免外汇汇率波动的风险,就可以采用掉期交易。掉期外汇买卖实际上由两笔交易组成:一笔是即期交易,一笔是

远期交易。

对于不平衡的远期头寸,其风险可以分为两个部分:一是由于即期汇率波动而带来的风险,二是由于远期汇率与即期汇率之间的差额的变动所带来的风险。这一差额在掉期交易中被称为掉期点。所以,在实际外汇操作中,人们往往将这两部分风险加以分别处理。首先通过一笔即期交易避免即期汇率波动风险,然后再通过一笔掉期交易避免掉期点的风险。

按照交割期的差异,掉期交易可以分为三种形式:

(1)即期对远期掉期:指在买进即期外汇的同时卖出同一笔远期外汇,或在卖出即期外汇的同时买进一笔远期外汇。这是掉期交易中最常见的形式。它主要用于避免远期外汇头寸风险和外汇资产或负债因汇率变动而遭受的风险。

(2)即期对即期掉期又称一日掉期:指同时买进和卖出即期外汇。虽然同是即期外汇,但这两笔交易的交割日却不一样。如一笔交易在成交后第一个营业日交割,而另一笔在成交后第二个营业日交割。这种掉期交易主要用于银行间的隔夜拆借。

(3)远期对远期掉期:指在远期外汇市场上,同时买进或卖出不同期限的同种货币的交易形式。如买进较短期限的远期外汇,卖出较长期限的远期外汇。这种方法可以避免风险,也可以用来进行投机活动。

八、投机交易

投机交易是指投机者通过对未来汇率的变化进行预测,为赚取汇率涨跌的利润而进行的外汇买卖活动。

当投机者预测某种货币的汇率会下跌时,便会卖出该种货币的远期外汇,如果届时汇率果然下跌,他就可以按跌落后的汇价买入现汇,以履行卖出远期外汇的义务,从而赚取差额投机利润。当投机者预测某种货币的汇率会上涨时,便会买进该种货币的远期外汇,待合同到期时,若汇率果然上涨,他就可以将原来按低价买入的远期外汇,再按上涨后的汇价卖出,从中赚取差额利润。

第五节 外汇风险及其管理

一、外汇风险的概念

外汇风险是指国际市场汇率的变化对企业、银行等经济组织及政府、个人以外币计值的资产和负债带来损失的可能性。外汇风险包括:银行外汇风险和企业外汇风险。

(一) 银行外汇风险的种类

(1) 外汇买卖风险：指银行买进或卖出外汇后，由于汇率变动而蒙受损失的可能性。它是银行与企业共有的风险，也是汇率风险最普遍的表现形式。

(2) 外汇信用风险：指因为交易双方不履行或不按期履行外汇交易合约而给银行造成损失的可能性。

(3) 国家风险：指由于政权更迭或政府政策的变化而使其领土范围内的银行或其他经济主体无法履行或无法如期履行其职责，从而给交易双方造成损失的可能性。

(4) 人为风险：指银行业务人员（主要是指交易员和后线结算人员）的营私舞弊、弄虚作假行为给银行造成损失的可能性。

(二) 企业外汇风险的种类

(1) 交易风险：指由于外汇汇率波动而引起的应收资产与应付债务价值变化的风险。主要表现在：① 在进出口贸易中，在货物装运或劳务已经提供而款项尚未收付时，外汇汇率变化所产生的风险。② 以外币计价的国际信贷活动中，债权债务未清偿前存在的风险。③ 待交割的远期合同的一方，合同到期时，由于外汇汇率的变动，所收付的货币量可能会有变化。

(2) 会计风险：指由于汇率变化而引起资产负债表中某些外汇项目金额发生变动而产生的风险。

(3) 经济风险：指由于外汇汇率发生波动而引起的国际企业未来收益变化的一种潜在的风险。

二、外汇风险的构成因素

外汇风险包括三种因素：本币、外币与时间。只有存在本、外币折算的情况下，才有外汇风险。一笔应收或应付账款的时间结构也会影响外汇风险，时间越长，在此期间汇率波动的可能性越大，外汇风险越大。因而，外汇风险可分为时间风险与价值风险。外汇风险的三个构成因素关系复杂，构成不同的外汇风险形式：① 以本币收付，不存在外汇风险。② 收入与付出的外币金额与时间相同，也不存在外汇风险。③ 收入与付出的外币金额、币种相同，但时间不同，会存在外汇风险。④ 收入与付出的外币币种不同，则存在双重风险。

三、外汇风险的防范措施

(一) 做好计价货币的选择

选择计价货币的一般原则是：出口贸易选择硬币或汇率有上升趋势的货币作为计价货币，进口贸易选择软币或汇率有下跌趋势的货币作为计价货币。

但有时坚持这个原则会使合同难以达成,或要在价格上作出让步,因而可采取硬软币相结合的策略。

(二) 提前收付或拖延收付法

这是指改变货币收付时间,从而改变外汇风险的时间结构,减轻因汇率变化所带来的损失。其折扣率由交易双方确定。

(三) 黄金保值条款

这是根据签订合同时计价货币的金平价对原货币进行支付的方法。该方法通行于固定汇率时期,现很少使用。

(四) 外汇保值条款法

一般以硬币保值,以软币支付。具体来讲,有三种类型:

(1) 计价用硬币,支付用软币。支付时,按计价货币与支付货币的现行牌价支付。

(2) 计价与支付都用软币,但明确该货币与另一硬币的比价,若支付时汇率有变化,按原货价根据这一比价的变动幅度进行调整。

(3) 确定一个软币与硬币的商定汇率,只有当支付时实际比价超过这一汇率一定幅度时,才调整原货价。

(五) 即期合同法

即期合同法是指具有外汇债权、债务的公司与外汇银行签订买卖外汇的即期合同来消除外汇风险的方法。

(六) 远期合同法

远期合同法是借助于远期合同、创造与外币流入相对应的外币流出以消除外汇风险的方法。

(七) 外汇期权合同法

外汇期权合同法是指运用外汇期权合同,到期执行或放弃合同,以此来避免外汇风险的方法。拥有应收外币账款或应付外币账款的企业,也可以通过外汇期权交易来抵补外汇风险。从外汇期权的交易特点可以看出,外汇期权法更具有保值的作用。

(八) 掉期合同法

掉期交易法是指在买进或卖出某种即期外汇的同时,卖出或买进金额相同但交割期不同的同种外汇远期外汇交易的方法。掉期交易可以保值避险。

(九) 借款法

借款法是指有远期外汇收入的企业通过向银行借入一笔与其远期收入相同金额、相同期限、相同币种的贷款,通过融资改变外汇风险时间结构,以达到防范风险的目的的方法。

(十) 投资法

如果企业有未来的应付外汇账款,这时企业可以将一笔资金投放于某一金融市场,一定时期后连同利息收回这笔资金,从而使这笔资金增值,并用于支付的方法。

(十一) BSI 法

BSI 法即借款-即期合同-投资法(borrow-spot-invest)。它是指在存在外汇应收账款的情况下,借入与应收外汇相同数额的外币,再将这笔外币卖给银行换回本币进行投资,从而既消除外汇的时间风险,又消除货币风险的一种方法。

(十二) LSI 法

LSI 法即提早收付-即期合同-投资法(lead-spot-invest)。它是指在存在应收账款的情况下,债权方请债务方提前支付货款,然后再通过即期合同将外币兑换成本币,将换回的本币再进行投资,以消除货币风险与时间风险的方法。

复习思考题

一、判断题

1. 以外币所表示的国际结算的支付手段和金融资产是外汇。　　　　(　　)
2. 在直接标价法下,数值上升,外汇贬值。　　　　　　　　　　(　　)
3. 信汇汇率是采用信函通知书方式付给对方外汇的汇率。　　　　(　　)
4. 在金本位制度下,铸币平价是决定两国货币汇率的基础。　　　(　　)
5. 在纸币流通制度下,两国纸币的金平价是决定汇率的依据。　　(　　)
6. 两种货币间利率水平较低的货币,其远期汇率为贴水。　　　　(　　)
7. 外汇风险是指国际市场汇率的变化带来损失的可能性。　　　　(　　)
8. 外汇风险包括三种因素:本币、外币与时间。　　　　　　　　(　　)
9. 以本币收付,也存在外汇风险。　　　　　　　　　　　　　　(　　)
10. 丢失 1 000 美元是外汇风险。　　　　　　　　　　　　　　(　　)

二、简述题

1. 阐述汇价的决定基础。
2. 理解汇率变动对经济的影响。
3. 阐述外汇风险的防范措施。
4. 简述外汇市场的功能。
5. 简述外汇汇率的标价方法。

三、案例与阅读

1992年英镑危机

1990年，英国决定加入西欧国家创立的新货币体系——欧洲汇率体系（ERM）。欧洲汇率体系将使西欧各国的货币不再钉住黄金或美元，而是相互钉住；每一种货币只允许在一定的汇率范围内浮动，一旦超出了规定的汇率浮动范围，各成员国的中央银行就有责任通过买卖本国货币进行市场干预，使该国货币汇率稳定到规定的范围之内。在规定的汇率浮动范围内，成员国的货币可以相对于其他成员国的货币进行浮动，而以德国马克为核心。

1992年2月7日，欧盟12个成员国签订了《马斯特里赫特条约》。这一条约使一些欧洲货币如英镑、意大利里拉等显然被高估了。在《马斯特里赫特条约》签订不到1年的时间里，一些欧洲国家便很难协调各自的经济政策。当英国经济长期不景气，正陷于重重困难的情况时，英国不可能维持高利率的政策，而要想刺激本国经济发展，唯一可行的方法就是降低利率。但假如德国的利率不下调，英国单方面下调利率，将会削弱英镑，迫使英国退出欧洲汇率体系。英国政府维持高利率的经济政策受到越来越大的压力，它请求德国联邦银行降低利率，但德国联邦银行却担心降息会导致国内的通货膨胀并有可能引发经济崩溃，拒绝了英国降息的请求。1992年夏季，英国首相梅杰和财政大臣虽然在各种公开场合一再重申坚持现有政策不变，英国有能力将英镑留在欧洲汇率体系内。英镑对德国马克的比价在不断下跌，从2.95跌至2.85，又从2.85跌至2.7964。英国政府为了防止投机者使英镑对德国马克的比价低于欧洲汇率体系中所规定的下限2.7780，已下令英格兰银行购入33亿英镑来干预市场。但政府的干预并未产生好的预期。

1992年9月，投机者开始进攻欧洲汇率体系中那些疲软的货币，其中包括英镑、意大利里拉等。索罗斯及一些长期进行套汇经营的共同基金和跨国公司在市场上抛售疲软的欧洲货币，使得这些国家的中央银行不得不斥巨资来支持各自的货币价值。

1992年9月15日，索罗斯大量放空英镑。英镑对德国马克的比价一路下跌至2.80，虽有消息说英格兰银行购入30亿英镑，但仍未能挡住英镑的跌势。到傍晚收市时，英镑对德国马克的比价差不多已跌至欧洲汇率体系规定的下限。英镑已处于退出欧洲汇率体系的边缘。

英国财政大臣采取了各种措施来应付这场危机。首先，他再一次请求德国降低利率，但德国再一次拒绝了；无奈，他请求首相将本国利率上调2%～12%，希望通过高利率来吸引货币的回流。一天之中，英格兰银行两次提高利率，利率已高达

15%，但仍收效甚微，英镑的汇率还是未能站在2.778的最低线上。在这场捍卫英镑的行动中，英国政府动用了价值269亿美元的外汇储备，但最终还是遭受惨败，被迫退出欧洲汇率体系。英国人把1992年9月15日——退出欧洲汇率体系的日子称作黑色星期三。

索罗斯却是这场袭击英镑行动中最大的赢家。曾被《经济学家》杂志称为打垮了英格兰银行的人。索罗斯从英镑空头交易中获利已接近10亿美元，在英国、法国和德国的利率期货上的多头和意大利里拉上的空头交易使他的总利润高达20亿美元，其中索罗斯个人收入为1/3。在这一年，索罗斯的基金增长了67.5%。

资料来源：《金融杀手：乔治·索罗斯》，MBA智库百科网。

问题：

试分析1992年英镑危机的原因。

第十八章

国 际 信 贷

第一节 国际金融机构及其贷款

一、国际货币基金组织及其贷款

(一) 国际货币基金组织的成立与宗旨

1944年7月1日,在美国新罕布什尔州的布雷顿森林召开会议,44个国家代表参加,通过了《国际货币基金协定》。并于1945年12月27日成立了国际货币基金组织(IMF)。国际货币基金组织的宗旨是:

(1) 通过设立一个就国际货币问题进行协商和合作的常设机构,促进国际货币合作。

(2) 促进国际贸易平衡发展,并借此提高和保持较高的就业率和实际收入水平,开发所有成员国的生产性资源,以此作为经济政策的主要目标。

(3) 促进汇率的稳定,保持成员国之间有秩序的汇兑安排,避免竞争性通货贬值。

(4) 协助建立成员国之间经常性交易的多边支付体系,取消阻碍国际贸易发展的外汇限制。

(5) 在有充分保障的前提下向成员国提供暂时性资金融通,以增强其信心,使其有机会在无需采取有损于本国和国际繁荣的情况下,纠正国际收支失衡。

(6) 根据上述宗旨,缩短成员国国际收支失衡的时间,减轻失衡的程度。

(二) 国际货币基金组织的资金来源

1. 会员国向基金组织交纳的份额

会员国应该交纳的份额的大小,按其国内生产总值、经常账户交易、黄金外汇储备、平均进口额、出口变化率和出口额占国民收入的比例等变量计算得出,作为理事会确定会员国最初份额的依据。至于其份额的最后确定,则需由国际货币基金组织理事会和成员国磋商。份额的作用是:决定会员国从国际货币基金组织借款或提款的额度,决定会员国投票权的多少,决定会员国分得的特别提款权的多少。

2. 国际货币基金组织向会员国的借款

国际货币基金组织在与会员国协议下，向会员国借入资金，作为对会员国提供资金融通的来源。

3. 信托基金

1976年，国际货币基金组织决定，将它持有的1/6的黄金按市价出售黄金所得利润，作为信托基金，向最贫穷的会员国提供信贷。这是一项特殊的资金来源。

（三）国际货币基金组织的贷款

1. 国际货币基金组织发放贷款的特点

（1）贷款的对象：限于会员国政府，它只和会员国的财政部、中央银行、外汇平准基金组织或其他类似的财政机构往来。

（2）贷款的用途：限于会员国弥补经常项目收支而发生的国际收支暂时不平衡。

（3）贷款的规模：同会员国向基金组织交纳的份额成正比例关系。

（4）贷款的方式：会员国向基金组织借款和还款分别采用所谓"购买"和"购回"的方式。

2. 国际货币基金组织发放贷款的种类

（1）普通贷款。它是国际货币基金组织最基本的一种贷款，是国际货币基金组织为解决成员国暂时性国际收支逆差而设立的。贷款累计最高额为会员国交纳份额的125%，贷款期限为3~5年，它也是国际货币基金组织最早设立的一种贷款。国际货币基金组织对普通贷款实行分档政策，即把会员国可借用的贷款分为以下不同部分：储备部分贷款，即会员国申请不高于本国份额的25%的贷款，可自动提用，无须经特殊批准；信贷部分贷款，即会员国申请贷款的额度在其所交纳份额的25%~125%之间，分为四个档次，每个档次占份额的25%。

（2）出口波动性补偿贷款。它是国际货币基金组织为了改善发展中国家贸易条件，稳定原材料出口价格，增加出口创汇，于1963年2月设立的信贷。

（3）缓冲库存贷款。它是国际货币基金组织为了帮助初级产品出口国稳定初级产品价格，于1969年3月设立的。贷款期限为3~5年，额度为份额的45%。

（4）补偿和应急贷款。这是1989年1月以前的出口波动性补偿贷款。会员国因出口收入下降或谷物进口支出增加而产生国际收支困难时，可以在普通贷款以外申请此项贷款。贷款期限为3~5年，额度为份额的122%。

（5）结构性贷款。这是国际货币基金组织于1986年3月设立的。用于帮助低收入发展中国家制定和执行全面的宏观经济调整和结构改革计划，以恢复经济增长和改善国际收支，从而解决它们的中期国际收支困难。贷款期限最长为10

年,额度为份额的 70%。

(6) 中期贷款。这是国际货币基金组织于 1974 年 9 月为解决会员国较长期间国际收支逆差而发放的贷款。由于资金量比普通贷款的额度要大,国际货币基金组织对此项贷款监督较严。贷款期限为 4~8 年,贷款额度最高为份额的 140%。中期贷款与普通贷款两项的总额不能超过借款国份额的 65%。

(四) 国际货币基金组织发放贷款而收取的费用

(1) 对除储备部分以外的所有提款收取手续费,费率为 0.5%,在提款时一次付清。

(2) 对备用安排和中期安排征收承诺费,费率为年率 0.25%。如果会员国不提取备用安排或中期安排的贷款,承诺费将不予退还;如果会员国全额提取贷款,则全部退还承诺费。

(3) 对持有的会员国货币超过会员国份额的部分定期收取费用。

所谓酬金,是指国际货币基金组织将某一会员国认缴的份额中所缴付的会员国货币付给会员国的报酬。酬金等于会员国可享受的储备头寸乘以酬金率。酬金率等于特别提款权利率减去按"负担分摊"原则调整的值。酬金一般用特别提款权支付。

(五) 中国与国际货币基金组织

1980 年 4 月,中国恢复了在 IMF 中的合法席位。根据国务院的授权,中国人民银行负责主管 IMF 中国方面的事务,与 IMF 建立了良好的合作关系。截至 1999 年 2 月,中国认缴的份额为 46.872 亿特别提款权,占总份额的 2.38%,拥有投票权 47 122 票,占总投票数的 2.34%,在所有成员国中列第 11 位。中国在 IMF 董事会拥有一个单独选区。

在过去的 20 年里,IMF 每年与我国政府进行年度磋商,了解我国经济发展状况,对我国的宏观经济政策提出意见和建议。中国政府每年派代表团参加 IMF 临时委员会和年会,阐述我国对世界经济及国际事务的立场和政策,为维护全球经济的稳定和发展作出了积极的贡献。

二、世界银行

(一) 世界银行的概述与宗旨

1944 年 7 月,布雷顿森林会议通过了《国际复兴开发银行协定》(Articles of Agreement of the International Bank for Reconstruction and Development)。1945 年 2 月,建立了国际复兴开发银行(IBRD),简称世界银行。理事会是世界银行的最高决策机构。理事会由各会员国选派 1 名理事和 1 名副理事组成。理事会的主要职责是:批准接纳新会员国;决定普遍增加或调整会员国的应缴股本,决定银行净收入的分配以及其他重大问题。银行的日常事务由执行董事会负责。世界银行现有董事24人，其中5人是常任执行董事，由持有股份最多的美国、英国、德国、日本和法国指派，其余19名董事由其余会员国按地区联合推选产生。执行董事会选举1人为行长和执行董事会主席，负责日常事务，但无投票权，只在执行董事会表决中双方票数相当时，才可以投决定性的1票。各会员国的投票根据其持有的股份决定。每个成员国享有基本投票权250票。此外，每认缴股金10万美元增加1票。

根据《国际复兴开发银行协定》，世界银行的宗旨可以概括为：通过组织和提供长期贷款和投资，为会员国提供生产性资金，促进会员国经济发展。为了保证上述宗旨的实现，世界银行还规定：银行及其官员不得干预会员国的政治，其一切决定也不应受有关会员国政治形势的影响，一切决定应与经济方面的考虑有关。

（二）世界银行的资金主要来源

（1）会员国交纳的股金。世界银行规定，每个会员国均需认购股份，而认购股份的多少，必须参照其在国际货币基金组织认缴的份额，同世界银行协商，并经过理事会的批准。

（2）在国际证券市场上发行债券。通过在国际债券市场发行债券来借款，是世界银行资金的重要来源。

（3）债权转让。从20世纪80年代以来，世界银行常把一部分带出款项的债权，有偿地转让给商业银行等投资者，从而提前收回资金，并作为贷款的一个资金来源。

（4）世界银行的净收益。世界银行来自投资和贷款业务的净收益。

（三）世界银行的贷款

世界银行贷款的对象只限于发展中国家政府和由会员国政府担保的公私机构，贷款期限较长，可达20～30年，还有5～10年的宽限期，贷款利率比较优惠。世界银行的贷款一般要求与某一特定的工程项目相联系，但世界银行只提供该贷款项目建设资金总额的30%～50%。世界银行贷款有一套比较规范的管理办法，手续严密，准备过程复杂，从提出项目到取得贷款，一般需要1年半到2年时间。世界银行贷款必须专款专用，借款国必须接受银行监督，保证世界银行贷款只用于双方已经规定的项目和目的。世界银行贷款的主要种类有：项目与非项目贷款、第三窗口贷款、技术援助贷款、联合贷款等。世界银行的贷款条件有：

（1）只有会员国才能申请贷款，借款人一般是政府，国有企业和私营企业借款必须由政府担保。

（2）申请贷款一般要与工程项目相联系。

（3）贷款主要用于重点生产项目，帮助发展中国家兴建发电厂，交通和运输，发展农业、工业、文教卫生、人口计划、旅游、城市建设等。

（4）贷款期限一般为7年，最长达30年。贷款利率一般低于市场利率。

（5）贷款需专款专用，并接受世界银行的监督和检查。

（6）贷款以美元计值，借款国借什么货币换什么货币，要承担该货币与美元汇率变动的风险。

（四）中国与世界银行

1981年5月11日，中国正式恢复在世界银行的代表权。此后，中国与世界银行的合作关系得到迅速发展。双方的合作规模从无到有，从小到大。合作的领域也日益广泛。双方的合作顺利而有成效，无论是从贷款规模，还是从合作发展经济调研等方面，都取得了令人瞩目的成果，成为世界银行与其成员国开展成功合作的典范。近年来，中国一直是世界银行的最大贷款国。中国在世界银行1998年财政年度内共接受世界银行贷款26.16亿美元，占同期世界银行贷款总承诺额的9%，保持了投资贷款领域的最大贷款国的地位。中国接受的上述贷款优先用于基础设施建设，其次用于农业、教育、卫生、环保、供水等方面的项目。

三、国际开发协会

（一）国际开发协会的成立与宗旨

1960年9月，建立了国际开发协会，它是世界银行的附属机构，总部设在华盛顿。国际开发协会的宗旨是帮助世界上不发达地区的会员国，促进其经济发展，提高人民的生活水平。其主要手段是：提供更优惠的资金，以满足发展中国家在重要的发展领域的资金需求，从而进一步发展国际复兴开发银行的开发目标，并对国际开发银行的业务活动起补充作用。

（二）国际开发协会的资金来源

国际开发协会的资金来源主要有：① 会员国认缴的资本。原定法定资本为10亿美元，其中第一组国家为7.6亿美元，第二组国家为2.4亿美元。② 来自第一组会员提供的补充资金。③ 世界银行从净收益中拨给协会的资金。另外，还有来自国际复兴与开发银行的净收入以及其新偿还额的转移支付。根据与捐赠国的协议，每3年补充一次。截至1998年6月30日，国际开发协会已承诺的认缴款，即捐赠的总额是950.55亿美元。美国数额最多，达234.32亿美元，占24.7%；日本有201.24亿美元，占21.2%，居第二位；德国110.20亿美元，占11.6%，居第三位。

（三）国际开发协会的贷款

国际开发协会的贷款只提供给低收入的发展中国家。低收入的标准在不断变化，目前，据世界银行1990年的最新规定，按1983年美元计算，人均国民生产总值在1 070美元以下的会员国都有资格获得国际开发协会的贷款。但是由于资金来源有限,实际上只有人均国民生产总值在580美元以下的成员国才能得到。国际开发协会贷款原则上只对借款国具有优先发展意义的项目或发展计划提供贷款。

国际开发协会的贷款条件是:

(1) 贷款对象是低收入的发展中国家。国际开发协会的援助项目主要集中于欧洲和中亚地区、东亚和太平洋地区以及拉丁美洲和加勒比地区。

(2) 国际开发协会只向政府提供信贷。

(3) 偿还期为35~40年。

(4) 信贷资金不收取利息,但对未支付余额收取0~5%的承诺费,其比率每年议定,目前的承诺费为零。

(四) 中国与国际开发协会

1980年5月,中国恢复了在国际开发协会的合法席位。近年来,中国与国际开发协会的业务往来增加了。如中国的黄埔港、大连港、教师培训、四川公路建设等项目,都利用了国际开发协会的贷款。

四、国际金融公司

(一) 国际金融公司的成立与宗旨

国际金融公司成立于1956年7月,总部设在华盛顿。国际金融公司是世界银行集团对发展中国家私人部门投资的窗口,也是世界银行的附属机构。国际金融公司的宗旨是鼓励发展中国家私人部门的发展,从而促进发展中国家的经济增长,并以此补充世界银行集团其他成员的活动。

国际金融公司的管理办法和组织机构与世界银行相同。最高决策机构是理事会,并设有管理日常业务的执行董事会。公司的正、副理事和正、副执行董事都是由世界银行的正、副理事和正、副执行董事兼任。公司的经理则由世界银行行长兼任,其余内部机构人员也多数由世界银行的相应机构和人员监管和兼任。根据公司协定规定,只有国际复兴开发银行的成员国才能成为国际金融公司的会员国。

(二) 国际金融公司的资金来源

(1) 会员国认缴的股本,这是国际金融公司最主要的资金来源。最初公司的法定资本额为1亿美元,分为10万股,每股1 000美元。认缴股份以黄金或可兑换外汇缴付。每一成员国有基本投票数250票,此外每增认1股,增加1票。国际金融公司成立以来,已经进行了多次增资活动。1997年财政年度内,实际认缴股本达到22亿美元,留存收益25亿美元。

(2) 通过发行国际债券,在国际市场上借款。1997年,国际金融公司在国际金融市场的借款达到39亿美元。

(3) 世界银行和会员国政府提供的贷款。
(4) 国际金融公司的贷款与投资的利润收入。

(三) 国际金融公司的贷款与投资

国际金融公司为项目提供贷款和进行股本投资。国际金融公司一般不对大型企业投资,而以中小企业为主要投资对象。国际金融公司的贷款不需要政府担保,可以直接贷给私人企业。贷款期限一般为7~15年,并且每一笔贷款一般不超过200万~400万美元。贷款需以原借款的货币偿还。贷款的利息,根据资金投放的风险和预期的收益等因素决定,有时还要参加借款企业的分红。贷款的对象主要是亚洲、非洲、拉丁美洲的不发达国家。贷款的部门主要为制造业、加工业和开采业。

国际金融公司对投资项目的可行性研究十分严格,要求项目有合理的盈利水平,并且对东道国的经济发展作出贡献。此外,它还向项目主办企业提供必要的技术援助,向会员国政府提供政策咨询服务。

(四) 中国与国际金融公司

中国于1980年5月同时恢复了在国际金融公司的合法席位。1987年,国际金融公司对深圳中国自行车公司提供了500万美元的贷款;1989年,又向深圳皇冠电子公司提供了1 500万美元的贷款。

第二节 政府贷款

一、政府贷款的含义

政府贷款是指一国政府利用本国财政资金向另一国政府提供的优惠性贷款。也称双边官方援助贷款。政府贷款具有如下特征:

(1) 政府贷款是以国家名义提供和接受的,主要使用国家财政预算收入的资金。

(2) 政府贷款通常附带有政治含义,它是以政府的名义进行的双边贷款,一般是在两国政治外交关系良好的情况下进行的,是条件优惠的具有双边经济援助性质的贷款。

(3) 政府贷款期限长,利率低。政府贷款属于中长期贷款,一般为10~30年,有的长达50年,利率比较低,一般在1%~3%,有的没有利息,同时还有较低的手续费。

(4) 政府贷款额一般不大。因为它受到贷款国的国民生产总值、财政收支即国际收支的制约,不大可能像国际金融组织那样经常提供大额贷款。

（5）目前提供政府贷款的国家主要有两种类型：一是西方发达国家，二是石油输出国组织成员国。

（6）从发展趋势来看，纯粹的政府贷款已越来越少，代之而起的是混合贷款。

（7）政府贷款大多与项目相联系。如美国政府贷款主要是专项贷款，要求用于协议指定的动力、交通、工矿、农业、粮食和卫生等大型开发项目。

二、政府贷款的机构与条件

一般由政府财政部主管或者通过财政部由政府设立的专门机构办理。如美国的国际开发署、日本的海外经济协力基金会、德国经济合作部设立的复兴信贷局等。政府贷款还有如下附加条件：

（1）项目贷款是由贷款国政府向借款国政府提供的，用于指定建设项目的贷款。

（2）规划性贷款是由贷款国政府向借款国政府提供的、不指定具体建设项目的贷款。

（3）借款国取得的贷款限于采购贷款国的货物、技术，从而带动贷款国的产品出口，扩大商品输出规模。

（4）限制取得贷款的国家以公开国际招标的方式或者从包括经济合作与发展组织成员国及发展援助委员会所规定的发展中国家或地区购买商品。

（5）使用政府贷款时，连带使用一定比例的贷款国的出口信贷。

（6）规定借款国要向贷款国提供各种优惠待遇，如减免进出口关税和国内税，对利润、利息和工资的汇出给予保证，对外籍职工的特殊照顾以及对各种损害的赔偿的特殊规定。

三、主要发达国家的政府贷款

（一）美国的政府贷款

根据美国的法律，美国的所有对外援助都有总统掌握，纳入国家预算。美国政府的贷款分以下几种：贷款援助、转让性援助和其他援助。贷款援助是指政府间长期低息贷款，贷款多以美元或当地货币提供，也以美元或当地货币偿还。受援助的国家仅限于比较贫穷的发展中国家。转让性援助是指美国对外经济援助中条件最为优惠的，很多是赠与性质的，但是往往附带一定的条件，主要是政治条件。其他援助是指包括通过国际金融组织的贷款，在农产品援助下对受援国拖欠应当偿还的本金、利息或其他开支延缓支付的援助等。

（二）日本的政府贷款

日本政府主管对外经济援助的机构是外务省、大藏省、通商产业省和经济企划厅。对外经济援助的政策和重要项目必须在内阁会议上作出决策或共同协商决定。日本政府对发展中国家进行经济援助的执行机构成立了海外经济协力基金。海外经济协力基金的资本全部来自于日本政府的国库拨款。海外经济协力基金的业务有直接贷款、一般贷款和投资。直接贷款是向发展中国家政府或政府机构直接提供贷款，是海外经济协力基金的主要业务。一般贷款和投资是向日本本国企业进行的贷款投资，以支持日本私人企业在海外从事开发和投资活动。

（三）德国的政府贷款

德国政府对发展中国家提供经济援助的主管机关是经济合作部，具体执行机构则为隶属该部的复兴建设银行和技术合作公司。德国提供援助有两种形式：资本援助和技术援助。资本援助是德国对外经济援助的主要部分，一般采用提供优惠贷款方式，主要用于基础建设、农业、工业和社会设施等方面，由复兴建设银行具体提供。技术援助是由复兴建设银行或技术合作公司负责办理，技术援助既有无偿赠与的，也有优惠贷款。

第三节 国际商业银行贷款

一、国际商业银行信贷的特点

国际商业银行信贷是指一国借款人在国际金融市场上向外国贷款银行借入货币资金。国际商业银行信贷有以下特点：

（1）资金使用自由，不受贷款银行的限制，借款人可以根据自己的实际需要自由使用。

（2）资金供应充沛，贷款方式灵活，手续简便，不必经政府部门的最终批准。在国际金融市场上有大量的闲散资金，只要借款人的资信可靠，具有偿还能力，就可以筹措到自己所需要的大量资金。

（3）利率和费用相对较高，期限相对不长。国际商业银行信贷的利率随国际市场的资金供求关系的变动而变动。

二、国际商业银行信贷的方式与种类

国际商业银行信贷的方式按照参与贷款活动的银行数量来划分，可分为两种方式：独家银行贷款（即双边贷款）和银团贷款（即辛迪加贷款）。独家银行贷款是指某国家贷款银行向另一国的银行、政府及公司（企业）等提供的贷款。银团贷款（辛迪加贷款）是由一家银行牵头，由该国或几国的多家贷款银行参加，组成贷款银团，共同向另一国银行、政府、公司（企业）以及国际机构提供的贷款。

在国际金融市场上,国际商业银行信贷按照贷款期限的长短,可分为短期信贷、中期信贷和长期信贷。

短期信贷是指借贷期限在1年以下的资金。借贷期限有1天、1周、2个月、3个月、6个月等。短期信贷一般不限定用途,由借款人自由支配。

中期信贷是指1年以上5年以下的信贷。信贷金额通常在1亿美元左右。这种信贷要由双方银行签订贷款协定。

长期信贷是指5年以上的信贷,金额在1亿美元以上。这种贷款通常由数家银行组成银团来共同贷款。

三、国际商业银行信贷条件

(一)国际商业银行信贷利率与费用

在国际金融市场上,国际银行信贷的货币有美元、日元、英镑等,各种货币确定利率的方法也不同。确定短期利率有如下几种:伦敦银行间同业拆借利率(LIBOR)、新加坡银行间同业拆借利率,香港银行间同业拆借利率,日元、瑞士法郎短期贷款利率,美国优惠贷款利率。中长期贷款利率一般是指欧洲货币市场银行间中长期贷款利率,是以伦敦银行间同业拆借利率为基础,加上一个附加利率,也可以按照各自本国货币市场优惠贷款利率为基础,加上一个附加利率。附加的幅度可根据贷款的多少、期限的长短、市场资金供求关系、货币风险和资信程度等来确定。

国际商业银行信贷的费用包括管理费、代理费和杂费。管理费也称经理费或手续费。管理费在贷款总额的 $0.5\%\sim1.0\%$ 之间。管理费的具体支付时间有:签订贷款协议时一次支付;第一次支用贷款时支付;每次支用贷款时支付;按照支用额等比例地支付。代理费是指在银团贷款的方式下,由一家银行作为代理行直接与借款人经常发生联系,联系的各种费用由借款人承担。代理费是借款人付给代理行的报酬。杂费也是在中长期银团贷款方式下所发生的费用。它主要是指签订贷款协议以前发生的费用等。这些费用由借款人负担。

(二)国际商业银行的偿还期限

国际商业银行贷款期限有短期、中期和长期。独家银行贷款多为短期和中期,长期贷款一般采用辛迪加贷款。偿还的方法有:到期一次偿还、分次等额偿还和逐年分次等额偿还。

到期一次偿还适用于期限短、金额不大的贷款。在签订贷款协议后,对贷款分几次支用,期满时一次偿还本金。该种贷款偿还方式的名义贷款期限和实际贷款期限是一致的。

分次等额偿还适用于贷款期限长、金额比较大的贷款。在整个贷款期限内,划分一个宽限期,在宽限期内,借款人无须偿还本金,每半年按照实际贷款额付息一次。

宽限期满后,开始归还本金,每半年归还本金并支付利息,每次的还本金额相同。

逐年分次等额偿还适用于没有宽限期的贷款。贷款期满,将全部偿还贷款。

第四节 出 口 信 贷

(一) 出口信贷的概念与特点

出口信贷是指为了支持和扩大本国机器设备的出口,加强本国产品在国际市场上的竞争力,由政府对本国商业银行给予利息补贴,并提供出口信贷保险,以鼓励本国商业银行向本国出口商、外国进口商、进口商所在国商业银行提供中长期的利率较低的贷款。

出口信贷的特点有:利率优惠、贷款指定用途、部分资金融通、与信贷保险相结合和与管理相结合。

(二) 出口信贷的主要类型

1. 卖方信贷

卖方信贷是进口商购货后延期支付货款给出口商,出口商为取得资金周转,向出口方银行申请贷款。卖方信贷的程序与做法是:出口方以延期付款方式出售设备;出口方向所在地银行申请贷款,融通资金;进口方随同利息分期偿还出口方贷款,出口方再用于偿还其从银行取得的贷款。

2. 买方信贷

买方信贷是在进出口贸易中,如进口商需要资金融通,由出口方银行或信贷公司贷给进口方的商人或进口方银行,使进口方能以现汇的方式支付货款的一种贷款方式。买方信贷有两种形式:一是直接贷款给进口商,二是贷款给进口方银行再由其转贷给进口方。买方信贷的程序与做法是:进出口方签订贸易合同,先交付现汇定金15%;进口方银行与出口方银行签订贷款协议,该贷款协议以双方的贸易合同为基础;进口方银行以其借来的款项贷给进口方,进口方以现汇条件向出口方支付贷款;进口方银行根据贷款协议分期向出口方银行偿付贷款;进口方与进口方银行的债务按照双方商定的办法在国内清偿结算。

3. 福费廷

福费廷就是中长期票据收买业务。它是指在延期付款的大型设备贸易中,出口方把经过进口方承兑的、期限在半年以上到五六年的远期汇票无追索权地售予出口方所在地的银行,提前取得现款的一种资金融通的形式。它是出口信贷的一个类型。福费廷的业务程序包括:① 出口方与进口方在洽谈设备、资本物品交易时,应当事先和其所在地银行或金融公司约定,以便做好各项信贷的安排。② 出口方与进口方商定贸易合同,确定使用福费廷。出口方向进口方索取汇款而签发的远期汇票,要取得出口方往来银行的担保,保证在进口方不能履行支付义务时,用其最后付款。③ 出口方买断给银行或金融公司的票据既可以是经过进口商承兑的汇票,也可以是出口方开出的本票。但这两种票据都必须得到与进口方往来银行的担保。④ 为进口方担保的银行必须得到出口方所在地接受福费廷业务银行的同意和认可。⑤ 为出口方担保的银行必须得到出口方所在地接受福费廷业务银行的同意和认可。⑥ 出口方发出设备后,将全套货运单据通过银行的正常途径,寄送给进口方,以换取经过进口方承兑的并附有银行担保的承兑汇票(或本票),单据的寄送办法按照合同规定办理,可以凭信用证条款寄单,也可以跟单托收。⑦ 出口方取得经过进口方承兑的并经过有关银行担保的远期汇票,按照与买进这项单据的银行或大金融公司的原来约定,依照放弃追索权的原则,办理该项票据的提现手续,取得现款。

4. 混合贷款

混合贷款是出口国为了扩大本国设备的出口,在其银行发放买方信贷或卖方信贷的同时,还发放一部分政府贷款,以满足出口方支付当地费用或进口方支付设备价款的需要。这种卖方信贷或买方信贷与政府贷款混合发放的做法,即为混合贷款。混合贷款有两种方式:① 对于一个项目的融资,同时提供一定比例的政府贷款(或赠款)和一定比例的买方信贷,如 40% 的政府贷款和 60% 买方信贷。② 对于一个项目的融资,将一定比例的政府贷款(或赠款)和一定比例的买方信贷(或卖方信贷)混合在一起,然后根据赠与成分的比例计算出一个混合利率。其形式是一个赠贷款协议和一种金融条件。按照经济合作与发展组织的规定,混合贷款中政府赠与成分不能低于 35%。

5. 信用安排限额

信用安排限额指出口方所在地银行为了扩大本国消费品或基础工程出口,给予进口方所在地银行一种融资的便利,并与进口方所在地银行配合,组织较小金额业务的成交。

6. 签订存款协议

出口方所在地银行在进口方银行开立账户,在一定时期内存放一定金额存款,以供给进口方在出口国购买设备之用,这也是一种出口信贷的形式。

第五节 国际租赁

一、国际租赁概述

随着技术的进步,国际分工的深化,全球金融、贸易、生产越来越走向一体化。

国际贸易的发展促进了贸易多样化,国际租赁应运而生。发达国家与发展中国家存在着资金、技术等多种矛盾。国际租赁是这些矛盾冲突的产物。企业在飞速发展的科技革命时代,需要不断地寻求新的筹资和投资方式,国际租赁业务就是其中的一种。国际租赁也是国际金融市场融资方式与手段的创新。

国际租赁有狭义和广义之分。狭义的国际租赁是以国境为界,因此亦称跨国租赁、跨境租赁。它是指分别处于不同国家的出租人与承租人之间的租赁交易。跨境租赁通常会涉及两国不同的法律、会计和税收制度。20世纪70年代,许多发达国家允许海外承租人分享发达国家政府提供给本国出租人的税收优惠,促进了国际租赁业务的迅速发展。广义的国际租赁是指一家租赁公司的海外法人企业(合资或独资)在当地经营的租赁业务。在间接对外租赁这种形式中,跨国公司的海外分公司起着连接东道国和母公司的作用。而且海外分公司由于熟悉东道国的法律、税收及会计制度,因此在间接租赁业务交易中,不会引起国际纠纷,反而能促进租赁贸易成交。

我国在划分租赁的国内与国际业务时,是以三方当事人的国别属性和租赁公司所使用的计价货币为标准。当出租人、承租人及供货商三方当事人均为我国企业并以人民币作为合同计价货币时,则被称为租赁的国内业务。若三方当事人中任意一方为外国企业,并以外币作为合同计价货币时,即为租赁的国际业务。

租赁的国际业务不完全等同于国际租赁。我国所指的租赁的国际业务比国际租赁的范围还要大,这主要是包含了我国改革实践中所特有的一种情况。即三方当事人的情况是:供货商为外国企业,承租方为我国企业,出租方为我国的合资租赁公司或信托投资公司。在这种情况下,不仅当事人有国别属性,租赁合同也是以外币计价。

国际租赁具有以下特点:① 国际租赁是一种特殊借贷业务,它是资本融资与实物融资的直接结合。② 国际租赁是一种特殊的商品流动形式,它是所有权与使用权分离的产物。③ 国际租赁的资产由承租人根据自己的意愿和需要选择由出租人投资购置的,由承租人订货、维修。④ 国际租赁具有双重交易的性质,它是买卖关系和借贷关系的组合,形成买卖合同和租赁合同。⑤ 国际租赁是多变的经济合作关系,需要多种协议,共同完成交易。

二、国际租赁的形式

(一) 按照国际租赁是否有税收优惠划分,可分为跨国节税租赁和跨国非节税租赁

1. 跨国节税租赁

跨国节税租赁是指日本的出租人可以从政府那里获得专项低息贷款和投资上的税收优惠。如日本的"武士租赁"。他们从国际市场上采购飞机、船舶等成套设备,再出租给第三国的承租人。税收优惠政策提高了日本出租人在国际租赁市场

上的竞争能力,还发挥了平衡国际收支的作用。

2. 跨国非节税租赁

跨国非节税租赁等同于一般的跨国租赁形式。20 世纪 80 年代中期以后,不少国家取消了租赁的税收优惠,非节税租赁的发展成为国际主流。其原因有:发展中国家对租赁的需求、承租人可以减轻关税负担以及有利于发展中国家国际收支平衡。

(二)按照租赁的目的划分,可分为经营租赁和金融租赁

1. 经营租赁

经营租赁是指出租人将自己经营的出租设备或用品反复地出租的一种租赁方式。经营租赁的特点是:① 承租者的目的在于使用设备,满足经营上短期的、临时的或季节性的需要,使用期结束,租赁关系也随之结束。② 租赁期限比较短,一般在 1 年以下。③ 租赁设备的所有权归出租人,设备的维修、改良和保险由出租人承担。④ 经营租赁可以中途解约,具有较大的灵活性。

2. 金融租赁

金融租赁是指当企业缺乏资金而需要设备时,由出租人代其购进所需要的设备,然后再出租给承租人使用的一种租赁方式。金融租赁的特点是:① 金融租赁的主要目的是融资,具有明显的购置特点。② 与租赁资产所有权有关的风险和利益几乎已经全部转移给承租人。

一般来说,一项租赁如果具有下列情况之一者,通常属于金融租赁:① 在租赁期结束,资产所有权转让给承租人。② 承租人有较低价格购买资产的选择权,且在租赁开始日就能肯定在将来会行使此项选择权。③ 租赁期较长,一般相当于资产的使用年限。④ 出租人可以一次出租,就能收回在租赁资产上的全部投资。⑤ 在租赁期内发生的租赁资产使用成本,包括保险、财产税、维修费等全部由承租人支付。

金融租赁又可分为直接租赁、转租赁、回租租赁和杠杆租赁等多种类型。

直接租赁是指出租人根据承租人提出的要求,用其垫付的资金直接购回选定的租赁物品,并租借给承租人使用的一种租赁方式。直接租赁是金融租赁的一种主要形式,也是目前国内采用较多的租赁形式。

转租赁是指承租者把租来的设备再转租给第三者使用的一种租赁方式。转租赁的租赁机构具有双重身份,既是承租者又是出租者。

回租租赁是指企业将自制或外购设备卖给出租者,然后再以租赁方式将设备租入使用的一种租赁方式。

杠杆租赁又称衡平租赁。它是指由租赁公司提供租赁设备所需要投资的 20%~40%,其余 60%~80%的资金由金融机构或银团提供。租赁设备的所有权归租赁公司,租赁公司将设备提供给承租人的一种租赁方式。

（三）按国际租赁交易的组织形式划分，可分为一般跨国租赁、跨国转租赁和跨国杠杆租赁

1. 一般跨国租赁

一般跨国租赁是指甲国出租人对乙国承租人选定的租赁物进行融资购买，然后再以收取租金为条件，将该租赁物长期地出租给乙国承租人使用的一种租赁方式。

2. 跨国转租赁

跨国转租赁是指一国出租人甲根据本国最终承租人的要求，先以承租人的身份从另一国出租人乙处租进由最终承租人所选定的租赁设备，然后再以出租人的身份转租给该最终承租人使用的一种租赁方式。

三、国际租赁的结构与基本程序

国际租赁主要当事人有出租人和承租人。国际租赁的承租人不受到任何限制，可以是全球任何一个地方的企业或个人。只要它在法律许可的范围内交纳租金，均可以成为承租人。目前，承租人通常为各国的工商企业，出租人一般为金融机构类的租赁公司、制造厂商类租赁公司、独立的租赁公司类、一国的制造商或租赁公司与金融机构的联合组织或不同国家租赁机构的国际联合组织的联合机构类租赁组织、租赁经销商和经纪人。

国际租赁的手续和形式种类繁多，其中最常见的有进口租赁和进口转租赁。下面分别简单介绍两者的基本程序和步骤。

其一，国际进口租赁的程序一般有如下几个步骤：

（1）承租人的租赁决策。承租人首先选定租赁物件，然后根据所选物件与国外的制造商商定租赁物件的型号、品种、规格、价格、技术指标、售后服务、品质保证和交货期等要求，然后准备好包括项目立项书、上级单位批准文件、项目可行性报告等各项文件，最后请国内租赁公司提供国外的制造商及价格。

（2）承租人提出租赁申请。国内租赁公司根据承租人的申请，了解承租人的技术条件、商务条件、财务条件，与承租人洽谈租赁并签订租赁合同。

（3）国内租赁公司直接向国外制造商购进租赁物件并签订合同。

（4）国内租赁公司向国外制造商支付物件价款，购进物件。同时，国外制造商向承租人发运物件，承租人按期向国内租赁公司支付租金。

（5）租赁期满后，根据合同，按不同方式处理有关租赁物件。

其二，国际进口转租赁的程序一般有如下几个步骤：

（1）承租人的租赁决策。承租人首先选定租赁物件和供应厂商，然后根据所选物件和供应厂商，与国外的制造商商定租赁物件的型号、品种、规格、价格、技术指标、售后服务、品质保证和交货期等要求，然后准备好包括项目立项书、上级单位

批准文件、项目可行性报告等各项文件,最后委托国内租赁公司向国外租赁公司询价,或请国内租赁公司提供国外的制造商及价格。

(2) 承租人提出租赁申请。国内租赁公司根据承租人的申请,了解承租人的技术条件、商务条件、财务条件,与承租人洽谈租赁并签订租赁合同。

(3) 国内租赁公司直接向国外制造商购进租赁物件并签订合同,然后国内租赁公司与国外租赁公司洽谈,将其购买的设备物件转让给国外租赁公司,并向其提出租赁申请,租进该项物件,签订租赁合同。

(4) 国外租赁公司向国外制造商支付物件价款,购进物件。同时,国外制造商向承租人发运物件,承租人按期向国内租赁公司支付租金,国内租赁公司向国外租赁公司支付租金。

(5) 租赁期满后,根据合同,按不同方式处理有关租赁物件。

四、国际租赁的作用与注意事项

(一) 国际租赁的作用

(1) 融资租赁为一国的国民经济提供了新型的融资便利,促进了各国生产性投资比例的提高。采用国际租赁形式可以以少量的资金,及时租进先进的设备,做到边生产、边创利、边还款,实现生产的良性循环。

(2) 国际租赁为发达国家的资本输出开辟了一条新的途径。采用国际租赁方式,可以规避工业发达国家对先进技术设备输出的限制。

(3) 国际租赁有利于扩大企业的投资能力,提高企业资金的利用率。国际租赁可以节约企业资金,保持资金的流动性。

(4) 国际租赁业务有利于避免国际性通货膨胀带来的损失。由于通货膨胀往往会引起设备价格不断上涨,通过租赁方式,租金一定,可以减少承租企业的风险损失。

(二) 国际租赁的注意事项

(1) 在订立贸易合同时,要充分考虑贸易合同的内容与租赁合同内容的一致性。租赁业务中的贸易合同不是一个独立的主体合同,而是被当作租赁合同的一个不可分割的附件。

(2) 在国际租赁交易中,一般来说,国际贸易合同中技术交流和技术条款的谈判与确定,以承租企业为主,并由承租企业负责;商务方面的谈判由租赁机构为主,并在征求承租企业的意见后加以确定。

(3) 一般发达国家的惯例是以承租设备法定折旧年限的 75% 为承租期限;而我国现阶段的财务制度还没有明确的规定,承租期限一般由双方协商确定。

(4) 在国际租赁合同中需要明确租金货币的币种问题、构成问题、支付方式问题和支付日期问题。按照国际惯例,汇率变动的风险由承租人承担。租金货币一般包括四个组成部分：出租人为承租人购进物件的货款、支付货款带来的支出、出租人的经营费用和利润。租金的支付方式一般由出租人和承租人协商而定。我国目前以有宽限期的每半年均等支付为主，支付日期要求明确。

（5）国际租赁物件的维修与保养问题，在融资租赁方式下由承租人负责。

（6）期末租赁物件由三种选择权：承租人有权低价购进、承租人继续承租和承租人不再承租。目前，我国常用的方式是在租赁期末有权低价购进租赁物件。

目前，我国国际信贷已成为吸引外资的重要渠道。20年来，我国在利用国际信贷引入外资方面成效显著。我国是世界上吸引外资规模仅次于美国的国家。随着经济的不断发展，我国国际信贷的方式已基本实现了多元化。除上述介绍的以外，还有债券发行和补偿贸易等。

复习思考题

一、判断题

1. 国际货币基金组织的贷款用途限于会员国弥补经常项目收支而发生的国际收支暂时不平衡。（　　）
2. 结构性贷款是国际货币基金组织最基本的一种贷款。（　　）
3. 世界银行贷款的对象只限于发展中国家政府和由会员国政府担保的公私机构。（　　）
4. 国际开发协会的贷款只提供给低收入的发达国家。（　　）
5. 国际金融公司的宗旨是鼓励发展中国家国有部门的发展。（　　）
6. 政府贷款是一国政府利用本国财政资金向另一国政府提供的优惠性贷款，也称双边官方援助贷款。（　　）
7. 买方信贷是进口信贷。（　　）
8. 金融租赁的主要目的是融资，具有明显的购置特点。（　　）
9. 国际租赁合同按照国际惯例，汇率变动的风险由承租人承担。（　　）
10. 租赁业务中的贸易合同是一个独立的主体合同。（　　）

二、简述题

1. 简述国际货币基金组织的贷款特征。
2. 分析国际开发协会的资金主要来源。
3. 简述政府贷款的含义与条件。
4. 阐述出口信贷的主要类型。

5. 简述国际租赁的特点。

三、案例与阅读

申请买方信贷实例

1987年,某化学工业公司就进口年产70万吨聚乙烯成套设备与意大利制造商泰克尼蒙特公司签订了购货合同。该化学工业公司所在地的A银行作为该项目的筹资银行,建议采用意方的出口买方信贷,并争取取得意政府的混合贷款。由于A银行是第一次经办该种业务,对以本行名义办理出口信贷能否得到对方银行和政府的认可尚无把握。为此,A银行与花旗银行商谈争取意方出口信贷事宜。花旗银行于1987年2月函复A银行,保证可以取得意方的出口信贷。

根据花旗银行出具的保函,A银行和该化学工业公司协商后于1987年2月底与意大利泰克尼蒙特公司签订了4 380万美元的商务合同。合同规定使用意大利的出口信贷,A银行随后向花旗银行发出了委托函,委托该行向意大利中央中期信贷局提出申请。

花旗银行于当年3月向意大利中央中期信贷局正式申请,后者于3月通过花旗银行罗马分行致电香港花旗国际公司,通知信贷申请已获批准,并随附贷款协议草案,主要条款有:① 出口商:意大利米兰泰克尼蒙特公司。② 进口商:某化学工业公司。③ 借款人:A银行。④ 贷款人:香港花旗国际公司。⑤ 货物:生产聚乙烯成套设备。⑥ 合同金额:4 380万美元。⑦ 融资金额:2 628万美元。⑧ 协定利率:年利率7.4%,每半年付息一次。⑨ 期限:13年。⑩ 还款期:10年。⑪ 提款:3年。⑫ 其他条款。

香港花旗国际公司于4月寄来协议初稿,5月中旬寄来修改稿,6月中旬双方正式签字。签字后,A银行随即按提款先决条件的规定办理各种手续和向花旗银行提供所需资料。花旗银行于7月初向意大利中央中期信贷局提出贷款协议,11月意方正式批准该项贷款协议。

由于本项目属于意方提供的混合贷款,意大利政府提供合同金额40%的政府贷款。1998年1月中旬,该化学工业公司所在国的国家银行总行与意大利中央中期信贷局签订了政府贷款协议并于1月底正式生效。1998年5月,该化学工业公司取得首笔提款。

资料来源:中国人民大学现代远程教育网。

问题:

分析买方信贷的利弊。

参 考 文 献

[1] 钱晔. 金融学教程[M]. 北京:经济科学出版社,2001.
[2] 戴国强. 货币金融学[M]. 上海:上海财经大学出版社,2001.
[3] 宋玮. 金融学概论[M]. 北京:中国人民大学出版社,2004.
[4] 吕宝林. 金融学概论[M]. 北京:科学出版社,2004.
[5] 房燕. 金融学概论[M]. 北京:机械工业出版社,2004.
[6] 朱耀明. 金融学概论[M]. 上海:立信会计出版社,2001.
[7] 吴腾华. 金融市场学[M]. 上海:立信会计出版社,2004.
[8] 张志谦,方士华. 金融学概论[M]. 上海:立信会计出版社,2000.
[9] 张国健,王维江. 货币银行实务[M]. 北京:中国时代经济出版社,2004.
[10] 王兆星,吴国祥,陈世河. 金融学概论[M]. 北京:中国金融出版社,2004.
[11] 李健. 货币银行学[M]. 北京:当代世界出版社,2001.
[12] 叶耀明. 新编国际金融理论与实务[M]. 上海:华东理工大学出版社,1996.
[13] 吴开祺. 新编国际金融学[M]. 上海:立信会计出版社,1997.
[14] 孙连铮. 国际金融[M]. 北京:高等教育出版社,2002.
[15] 许斌. 国际金融简明教程[M]. 北京:中共中央党校出版社,2000.
[16] 刘舒年. 国际金融[M]. 北京:中国人民大学出版社,2001.
[17] 曹龙骐. 金融学案例与分析[M]. 北京:高等教育出版社,2005.
[18] 胡乃红. 货币金融学习题与案例集[M]. 上海:上海财经大学出版社,2008.
[19] 原宇,夏慧. 金融学基础[M]. 北京:科学出版社,2009.
[20] 陈秀花. 金融概论[M]. 上海:立信会计出版社,2007.
[21] 盖锐. 金融学概论[M]. 北京:高等教育出版社,2006.
[22] 宋玮. 金融学概论[M]. 北京:中国人民大学出版社,2004.
[23] 张伟芹. 金融基础[M]. 北京:中国人民大学出版社,2008.
[24] 翟建华,李军燕. 金融学概论[M]. 大连:东北财经大学出版社,2008.
[25] 刘玉平. 金融学[M]. 上海:复旦大学出版社,2006.

[26] 沈文全.金融基础知识[M].北京:机械工业出版社,2009.

[27] 潘勤华.货币金融学[M].北京:机械工业出版社,2007.

[28] 中华会计函授学校教材编审委员会.金融基础知识[M].北京:经济科学出版社,1999.

[29] 张丽华.金融市场学[M].大连:大连出版社,2008.

[30] 西南财经大学金融学院货币教研室.《货币金融学》解读习题与案例[M].北京:中国金融出版社,2004.